装备自主式保障系统关键技术与建模仿真

陈春良　张会奇　曹艳华　陈伟龙　齐　鸥　著

国防工业出版社

·北京·

内 容 简 介

本书介绍了装备自主式保障的概念,以陆军典型主战装备为例,应用系统建模方法,分别进行了系统功能建模和过程建模,对自主式保障系统的组成结构、基本功能和运行过程进行了模型化描述。对自主式保障关键技术展开研究,包括可靠性维修性测试性设计技术、装备重要功能部件状态评估与寿命预测技术,以及自主式保障维修策略和决策技术,并以发动机为例,给出了关键技术应用实例,为自主式保障提供了技术支撑。对自主式保障系统保障能力生成模式进行研究,包括组成要素分析、评价指标体系构建,以及保障能力生成模式评价;设计了自主式保障系统仿真演示平台,通过装备保障需求预测和离散事件系统建模,实现了装备自主式保障过程仿真,得到了定量化数据结论。

本书可作为装备机关、军事院校、科研单位以及部队人员学习装备自主式保障系统理论和技术的入门教程,也可作为深入开展装备保障领域教学与科研工作的参考书。

图书在版编目 (CIP) 数据

装备自主式保障系统关键技术与建模仿真／陈春良等著 . —北京:国防工业出版社,2023.4
ISBN 978 – 7 – 118 – 12875 – 8

Ⅰ.①装… Ⅱ.①陈… Ⅲ.①装备保障－系统建模－研究 Ⅳ.①E145.6

中国国家版本馆 CIP 数据核字(2023)第 049742 号

※

*国防工業出版社*出版发行
(北京市海淀区紫竹院南路 23 号 邮政编码 100048)
三河市众誉天成印务有限公司印刷
新华书店经售
*
开本 710×1000 1/16 印张 15½ 字数 287 千字
2023 年 4 月第 1 版第 1 次印刷 印数 1—1500 册 定价 98.00 元

(本书如有印装错误,我社负责调换)

国防书店:(010)88540777 书店传真:(010)88540776
发行业务:(010)88540717 发行传真:(010)88540762

前 言

本书是作者团队在开展装备自主式保障系统研究十几年,撰写多篇国防科技报告和学位论文的基础上,总结凝练而成。本书分为系统建模篇、关键技术篇和评价仿真篇,共 8 章。第一篇系统建模篇包括第 1 至第 3 章;第二篇关键技术篇包括第 4 至第 6 章;第三篇评价仿真篇包括第 7 至第 8 章。

第一篇系统建模篇,按照组织结构—系统功能—运行过程的系统逻辑思维撰写。介绍了装备自主式保障的产生背景及内涵外延,以陆军典型主战装备为例,构建了自主式保障系统的基本结构和运行流程框图模型;应用统一建模语言(UML)、IDEF 系列建模方法、层次时序 Petri 网(HTPN)等系统建模方法,分别进行了系统功能建模和过程建模,对自主式保障系统的组成结构、基本功能和运行过程进行了详细的模型化描述,为定量研究装备自主式保障系统,进行系统仿真与评估提供了有效支撑。

第二篇关键技术篇,按照保障设计技术—评估预测技术—决策策略技术的逻辑主线,从自主式保障支撑技术层面开展研究。保障设计技术方面,提出了基于质量功能展开(QFD)的可靠性维修性测试性(RMT)设计方法和增强型 FME-CA 方法,并应用于实例产品的设计生产阶段。评估预测技术方面,提出了基于统计过程控制(SPC)的状态检测策略;应用贝叶斯技术构建了装备技术状况评估和故障预测模型;以陆军典型主战装备发动机为研究对象,提出了基于 PCA – BP 神经网络的状态评估方法,构建了基于神经网络趋势预测方法的寿命预测模型;构建了发动机使用影响因素指标体系,应用多种方法实现了对不同使用条件下的发动机使用寿命进行定量评估和预测。决策策略技术方面,提出了以可靠度为中心的动态维修决策,运用以可靠性为中心的维修(RCM)理论对重要功能部件故障危害度进行评估,通过计算各维修方式的组合权重,确定不同重要功能部件采取的合理维修方式。构建了基于比例危险模型的基于状态的维修(CBM)决策模型,应用指数比例危险模型,结合主成分分析数据,确立了可靠度和主成分之间的函数关系。

第三篇评价仿真篇,按照保障能力评价—保障过程仿真演示的思路展开研究。提出了自主式保障系统保障能力生成模式组成要素,从故障诊断、资源保障和维修作业三个方面,建立了保障能力生成模式评价指标体系,构建了基于GAHP – CT 的保障能力生成模式评价模型,通过评价结果分析,提出了自主式保障实现途径和建设建议。设计了自主式保障系统仿真演示平台架构,应用 Anylogic 仿真软件,建立了基于离散事件的装备保障过程仿真模型,实现了过程仿真,得到自主式保障与传统保障模式的装备保障任务满足度、资源利用率、平均在修时间等参数指标,以及最优保障资源配置方案。

　　本书结构逻辑严谨、体系完整清晰、内容丰富新颖、方法先进科学,具有较强的可读性和实用性,既可以作为装备机关、军事院校、科研单位以及部队人员学习装备自主式保障系统理论和技术的入门教程,也可以作为深入开展装备保障领域教学与科研工作的参考书。

作者

2023 年 2 月

目 录

第二篇 关键技术篇

第一篇

系统建模篇

第1章
装备自主式保障系统的基本结构及运行过程

(1.1) 装备自主式保障的内涵

信息化战争的典型作战样式是多军兵种联合作战,对装备保障的时效性和精确性提出了更高的要求,同时,传统的被动反应式装备保障的不足成为困扰世界各国军队装备保障的普遍问题,降低装备使用与保障费用的需求也迫在眉睫。为了适应未来信息化战争需要,美军开始尝试探索解决装备保障问题的方法,确立了聚焦后勤的目标,要求大幅度缩小保障规模,实现敏捷、准确和经济的全球保障。

1.1.1 自主式保障的产生背景

1.1.1.1 美军装备保障发展

1. 保障理念

美军于 20 世纪 80 年代末开始,在对未来战争模式发展和军事作战需求研究的基础上,先后提出了聚焦后勤(Focused Logistics)、敏捷后勤(Agile Logistics)、感知与响应保障(SenSe and ReSpond Logiqics,S&RL)、基于性能的保障(Performance Based Logistics,PBL)、全寿命周期系统管理(Total Cycle Life System,TCLSM)和增强型基于状态的维修(Condition Based Maintenance,CBM +)等一系列先进的装备保障理念。

(1)聚焦后勤。在海湾战争中,美军针对大量保障资源的浪费和消耗,开始加强对后勤保障系统改革,在《2010 年联合构想》中提出了"主导机动、精确打击、全维保护、聚焦后勤"的四项主要方针,并将"聚焦后勤"界定为"信息、后勤和运输技术的融合"。聚焦后勤是指在军事行动的全过程中,在恰当的时间、恰当的地点,以恰当的数量,为联合作战部队提供恰当的人员、设备、供应和保障的

3

能力。这种能力通过实时的、基于网络的信息系统提供全资可视化,在各军种和保障机构之间建立高效的连接实现。

聚焦后勤是美军"全球战斗保障系统"的战略保证,其目的是提供全维范围的保障,主要包括快速危机反应、部署和支援、运输或提供元件、设备及供应品的能力、直接为作战单位提供可剪裁的后勤组件和支援等。

(2)敏捷后勤。从国防部后勤战略计划目标中发展而来,在21世纪的后勤保障中,美军认为保障速度比保障数量更为重要。为此,必须对过去臃肿、繁冗的后勤保障机构进行改革,建立持久的、灵活的、高效的保障机构。敏捷后勤的关键是全资可视化,它通过提供综合的采购、装备管理、维修、供应和运输信息来实现高效的后勤保障。

敏捷后勤的主要目标包括:通过使用高效的过程管理来控制由于后勤保障的不确定性造成的库存等级、缩短后勤保障周期、减少库存和费用以缩减后勤规模;建立保障者和被保障单元之间保障信息和资源共享的后勤保障供应链体系。

(3)感知与响应保障。20世纪末以来,美军对全球安全环境有了新的认识和判断,进而调整了其军事作战原则,提出了"网络中心战"理论,形成了与之相适应的后勤保障模式:感知与响应保障,它是一种以网络为中心的保障概念,有助于实现基于效果的联合作战,并可以提供精确、灵活的保障。

感知与响应保障是以网络中心战理论和联合适应性远征作战的实践为基础的概念,其核心思想是通过强有力的态势感知能力和快速响应能力来实现整个保障系统的动态自适应、自同步。

(4)基于性能的保障。美军为了提高装备保障效率、缩减后勤规模、降低装备使用与保障费用,提出了基于性能的保障理念。美国国防部在2003年发布的"国防部武器系统的保障性设计与评估"中对基于性能的保障定义为:"武器系统产品保障的一种策略,它将保障作为一个综合的、可承受的性能包购买,以便优化系统的战备完好性。它通过以具有清晰权责界线的性能协议为基础的保障体系来实现武器系统的性能目标。"

基于性能的保障作为获取和实施武器系统持续保障的新理念,是能够使产品和服务的购买方(军方)和供应方(企业)都获益的最佳方法。

(5)增强型基于状态的维修。为了适应21世纪的作战需求,增强对作战部队的保障,美国国防部制定了"未来后勤保障规划",提出了六项跨军种的联合倡议,其中包括增强型基于状态的维修,它是指综合利用先进的机械、维修和信息技术提高维修和后勤保障工作的效能,根据装备的实际状况,准确地预测故障,采取最佳的维修活动,从而节约保障费用,提高装备的使用可用度和战备完好率,其核心是使用新的、现有的系统与技术来改进维修能力和业务过程。

增强型基于状态的维修是主动的、预测性的维修,其优势在于:通过预测装备的剩余任务可用度及故障时间,将装备的状态数据作为主动维修的依据,使作战人员随时掌握装备的使用状况,保障人员能够实现预先保障;促进维修业务过程的一体化,使器材备件的采办、供应和运输过程同装备的维修过程实现最优化的同步,提高保障系统的反应能力;减少非计划性维修和多余的器材库存,有效缩减保障规模,使保障更为快速、高效。

(6)全寿命周期系统管理。美军每年用于武器系统维护保障的费用约为620亿美元,约占国防部后勤资源的80%,为了降低维护保障费用,提高保障效益,美国国防部在"未来后勤保障规划"中提出了全寿命周期系统管理,在采办过程中实现持续、一体化的维修,并为"基于性能的保障"提供支持。

2. 主要措施

1)调整保障编制体制

(1)调整保障领导机构。美军对现有的保障领导机构进行了大幅度的调整和重组。例如,原国防后勤局的国防后勤信息处和国防后勤保障司令部的信息办公室均并入信息业务处;国防后勤保障司令部降格为下属司令部,它的许多职能由后勤业务处完成。在重组保障机构的同时,美军根据发展需要,不断成立新机构。例如,陆军成立了"全寿命周期管理部""网络事务技术司令部""合同事务局"和"设施管理局"等。

(2)逐步实行两级维修体制。为满足军队快速部署强大兵力而不增加庞大的保障系统,美军构想了一个二级维修体制,把原维修的基层级和直保级合并,称为"野战维修";把原维修的全保级和后方级合并,称为"后续维修"。野战维修的特点是"系统上的维修",装备修好后送还使用者;后续维修的特点是"系统外维修",装备修好后退回补给渠道。

(3)创建模块化装备保障编制体制。美军整编军、旅两级保障力量,将其所属的维修、补给、运输等单一功能保障营改编为多功能综合保障单位,缩小了规模,保障能力大大提高。目前,美军有多功能保障大队、前置保障营和主力保障营,它们均具备物资补给、运输和维修等多种保障能力,便于对作战部队实施联合保障。

2)大力发展保障装备

(1)全面开发保障信息系统。为了适应未来信息化战争需求,美军研制开发了各种保障信息系统。例如,在保障指挥与控制方面,研发了后勤相关通用作战图像、全球作战保障系统、战场指挥保障系统等;在物资管理与运输方面,研发了全球运输网络、运输跟踪系统、陆军备件追踪系统等。这些系统基本覆盖了装备保障的全过程。

（2）积极研发"战略投送"装备。美军正下大力气研发一批新的海、空运输装备。例如，美国海军现已开始研发一种新型浅吃水补给舰，吃水深度为10英尺（约3.048m）；美国空军正在研制一种用于紧急情况下运送特种部队的隐身运输机，其红外、雷达和噪声特征都很小，很难被敌方的雷达和防空导弹发现，具有一定的隐身性能。

（3）注重发展维修保障装备。美军发展维修保障装备采取的措施：一是用先进技术改造现有保障装备；二是保障装备与作战装备同步发展。目前，美军新研制和能代表未来发展趋势的维修保障装备主要包括故障诊断/检测装备、野战抢救抢修装备、单兵维修装备及技术保障机器人等。

3. 发展策略

通过对美军近期装备保障理念与保障模式改革与创新的过程分析可以看出：一方面，装备先进程度的提高，信息化战争对装备战备完好性的要求，带来保障资源规模不断扩大，保障成本消耗日益增大的效应；另一方面，由于经济、体制等客观因素的制约，要求保障规模、保障成本缩小，以适应经济、体制承受能力。解决这一突出矛盾的方法就是通过应用先进的管理技术和保障技术，改革与创新装备保障理念和保障模式，使装备（后勤）保障既要满足军事战略和作战模式的需要，又要适应经济、体制等客观因素的要求。

1）理论创新与试验评估相结合

借助先进的试验模拟手段，美军将仿真试验作为连接理论创新与实战运用的桥梁，加快了理论创新的速度，缩短了研究成果向实战能力转化的周期。为保证"理论创新—模拟试验—实战检验"机制运作顺利，美军还调整组建了"联合作战司令部"，专门负责联合作战理论和转型试验领导工作，并先后组建了包括战斗勤务支援实验室、纳蒂克后勤实验室在内的22个作战实验室，大大提高了各种联合作战概念的试验工作效率。

2）全面发展与逐步推进相互结合

美军装备保障发展变革的策略和思路是：先试点后推开，先试验后推广，循序渐进，分阶段有步骤地实施。这种做法体现了美军在对战术部队装备保障结构进行调整时的谨慎态度。

3）重视文化思想的推动作用

美军提出文化转型的概念，试图通过营造"鼓励学习、创新和冒险"的联合型军事文化，改变传统军事思维和技术至上的思想束缚，强化人在战争中的主体地位，为装备保障整体发展变革提供不竭动力。

4）充分利用民力资源与借鉴企业化运作模式相结合

社会经济是军队保障的根本，充分利用民力资源与借鉴企业化先进运作模式，能够极大提高保障的效率和效益。美军不仅实施了战场供货商制度，以减轻军方战场供应保障的巨大压力，而且尝试将供货商纳入战场"作战态势可视化系统"管理，以有效解决军、地保障力量间相互融合问题。

1.1.1.2　美军装备自主式保障

1. 概念的提出

20 世纪 90 年代中期，美军联合作战思想走向成熟，联合攻击战斗机（Joint Strike Fighter，JSF）项目也开始正式启动。JSF 是美国空军研制的新一代高级战术攻击机，供美国空军、海军和盟国军队使用，在信息化战争中具有隐身、高机动性、高生存性和低成本等特点，是美军最主要的武器装备发展项目之一。在经济可承受性和全球视情保障的需求牵引下，以及在预测与健康管理（Prognostics and Health Management，PHM）、网络信息等新技术推动下，波音公司在美军 JSF 项目的竞标过程中，提出了全新的自主式保障（Autonomic Logistics，AL）概念，深层次地探索了该思想在装备可靠性、维修性、保障性、维修保障性等方面的实现途径和潜在价值。尽管波音公司最终没有在 JSF 项目中中标，但是自主式保障已经被美国空军接受，并将其确定为新研空军装备的主要保障思想。

自主式保障思想来源于人体自主式神经系统的工作原理，是一种主动自主反应的保障模式。所谓自主式保障，是指装备所具有的自动诊断其维修需求并将这些需求通知地面以便维修人员及时采取保障措施的能力。自主式保障通过减少人为介入的自动化保障环境实现 JSF 维修安排、飞行安排、备件订货等各种保障支持工作的自动化。与传统保障相比，JSF 自主式保障能够以更低廉的费用提高飞机全寿命周期内的利用率。

自主式保障系统（Automotive Logistics System，ASS）是以信息技术为基础的综合保障系统，是借助先进数字化信息技术，使原先劳动力密集型的活动如维修规划、备件供应和运输管理等实现自动化的一种全新的维修与供应保障系统，其基石是先进的 PHM，整个保障系统通过联合分布式信息系统（Joint Distribution Information System，JDIS）紧密联系，使得信息可以实时地到达保障系统的任何地方。通过自主式保障系统，飞机几乎全部通用的测试、维修和保障活动都将实现自动化，从而最大程度地减少人力和消除人为差错，使用户在未来的战场中高效率、有效地保障飞机的作战部署。也就是说，当飞机还在空中飞行时，机载的 PHM 系统所检测到的飞机故障和状态信息便可自动传输给地面的维修站和后勤补给系统，使其准备好相应的零备件、技术资料、维修人员和保障设备等。当飞机降落后便可快速进行维修,缩短飞机再次出动准备时间,并且大幅度减少维修工作量,节省使用和保障费用,提高飞机的战备完好性。可以认为,自主式保障是一种更高级别、具有更高故障诊断、状态预测、自主维修决策能力的基于状态的维修。

2. 构成要素

JSF 自主式保障系统由各种硬件、软件、人员、组织和基础设施等关键要素构成,如图 1 - 1 所示,主要包括四个关键组成部分:具有高可靠性和 PHM 能力的飞机;一体化训练系统;自主式保障信息系统/联合分布式信息系统;能及时对保障要求做出反应的一体化保障系统。

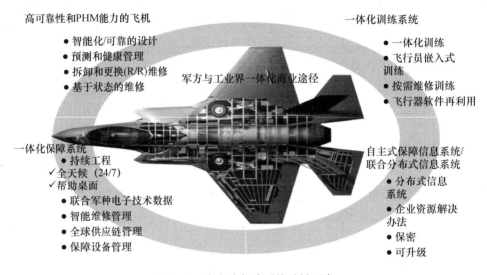

图 1 - 1   自主式保障系统关键要素

美军 JSF 保障的目标是使 JSF 具有在全球范围内任何战场中快速部署的能力,并要求伴随的保障支持系统规模最小。JSF 自主式保障的动机:一是借助信息技术等高新技术,将基于状态的维修 CBM 和美军整个信息链系统相结合,达到后勤保障的信息一体化;二是进一步规范和强化装备自诊断、预测与维修保障能力,使装备不仅仅是维修的客体,也是维修保障主体的重要组成,即将维修主体前伸到从装备自身开始;三是进一步缩减装备后勤保障环节,优化保障体系和资源,达到精确、机动、快捷、经济保障的目的。

美军在研发 F - 35 战斗机过程中已经开发了自主式保障功能模型并提出了详细的保障信息系统方案,海军陆战队已经计划为其地面车辆开发自主式保障系统。美军 F - 35 项目办公室通过建模与仿真手段,计算出采用自主式保障后 F - 35 战斗机将达到的保障性能指标。仿真结果表明,F - 35 战斗机采用自主式保障后可实现以下效果:一是保障规模显著缩减。与现有的飞机相比,F-35 战斗机在部署期间所需的保障资源将大幅减少(比常规起降型飞机减少 59%),维修人员比现有飞机减少 40%,每架飞机的直接维修人员规模缩减到 10 人;二是出动架次率提高。采用自主式保障系统后,F-35 战斗机的出动架次率能够提高 8%;三是任务可靠性提高。美国空军常规型、海军舰载型的任务可靠性达到 95%,海军陆战队短距起飞垂直降落型飞机的任务可靠性能达到 93%。每飞行小时的平均维修工时可降至 0.3。鉴于上述原因,F-35 战斗机的使用与保障费用大大降低,估计在正式服役后,F-35 战斗机每年的使用和保障费用将比现有系统(F-16 战斗机和 F-117 战斗机等)降低 35% 以上,其中,保障设备维修与更换费用将减少 88%。美军研究表明,同使用"联合通用费用模型"所产生的综合保障费用,以及美国现有飞机(采用当前保障方式)的使用与保障费用相比,采用"基于性能的保障环境"管理方法开发的自主式保障系统将节省保障费用 720 亿美元(41%),与 JSF 历史基线相比,将节省 600 亿美元(34%)。

1.1.2 自主式保障的内涵及优势

自主式保障是一种能自己管理相关军事器材、设施、人员采购、维修和运输的军事实体或系统,它是指装备所具有的自动诊断维修需求并将这些需求通知地面以便维修人员及时采取保障措施的能力。自主式保障系统是装备的自诊断系统和维修系统与网络化、信息化的保障信息系统紧密协同所形成的综合保障体系。

自主式保障是一种全新的保障理念,克服了传统的被动反应式的遵循"发生故障—检测隔离—故障定位—保障资源调度—维修"这一被动过程修复性维修保障。通过采用传感器、状态监测、智能诊断、开放式信息系统结构等技术,建立能够在装备使用过程中,对装备的技术状态进行实时监控,并据此对装备故障和寿命进行预测,进而自主确定适当的维修方案。在装备使用期间预先启动维修任务的训练、资源调配等工作,在最佳时机启动维修任务,确保装备保持良好的作战使用状态,从而大大缩短维修保障活动的响应速度,提高装备在任务中的战备完好性水平。

自主式保障是一种借助先进技术最大程度地自动识别装备保障需求并自主启动正确响应的全新的保障方案。根据这一方案,当装备还处于动用状态时,其自带的 PHM 系统便可将检测到的装备状态数据自动下传到一个数据库中,通过处理检测出现有或即将发生的故障,激发自主式保障系统开始工作,几乎无须人的干预,就能做出决策,预备好相应的备件和设备,为维修人员提供即将进行的维修工作的预演,做好一切准备。这将大大缩短维修保障过程,降低保障响应要求,避免不正确的维修活动,精简维修技术人员和管理人员,缩小保障规模,达到高效、经济、精确、快速保障的目标。

自主式保障系统的主要特点是能够在装备使用的全过程中,对装备各系统、子系统、最小可更换单元的状态进行实时跟踪和监控,并对潜在故障或剩余寿命进行预测,确定合适的维修方案,在装备使用期间预先启动维修任务的预演和维修资源的调配,在最佳时机进行维修,确保装备保持良好的状态。与传统保障模式相比,自主式保障的优势主要体现在以下几个方面。

(1)故障通报及时,提高保障的针对性和保障效率,降低保障成本。自主式保障系统能将大多数关键故障在装备上实时检测和隔离出来,而且能够预测即将发生的故障和部件的剩余使用寿命,能自动进行备件的订购和跟踪,自行制订任务计划和航程计划,维修人员还可以提前演练技能等,保证了根据装备的实际需要实现"即时"保障,大幅度地降低保障成本。

(2)故障诊断准确,自动化程度高。传统保障系统中的测试能力(如 BIT、PMA 和 ATE)只能给出不太准确的故障指示,大部分的故障诊断分析工作还需要由维修人员完成,常常导致不正确的维修活动。而自主式保障系统依靠PHM 系统的综合报告自动做出决策,大部分诊断工作已自动完成,维修人员仅需完成最后的部件拆卸、更换等简单的维修工作,从而最大程度地减少了维修活动。

(3)提高维修保障的快速反应能力和保障系统灵活性。自主式保障与传统保障的显著区别是启动时机不同。传统保障系统要等到装备到达保障地点后,才开始启动,为下次任务订购所需的零备件、工具和设备,指派适当的维修人员进行维修和保养。而按照自主式保障方案,当装备还在执行任务时,PHM 系统就可将检测到的故障自动报告给保障系统,通知它准备好相应的备件、维修人员和保障设备,为下次任务做好准备。

(4)技术通用性好,可以在其他装备的保障系统中推广应用。自主式保障旨在开发一种一体化的保障环境,该环境具有的特征及其所包含的技术对于各种装备具有广泛的适用性,可以在一般装备的保障系统中加以推广应用。

自主式保障能提高装备的战备完好性,缩短再次出动准备时间,并且大幅度地减少维修工作量,节省使用和保障费用,有助于实现 CBM 和两级维修体制。据美军预计,采用这种新型保障系统可使 F – 35 战斗机维修人力减少 20% ~ 40%,后勤规模减少 50%,出动架次率提高 25%,使飞机的使用与保障费用比过去的机种减少 50% 以上,而且保证使用寿命达 8000 飞行小时。

1.2　装备自主式保障系统的概念及基本结构

结构是系统组元的存在形式,是构成系统的第二要素。构造装备自主保障系统的结构,就要客观反映装备自主式保障系统的组员间的相互关系,准确表述系统的功能与作用,合理衔接系统的各个阶段以及发展状况。

1.2.1　系统构建原则及基本组成

系统是由构成系统的诸多组元,通过一定的排列组合的形式来实现的,这种排列组合的形式,就是系统的结构。组元是系统结构的必要成分,而结构是组元的存在形式。装备自主式保障系统的结构包括保障力量的相互间关系、装备自主保障系统的功能设计关系与要求等,系统结构的构建需要遵循以下原则。

（1）客观反映自主式保障系统的组元间的相互关系。构建自主式保障系统的机构,需要注意系统各个组元的性质。由此考虑各个组元之间的相互关系,从组元之间的关系切入,找出组元中具有争议的部分,着重分析。

（2）准确表述自主式保障系统的功能与作用。结构决定功能,合理地构造结构,可以明确自主式保障系统的功能,以及各个组元或各个组成部分所具有的作用。因此,自主式保障系统在整个军事活动系统中的地位作用可以得到明确。

（3）合理衔接自主式保障系统的各个阶段以及未来发展。自主式保障不是孤立的保障模式,需要把传统的、各军种的以及其他新出现的装备保障思想加以衔接,使得自主式保障系统的功能更加完善。

装备自主式保障系统旨在借助先进数字化信息技术,建立综合的保障环境,其基本结构如图 1 - 2 所示,具有四个基本组成部分。

1）具有故障 PHM 能力、可靠性高的智能化装备平台

PHM 是一种装备自载系统,其作用是借助智能推理机和传感器,以极低的虚警率进行机上实时自动故障检测（FD）和故障隔离（FI）。在出现故障时,它能触发简单的维修活动以满足任务可靠性要求;对关键零部件进行故障预计或实时预测,对有限寿命产品的零件寿命情况进行跟踪;进行性能趋势跟踪、故障滤波和报告,并仅在有必要采取行动时向指挥员提出措施建议等。在装备返回前,PHM 将有关信息、状态报告通过信息系统传到保障基地。PHM 系统的预测能力不同于其他的故障诊断,对于安全关键产品（如发动机）即将发生失效预警时间的准则是必须允许装备能安全返回,其他预测性告警（如对腐蚀维修的需求）可能要保证数天或数个星期的超前时间。故障 PHM 系统具备以下功能。

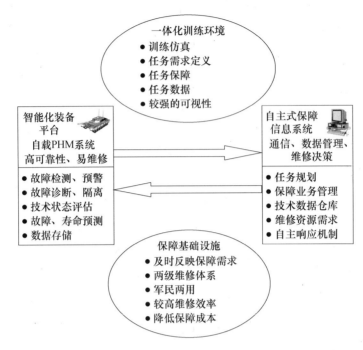

图 1-2　装备自主式保障系统基本结构示意图

（1）故障检测和预警能力。通过自身的检测装置,测试并核查装备分系统、零部件或外场可更换单元(Line Replaceable Unit,LRU)在平时和执行任务中的性能,预知故障发生时间和位置,对装备健康和使用状态进行管理、决策、调度和预测。

（2）故障诊断、隔离能力。在不依赖其他维修保障系统的条件下,对故障进行诊断并隔离至一定水平(如 LRU),在自身条件允许状况下,可以实施自行修复、冗余切换、降额使用等免疫行为,能够迅速通知指挥员装备的故障,以便评价当前系统的执行任务能力和紧急维修能力。

（3）良好的信息沟通能力。能够将装备状态、故障状况、维修能力等相关信息适时传送至自主式保障信息系统,激励整个自主式保障系统工作。

（4）数据存储能力。包括任务过程、当前状况的数据的存储,以及返回基地后,基地维修技术人员和测试设备能够进一步提取其详细数据的能力。

2）一体化的使用与保障人员训练环境

一体化的使用与保障人员训练环境包括设计、开发、评价和改进保障人员训练所需的所有分系统、设备、硬件、软件和基准数据,采用开放的系统结构,容易根据个人、小组或团队训练的需求进行重构,它可以组合利用专业指导、模拟器和真实装备开展保障训练。

维修人员拥有一组现代化的技术工具(如便携式维修辅助设备(PMA)),结合交互式电子技术手册(IETM)、电子教室、训练/任务预演、嵌入式仿真、专家系统等,维修保障能力将大大得到增强。

3) 能够及时对保障需求做出反应的保障基础设施

在装备自主式保障系统中,保障基础设施是在目前装备保障设施的基础上,加强智能化、网络化、一体化建设,使其具备主动、精确、敏捷和协同等特点,它由外场维修保障基地、后方维修保障中心、地方民用维修保障体系与装备生产军工厂等四部分组成,其中外场维修保障基地和后方维修保障中心共同构成装备的两级维修体系。

自主式保障基础设施是一种高度自动化的保障网络,能利用 PHM 和自主式保障信息系统(Automotive Logistics Information System,ALIS)做出的决策,在需要的时间和地点提供必要的保障。

4) 将装备、保障人员以及保障基础设施相衔接的 ALIS

ALIS 是支持保障体系所有要素间实时信息流动的信息平台,是自主式保障方案的神经中枢。ALIS 具有通信、数据库管理和维修辅助决策等功能,它的输出不仅包括状态与使用情况信息、维修信息/知识、保障资源管理信息和装备可用性数据等,还包括资源最佳利用、维修管理等建议。此外,ALIS 还应具备远程维修功能。

ALIS 的信息传输功能包括两个方面:一是指故障 PHM 系统各部分之间的通信与信息交换以及系统与装备之间的信息交换;二是指装备与基地保障设施之间的通信与信息交换,可以通过高技术手段(如卫星、微波通信等)的直接数据对接与下载等方式实现。通信系统的功能是确保自主式保障系统中各个部分之间进行正确、通畅和安全的信息交流,从而实现整个保障体系的信息化、网络化和一体化。

1.2.2 概念及框架结构

装备自主式保障系统是实现自主式保障的基础平台,是指使用和维修装备所需的各种资源及其组织管理,在一定环境下为保证或者维持装备战备完好性目标而相互影响、相互制约、相互促进的有机整体。它是装备自检测、自诊断系统和维修保障系统与网络化、信息化的保障信息系统紧密协同所构成的综合保障系统。

对于陆军主战装备中的地面突击装备,其自主式保障系统以 PHM 系统和 JDIS 为技术支撑,通过 PHM 系统对装备的健康状况进行管理,对装备的剩余寿命进行实时预测,生成维修保障需求;通过 JDIS 实现各类信息的实时传输,将系统内各级修理机构、器材保障机构的信息资源共享,形成优化的保障资源配置,确定维修方案。在装备使用期间预先启动维修任务的训练、保障资源调配等工作,缩短维修保障活动的响应速度,提高装备在任务中的战备完好性水平。

地面突击装备在执行任务过程中,车载的 PHM 系统可以将检测到的故障和状态信息自动传输给车场、分队的车外 PHM 系统。车外 PHM 系统通过综合分析本单位所有装备的 PHM 信息,给出维修建议并通过自主式保障信息系统,由无线或有线网络传送到相应的维修部门以及物资和器材供应部门,使其准备好相应的零备件、技术资料、维修人员和保障设备等。如果故障比较严重,预计的维修任务比较复杂,那么在后方维修部门预先进行模拟维修启动维修训练。当装备到达相应的维修机构后便可快速进行维修,缩短维修准备时间,并且大幅度地减少维修工作量,节省使用和保障费用,提高装备的战备完好性。

地面突击装备自主式保障系统基本结构关系,如图 1-3 所示。

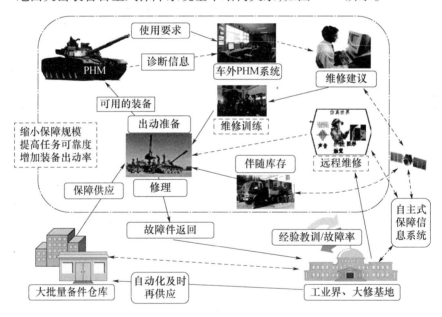

图 1-3　地面突击装备自主式保障系统基本结构关系

1. 联合分布式信息系统

JDIS 是自主式保障系统的信息中枢,通常采用开放式多级分布式软件结构,将相关保障业务信息接口封装并集成,使作训部门、装备保障部门、装备平台、使用分队、装备修理分队和后方支援部门等多方信息共享,实现装备及保障资源全资产、全过程、全资源实时可视,如图 1-4 所示。

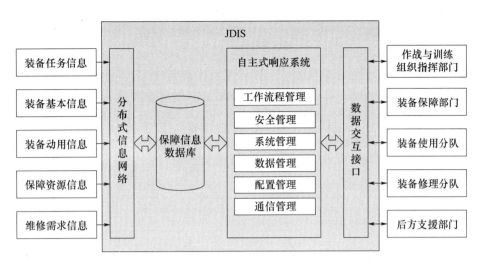

图 1 - 4　地面突击装备自主式保障系统 JDIS 结构

在图 1 - 4 中,各类装备保障信息通过分布式信息网络输入至 JDIS 中,存储至保障信息数据库,由自主式响应系统对数据进行分析处理后,通过数据交互接口与各个部门用户连接,不同用户具有不同的信息服务和访问权限。自主式响应系统是 JDIS 的核心部分,集成了支持自主式响应系统的各种应用程序。

（1）工作流程管理。系统响应时,按照基于预设响应规则,进行各应用程序之间信息交互管理。

（2）安全管理。实现 JDIS 安全功能,如基于网络及服务器的入侵监测系统、网络监控及过滤节点等。

（3）系统管理。系统内部各应用程序检测与监控。

（4）数据管理。储存和调用数据信息,定义数据关系,提供数据信息访问。

（5）配置管理。确定配置数据基线,控制配置数据修改,提供发布机制。

（6）通信管理。通过管理数据交互类型,以及数据提交、发送和接收,实现各部门用户接口适配器的互用性。

2. 预测与健康管理系统

装备 PHM 系统包括传感器系统、区域管理器、车辆平台管理器三个层次:其中传感器系统对装备重要功能部件实时监测,预测并将故障隔离到 LRU;区域管理器将各传感器数据融合处理,传输给车辆平台管理器;车辆平台管理器对各个重要功能部件的故障信息进行汇总,将汇总信息传输至 JDIS,最终形成装备维修保障决策,如图 1 - 5 所示。

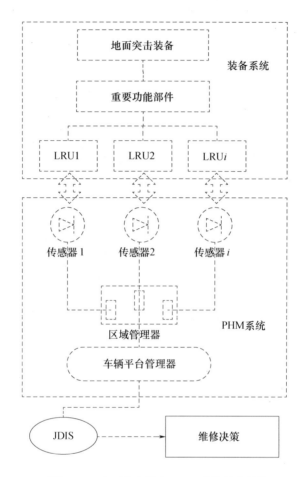

图 1-5　地面突击装备 PHM 系统基本结构

3. 维修保障系统

维修保障系统是地面突击装备自主式保障系统的重要组成部分,是最终完成维修保障任务的主体,包括器材备件、设施设备、人力资源、信息资源以及管理机制等要素,维修保障的基本过程如图 1-6 所示。

在图 1-6 中,维修保障系统输入包括待修装备、器材备件、维修设备、维修设施以及技术支持,根据装备维修任务构成,将维修保障过程分为辅助过程、主要过程、保障过程。主要过程是指直接作用于装备,将装备从非完好状态转入完好状态的过程,即对待修装备的修理;辅助过程包括对待修装备的后送,以及将修竣装备前送等过程;保障过程是指对主要过程和辅助过程实施的物资技术保障。系统输出包括修竣装备,以及扣除损耗后可继续使用的保障资源。

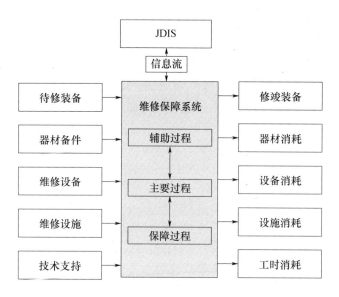

图1-6 维修保障的基本过程

(1.3) 装备自主式保障系统的运行机理及过程

运行是指系统生存过程中各构成组员之间相互作用与联系而表现出来的动态协调过程,主要包括决策、执行、反馈和控制等环节。为了使自主式保障系统达到最佳运行状态,就要对系统各组元之间的相互关系及其作用方式进行规范,对结构和运行过程进行优化。

对于军事系统,结构不能将系统的功能完全确定下来,还与运行有关,主要是与作为军事系统的主体的决策行为有关。结构对主体的决策给予强制性约束,如规定决策的内容和范围。在这种约束下,主体的决策有许多方案可以选择,不同的方案导致不同的行动和不同的实践效果,从而使军事系统表现出不同的实际效能。

从结构与运行的基本关系可引申出两个很重要的论断:在结构确定的情况下,改善系统的运行能够增进系统的效能;运行是在结构的基础上发挥作用的,系统结构上的弊端不可能由运行优化取得根本的、完全的、持久的补偿,即结构决定功能,运行决定效能。因此,根据运行在军事系统功能实现中的作用,不仅要对军事系统进行结构设计,还应该进行运行设计。结构设计与运行设计的平衡发展,才能构成完整的系统设计。

17

1.3.1　装备自主式保障系统运行机理

装备自主式保障系统运行,是指装备自主式保障系统在结构基础上通过整体设计、动力开发、资源整合和动态协调,形成和运用保障能力,完成保障功能的循环活动过程,装备自主式保障系统运行机理如图1-7所示。

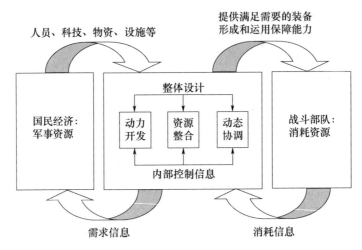

图1-7　装备自主式保障系统运行机理示意图

从图1-7中可以看出,装备自主式保障系统实际上是一个转换系统,其运行的本质是完成国民经济所提供的军事资源到满足战斗部队对装备需求的转换,整体设计、动力开发、资源整合和动态协调是运行的主要内容,信息是运行的关键要素,保障系统的运行效益取决于它的转换能力。运行的实现主要依靠良好的运行机制,运行机制是"保障系统中在一定的组织结构的基础上,各子系统的相互关系的规范和他们发挥作用的机理、过程和方式方法等的总和"。

1. 自主式保障系统的生成机理

自主式保障系统的生成机理,是指在 PHM、信息系统等关键技术的支撑下,自主式保障系统各个要素之间形成能力聚合的机理,主要包括信息融合、功能耦合和联动聚能等。

1) 信息融合

在信息化条件下作战,以综合电子信息系统为核心的军事信息系统已成为基础和支撑,各个作战系统、保障系统和保障单元都是信息网络上的一个节点,离开军事信息系统的支撑,任何系统都将难以发挥其应有效能。多传感器信息融合是 PHM 系统中的关键技术,对于故障诊断和预测的准确性发挥着至关重要的作用。

2）功能耦合

功能耦合,是指在军事信息系统的作用下,自主式保障系统各构成要素的主要功能彼此影响以至联合起来,实现功能上的长短互补、效能倍增。自主式保障系统中各种要素都具备相应的功能,这些功能既相互独立,又相互依存,自主式保障能力的生成,植根于各种能力要素的有机组合中,需要保持功能上良好的整体性和周密的协调性。

3）联动聚能

联动聚能,是指自主式保障各构成要素整体联动、同步运行,使保障能力凝聚成一个整体,实现能力的聚合,并且随时根据各种情况做出协调一致的反应,各功能单元实现情况判断、决心处置、保障活动、效能评估的快速循环和保障力量的整体联动。具体地说,就是根据不断变化的情况,迅速决定用什么保障力量、以什么方式遂行保障任务,指导保障行动,并进行实时化的保障评估,从而确保整体保障效能得到最大限度的发挥。

2. 自主式保障系统的作用机理

自主式保障系统的作用机理,是指在能力聚合的基础上,实现保障系统整体能力的释放和输出的机理。主要包括信息主导、整体释能等内容。

1）信息主导

信息主导,是自主式保障系统能力释放与输出的首要作用机理。信息化时代的装备保障主要靠信息制胜,体现的是信息技术的支撑和主导作用,信息技术成为自主式保障系统的黏合剂,信息资源成为系统的基础资源,信息流主导物质流、能量流以及保障行动,信息将主导系统能力的能量释放。

2）整体释能

整体释能,是指实现各种能力的紧密链接,各种能力发挥自身能量的同时,彼此形成优势互补,实现整体能量最大释放。整体释能源于多元一体、网状布势、动态谋势,在保障力量布局上将各离散的点状保障力量、单元结成一张无所不在、再生能力强的保障能力网络,着眼于保障体系的关节点,对随时可能出现的薄弱环节、故障予以快速、准确的修复,从而提高保障效能。另外,使各保障力量时刻处于运动待机状态,保障目标精确定点、机动定位的能力不断提高,精确保障成为可能。

1.3.2　装备自主式保障系统的运行过程

装备自主式保障系统作为一个军事系统,其确立与发展的根本目标是通过保持恢复装备齐全配套、状况良好的战术技术性能,提高保障效能。理想的装备自主式保障系统,要求对系统组元之间的相互关系及作用方式进行规范,通过结构和运行过程的优化,使系统达到最佳的运行状态。严格地说,理想的运行模型是不存在的,任何一个军事系统的资源配置的效率不可能达到100%。但是,通过对保障系统运行仿真分析,可以找出系统在运行过程中存在的各种矛盾与弊端,为改进系统结构和规范运行过程提供理论支持。

装备自主式保障系统的运行过程实际就是一个决策、实施并对各种技术的、战术的保障活动进行反馈与控制的过程。

(1)决策。决策是指保障指挥人员根据所掌握的保障对象的保障需求和保障力量的编成情况,合理区分保障任务,并对保障力量进行正确部署的过程。

(2)实施。实施是指保障机构根据受领的保障任务和所掌握的保障资源,对装备进行物资供应和维修的过程。

(3)反馈与控制。反馈是指保障指挥、管理机关与保障作业机构之间,以及他们内部所进行的信息反向传递过程。双方根据信息反馈的结果对所面临的新情况和新问题进行判断,并采取措施予以解决;反馈也是对保障任务根据实际情况进行调整的过程。

装备自主式保障系统的运行过程如图1-8所示。运行模型中阐述了装备在使用环境中的自主式保障需求,日常使用从指挥机构发布执行任务的命令开始,依次经过任务下达、任务准备、任务执行和任务后报告,以及维修的规划、执行和完成。

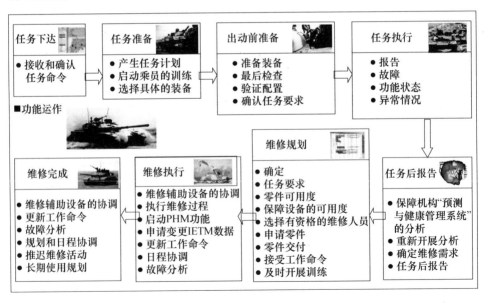

图1-8 装备自主式保障系统的运行过程

装备自主式保障系统可完成的主要功能包括故障检测和隔离、故障预测、关键部件剩余使用寿命预计、部件寿命跟踪、性能降级趋势跟踪、故障选择性报告（通知需要驾驶员立即知道的信息，而将其余信息通报给维修机构）、辅助决策和资源管理、信息融合和推理机以及信息管理（将准确的信息在准确的时间通报给准确的人员）。

装备自主式保障系统的运行过程，从工作内容上来说分为四个不同方面的工作：一是管理，包括对武器装备、保障装备及各种保障设施、人员等的管理，其中武器装备的请领、调拨、运输、储存及使用管理是保障管理工作的主要内容；二是供应，包括成套装备、维修零配件及各种保障设备的补充等；三是维修，包括各种坏损装备的修理及维护保养；四是训练，对保障系统来说，主要是保障人员专业技能的训练。

以陆军主战装备的地面突击装备为例，其自主式保障系统的运行流程如图1-9所示。

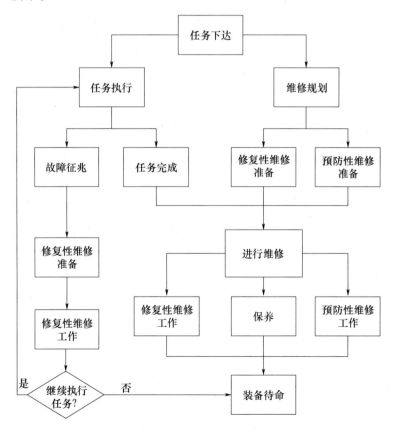

图1-9　地面突击装备自主式保障系统运行流程

在系统基本结构基础上，通过任务驱动、优化设计、资源整合、动态协调，生成保障能力，完成保障任务的循环活动过程。

（1）任务下达。任务下达是作训部门根据作战企图（或训练任务）制订的作战（或训练）计划，保障部门根据作战（或训练）计划确定动用地面突击装备的数量、型号、乘员和武器等要求。

（2）任务执行。任务执行是动用装备完成任务的过程。PHM系统通过传感器系统对重要功能部件状态进行监测，"区域管理器"通过预测模型对地面突击装备技术状态进行评估，将评估信息传给"平台管理器"，发现故障征兆后，生成装备故障预测报告，传给保障部门，提前进行修复性维修准备工作。

（3）维修规划。任务下达后，保障部门根据保障需求预测报告进行维修规划，主要包括确定维修任务要求，明确任务需求、保障设备和专用机工具等信息；备件可用度，确定备件交付时间、交付地点、费用估计和优先级等信息；选择合适的维修人员，确定所需维修人员的数量、专业和技能等级等信息；制定维修保障训练计划，对将要开展的维修保障工作进行针对性训练，以提高保障效率，如采用交互式电子课件进行"即时训练"，采用虚拟维修进行辅助训练。

（4）修复性/预防性维修准备。确定维修规划后，保障机构进行保障资源准备，包括器材备件请领、维修作业训练、维修设施设备准备和远程技术支援准备等。

（5）修复性/预防性维修工作。针对维修对象需求，开展修复性或预防性维修工作，修理机构将实际维修需求信息反馈给保障部门进行必要的协调工作。

（6）保养。地面突击装备保养主要是完成对装备的清洁、油液加注、调整和功能检查等工作，主要由装备乘员完成。

（7）装备待命。完成装备维修保养后，装备乘员通过车载终端向保障部门汇报，保障部门组织对装备技术状况验收，批准保养工作完成，车辆入库待命。

地面突击装备的自主式保障，就是利用机内测试（Built In Test，BIT）、嵌入式诊断等技术手段采集关键部件（如发动机）的技术数据和装备物资数据（油料、弹药和备件等），由计算机进行推理分析，实时对装备关键部件的故障/剩余寿命和物资剩余量进行预测，并将装备的技术状况等信息通过信息系统传送到保障系统的相关部门，最终生成保障决策。在装备使用期间预先启动维修人员准备和资源调配等工作，在合适时机启动维修任务的一种主动保障模式。

第 2 章
装备自主式保障系统功能建模

　　装备自主式保障的本质是一种具有更高故障诊断、状态预测、自主决策能力的"基于状态的维修"，能够有效缩短维修保障延误时间，提高装备在任务中的战备完好性水平，有效解决传统维修保障"序贯式作业"时效性差等问题。

　　功能建模是在业务分析基础上，为研究业务对象系统功能，按照"系统—子系统—功能—程序"的建模思路，用模型描述系统功能及其关系的过程。本章以地面突击装备为例，构建了装备自主式保障系统基本结构和运行流程框架模型，应用 UML 建模方法，进行了装备自主式保障系统需求分析建模和系统分析与设计建模，建立了装备自主式保障系统用例模型、静态结构模型、动态结构模型，以及体系结构模型；应用 IDEFO 建模方法，进行了装备自主式保障系统功能建模。

(2.1) 基于 UML 的系统功能建模

　　本节在地面突击装备自主式保障系统基本结构与运行分析的基础上，采用 UML 系统建模理论和方法，通过系统需求分析建模和系统分析与设计建模，构建地面突击装备自主式保障系统用例模型、对象类静态模型、动态交互模型和状态模型，以及体系结构模型，实现地面突击装备自主式保障系统的结构功能与运行流程的模型表述，为系统仿真与评估、演示验证等后续研究奠定基础。

2.1.1　UML 建模方法

　　UML(Unified Modeling Language，统一建模语言) 是由 Grady Booch、James

Rumbaugh 和 Ivar Jacobson 提出的面向对象技术领域内的标准建模语言,具有严谨的模型语义,丰富的图形元素,完整的视图功能和强大的扩展机制,可用于多种类型系统开发建模的各个阶段,具有创建系统的静态结构和动态行为等多种结构模型的能力,适合于多种多变结构系统的建模。UML 是一种面向对象的语言,具有如下优点。

(1) 采用视图和文字相结合的表达方式,便于交流和沟通。

(2) 含有有丰富的建模元素,以及动态和静态建模机制,具有广泛的适用性。

(3) 着眼于有重大影响的问题设计,总体简明扼要,内部功能齐全。

(4) 建模语言适用于人和机器,有利于使用计算机软件实现自动化建模。

(5) UML 在概念模型和可执行体之间建立了明显的对应关系,有利于概念模型和计算机实现模型在构建思想上的一体化。

UML 建模方法在工程应用方面仍存在不足,UML 只是半结构、半形式化建模语言,形式化功能不够强,也无法进行驱动仿真,这些缺点将用其他建模仿真方法予以弥补。

UML 建模方法主要包括三大类模型图:用例模型图、静态模型图和动态模型图,模型图由多种不同视图组成,UML 建模过程及方法如图 2 - 1 所示。

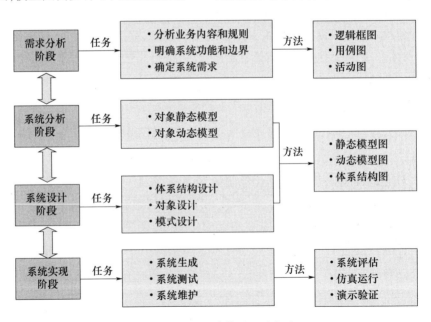

图 2 - 1   UML 建模过程及方法

2.1.2　装备自主式保障系统用例建模

根据第 1 章论述的地面突击装备主要业务内容及装备自主式保障系统基本结构与运行分析,建立地面突击装备自主式保障系统用例模型如图 2 - 2 所示。

图 2 - 2 给出了地面突击装备自主式保障系统的边界和范围,描述了系统功能需求。地面突击装备自主式保障系统主要由 PHM 分系统、JDIS、维修保障分系统(Equipment Maintenance System, EMS)三个分系统构成。

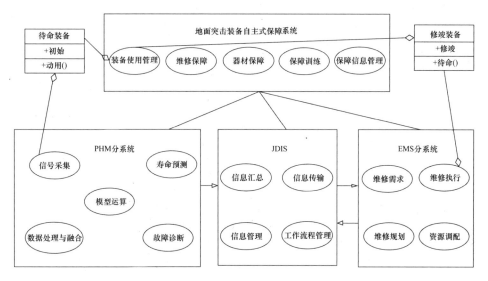

图 2 - 2　地面突击装备自主式保障系统用例模型

2.1.3　装备自主式保障系统分析与设计建模

系统分析与设计建模过程是在系统需求分析建模的基础上:首先建立系统静态结构模型和动态结构模型;然后进一步考察和研究系统内部数据的传送和处理,构建系统体系结构模型。

1. 系统静态结构模型

系统静态结构模型由系统的类和对象,及其属性、操作和联系构成,建模过程包括确定和建立对象类图、建立对象类及其之间的联系、确定其静态结构和行为。根据地面突击装备自主式保障系统用例模型(图 2 -2),确定系统的对象类及其属性和操作,如表 2 -1 所列。

表 2 - 1　自主式保障系统对象类及其属性和操作

序号	类名	属性	功能	操作
1	待命装备	系统输入对象	遂行训练任务	动用
2	PHM 传感器	系统硬件	信号采集	实时传输
3	PHM 区域管理器	系统软件/硬件	数据处理与融合	模型运算
4	PHM 平台管理器	系统软件/硬件	单装故障诊断/寿命预测	模型运算
5	PHM 综合管理器	系统软件/硬件	集群故障诊断/寿命预测	统计运算
6	JDIS	系统软件/硬件	信息管理与传输	存储、传输、管理
7	维修需求	系统数据信息	维修规划数据依据	统计测算
8	维修规划	系统数据信息	维修执行依据	测算
9	维修资源调配	系统数据信息	提高维修资源效益	配置
10	维修执行	系统功能	维修损坏装备	维修
11	修竣装备	系统输出对象	转变为待命装备	运输

根据表 2 - 1 中系统对象类的描述,构建地面突击装备自主式保障系统对象类静态模型,如图 2 - 3 所示。

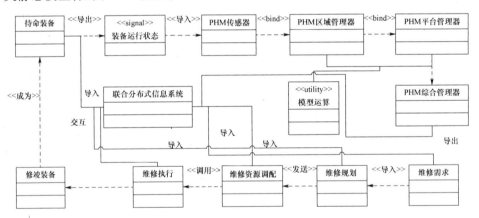

图 2 - 3　地面突击装备自主式保障系统对象类静态模型

图 2 - 3 描述了地面突击装备自主式保障系统对象类间的静态关系。待命装备在使用过程中的运行状态信号由 PHM 传感器系统采集并传输到 PHM 区域管理器,PHM 区域管理器通过模型运算预测和判断装备重要功能部件技术状况。PHM 平台管理器将各重要功能部件的技术状况汇总至 PHM 综合管理器,通过联合分布式信息系统的信息交互,得到维修需求及维修规划,并进行维修资源调配,展开维修活动,最后修竣装备转变为待命装备继续投入使用。

地面突击装备自主式保障系统对象类的所属关系及层次结构由包图模型表示,如图 2 - 4 所示。

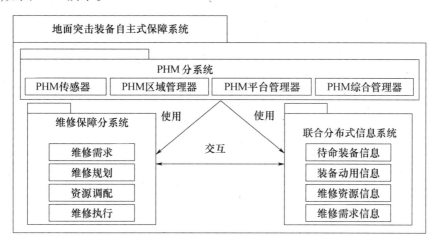

图 2 - 4　地面突击装备自主式保障系统包图模型

2. 系统动态结构模型

UML 动态模型描述系统的动态行为,包括交互模型和状态模型,根据模型图的特点和适用性,选取顺序图描述地面突击装备自主式保障系统的交互模型,活动图描述系统的状态模型。根据地面突击装备自主式保障系统静态结构模型(图 2 - 3 和图 2 - 4),构建地面突击装备自主式保障系统动态交互模型(顺序图)及状态模型(活动图),如图 2 - 5 和图 2 - 6 所示。

图 2 - 5 描述了地面突击装备自主式保障系统各分系统及其对象之间的动态交互时序关系。

(1)"待命装备"对象由"执行任务"消息激活并开始执行任务。

(2)装备动用后"信号采集"消息激活"PHM 分系统",同时装备"动用信息"消息激活"JDIS 分系统"进行信息存储和管理。

(3)"PHM 分系统"将"诊断预测"信息传输至"JDIS 分系统",后者传输至"EMS 分系统"生成"维修需求"对象,启动维修保障工作。

(4)"维修需求"对象通过"交互"消息调用"JDIS 分系统"中的维修资源信息,生成"维修规划"对象,并发出"反馈"消息。

(5)"EMS 分系统"根据维修规划"调配"维修资源。

(6)"装备损坏"消息激活"维修执行"对象,开始维修工作。

(7)维修工作完毕后,"EMS 分系统"将资源消耗情况反馈给"JDIS 分系统",同时修竣装备转化为待命装备。

27

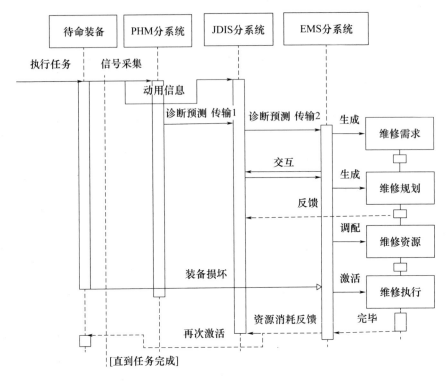

图 2-5 地面突击装备自主式保障系统顺序图

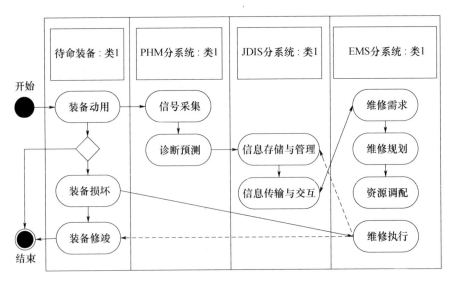

图 2-6 地面突击装备自主式保障系统活动图

3. 系统体系结构模型

根据系统分析阶段建立的地面突击装备自主式保障系统对象类静态模型、包结构模型,以及动态结构模型,在系统设计阶段,采用循环迭代的方法构建系统软/硬件体系结构模型。UML采用配置图描述系统软件构件与硬件之间的关系,表达系统运行时的体系结构。配置图由节点及其联系构成,节点代表系统的硬件,软件构件在节点上驻留并执行。地面突击装备自主式保障系统体系结构模型如图2-7所示。

通过图2-7可知,PHM分系统分四个层次:最低层是分布在地面突击装备重要功能部件中的PHM传感器;中间层分别是区域管理器和平台管理器;最高层为综合管理器。在地面突击装备的技术使用过程中;底层PHM传感器系统将实时检测到的装备状态数据传输到PHM区域管理器,进行预处理和数据融合,经过PHM平台管理器诊断预测,汇总至PHM综合管理器形成装备故障与寿命预测信息,经由JDIS分系统传输至EMS分系统,预先制定维修方案,启动资源调配,最终完成维修保障任务。

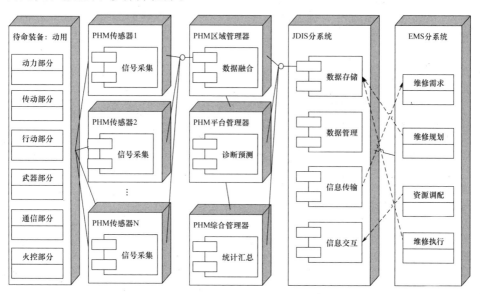

图2-7　地面突击装备自主式保障系统配置图

4. 系统运行分析与评估

维修保障过程是一个受多种因素影响的复杂过程,主要包括维修保障延误时间、维修作业时间和维修工作收拢时间等三个环节。维修保障延误时间是指进入维修活动之前,所需保障资源的请领、筹集、运输、采购、配置和展开等一系列技术与管理活动消耗的时间;维修作业时间是指所有准备工作就绪后的整个维修过程所消耗的时间;维修工作收拢时间是指修竣装备后将维修设施、设备以及机工具归位和整理所消耗的时间。

设维修过程总时间为T,维修保障延误时间为t_1,维修作业时间为t_2,维修工作收拢时间为t_3,上述维修过程可用下式表示:

$$T = t_1 + t_2 + t_3$$

(1)维修保障延误时间是一个随机变量,受维修活动、位置、资源及管理等因素制约,可由保障性函数、平均保障时间及保障概率为p的保障时间等保障性参数进行定量描述。保障延误时间通常有指数分布、正态分布、对数正态分布和威布尔分布等四种概率分布形式。

(2)维修作业时间通常由装备维修工作量表示,度量单位为修理工时(人·h)或修理时间(h)。装备维修工作量受多种不确定因素的影响,可将其作为一个随机变量,通过收集、整理和分析大量的试验数据揭示其规律性,常用的分布规律有指数分布、正态分布和对数正态分布等。

(3)维修工作收拢时间也可以看作是一个随机变量。

传统的维修保障作业模式是"序贯串行"式,即装备动用、装备故障、故障检测、故障评估、维修资源准备和故障维修等各个环节串联进行,如图2-8所示。

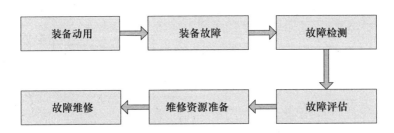

图2-8 传统"序贯串行"式维修保障作业模式

地面突击装备自主式保障系统通过 PHM 分系统对装备进行故障和寿命预测,通过 JDIS 分系统进行信息传输,通过 EMS 分系统在装备使用期间预先启动维修任务训练、资源调配等工作,将传统的维修保障作业模式转变为"同步并行"作业模式,能够有效缩短维修保障延误时间,提高装备在任务中的战备完好性水平,如图2-9所示。

通过图2-8与图2-9的对比分析可知,自主式保障系统的保障效率明显优于传统保障模式,有关研究表明,地面突击装备自主式保障系统的预防性维修时间较传统维修保障可以缩短20%以上,修复性维修时间可以缩短30%以上。

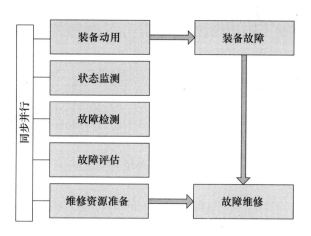

图 2 - 9　主动"同步并行"式维修保障作业模式

（2.2）基于 IDEF0 的系统功能建模

综合集成定义方法（IDEF, Integration DEFinition Method）最初由美国空军提出, 其基本概念是在结构化分析方法基础上发展起来的。目前, KBSI 公司已将 IDEF 方法发展为一个系列, 包括 14 种建模方法, 根据各建模方法的研究对象和适用范围。IDEF0 的主要功能是在于以结构化的方式来表达出系统功能环境, 以及各个功能之间的关系。系统分析人员藉由 IDEF0 做为分析工具时, 可以很清楚地表达出系统架构, 而程序设计师也可由 IDEF0 的模型图明白地了解系统的需求, 也因此降低了系统分析师与程序设计师的认知差距。同时, IDEF0 又可以与 IDEF 家族当中的其他成员相结合, 也因此增添了更多的便利性。本节针对地面突击装备自主式保障系统的运行, 应用 IDEF0 系统功能建模方法, 建立地面突击装备自主式保障系统运行工作流程中各个工作环节的系统功能模型。

2.2.1　IDEF0 系统建模方法

IDEF0 主要用于建立系统的功能模型, 结构化描述系统的功能活动及其联系, 其基本内容是系统分析与设计技术（System Analysis and Design Technology, SADT）的活动模型方法。它是一种自上向下逐层分解、构造模型的方法, 通过图形化及结构化的方式, 清楚严谨的将系统中的功能、以及功能彼此之间的限制、关系、相关信息与对象表达出来。IDEF0 由一系列图形组成, 图形的元素主要是"方形盒子"与"箭头", 如图 2 - 10 所示。

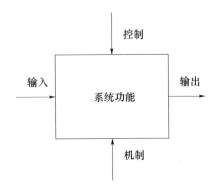

图 2 - 10　IDEF0 主要图形元素

在图 2 - 10 中,方形盒子"□"代表系统功能,箭头"→"分别表示系统的输入、控制、输出及机制。其中,系统功能实现了由输入至输出的一种变换,这种变换是以控制为约束条件,由机制实现和完成;输入是系统功能所要变换的对象,控制是变换的条件、环境或约束,机制是执行功能所需的资源,输出是经过系统功能变换后的对象。IDEF0 具有以下一组基本特色,这些特色形成一种思维规则,适用于从计划阶段到设计阶段的各种工作。

1. 全面地描述系统

IDEF0 能同时表达系统的活动(用方形盒子"□"表示)和数据流(用箭头"→"表示)以及它们之间的联系。对于新的系统来说,IDEF0 能描述新系统的功能及需求,进而表达一个能符合需求及能完成功能的实现;对已有系统来说,IDEF0 能分析应用系统的工作目的,完成的功能及记录实现机制。这两种情况IDEF0 都是通过建立一种图形语言的模型来体现,这种图形语言由图形、文字说明、词汇表及相互的交叉引用表组成,其中图形是主要成分,能够实现四种功能:①有控制地逐步展开细节;②精确性及准确性;③注意模型的接口;④提供一套强有力的分析和设计词汇。

IDEF0 图形中同时考虑活动、信息及接口条件,它把方形盒子作为活动,用箭头表示数据及接口。因此,在表示一种当前的操作,表示功能说明或设计时,总是由一个活动模型、一个信息模型及一个用户接口模型组成。

2. 明确的目的与观点

目的是指建模的意义,为什么要建立模型;观点是指从哪个角度去反映问题或者站在什么人的立场上来分析问题。功能模型是为了要进一步做好需求分析,要实现预定的技术要求,所以要明确是对功能活动进行分析(逐步分解),而不是对组织机构的分解。一个活动可能由某个职能部门完成,但是活动功能不等于组织,因此必须避免描述为组织模型的分解过程。模型描述的内容反映各种用户的要求,从单一角度描述问题是困难的。例如:器材管理人员关心器材的请领、收、发、存等;器材计划人员关心什么时候器材从库存点到采购点;装备保障管理人员关心如何使得保障过程节约经费,提高保障响应速度。IDEF0 要求在描述整个系统的功能模型时,具有明确的目的与观点。例如,对于一个装备管理信息系统,必须有明确的站在装备管理者的位置上建模的观点,所有不同层次的建模人员都要以全局的观点进行建模工作,或者说就是为装备管理者而建模,这样才能保证是从全系统、全寿命的高度揭示各部分之间的相互联系和相互制约的关系。

3. 区别"什么"和"如何"

"什么"是指一个系统必须完成的是"什么"功能;"如何"是指系统为完成指定功能而应"如何"建立。也就是说,在一个模型中应能明确地区别出功能与实现间的差别。IDEF0 首先建立功能模型,把表示"这个问题是什么"的分析阶段与"这个问题是如何处理与实现"的设计阶段仔细地区别开来。这样,在决定解法的细节之前,保证能够完整而清晰地理解问题,这是系统成功开发的关键所在。

在设计阶段,要逐渐识别各种能用来实现所需功能的机制,识别选择适当机制的依据是设计经验及对性能约束的知识。根据不同模型,机制可以是很抽象的,也可以是很具体的。重要的是,机制指出了"什么"是"如何"实现的。IDEF0提供了一种记号,表示在功能模型中如何提供一个机制实现一个功能,以及单个机制如何能在功能模型的几个不同地方完成有关功能。

4. 自上而下分解

首先用严格的自上而下地逐层分解的方式构造模型,使其主要功能在顶层说明;然后分解得到逐层有明确范围的细节表示,每个模型在内部是完全一致的。

IDEF0 在建模一开始,先定义系统的内外关系,来龙去脉。用一个方形盒子及其接口箭头表示,确定了系统范围。在顶层的单个方形盒子代表了整个系统,接口箭头代表了整个系统对外界的全部接口。然后,把这个将系统当作单一模块的方形盒子分解成另一张图形,这张图形上有几个方形盒子,方形盒子间用箭头连接。这就是单个父模块所相对的各个子模块。这些分解得到的子模块,也是由方形盒子表示,其边界由接口箭头确定。每一个子模块可以同样地细分得到更详细的细节,如图 2-11 所示。

IDEF0 提供的规则,保证了如何通过分解得到人们所需要的具体信息。一个模块在向下分解时,分解成不少于 3 个、不多于 6 个的子模块。上界6,保证了采用递阶层次描述复杂事物时,同一个层次中的模块数不会太多,以致不适宜于人的认识规律。下界3,保证了分解有意义的。模型中一个图形与其他图形间的精确关系,则用互相连接的箭头表示。当一个模块被分解成几个子模块时,用箭头表示各子模块之间的接口。每个子模块的名字加上带标签的接口,确定了一个范围,规定了子模块细节的内容。

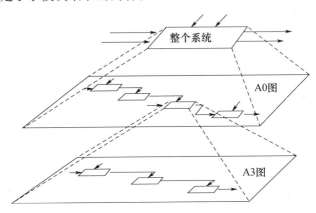

图 2-11　IDEF0 模型的递阶分解结构

2.2.2　地面突击装备自主式保障系统功能建模

根据 IDEF0 功能建模方法及地面突击装备自主式保障基本结构,构建地面突击装备自主式维修保障系统功能模型 A0 图,明确系统边界及主要功能,如图 2-12 所示。

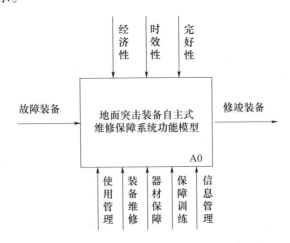

图 2-12　地面突击装备自主式保障系统功能模型 A0 图

根据地面突击装备自主式保障系统运行分析,装备使用过程中的运行状态信号由 PHM 传感器系统采集并传输到 PHM 区域管理器,PHM 区域管理器通过模型运算预测和判断装备重要功能部件技术状况。PHM 平台管理器将各重要功能部件的技术状况汇总至 PHM 综合管理器,通过 JDIS 的信息交互,得到维修需求及维修规划,并进行维修资源调配,展开维修活动,最后修竣装备继续投入使用。

　　1.“动用前准备”建模

　　动用前准备主要涉及以下工作内容。

　　1）用户访问和工作站配置管理

　　用户访问和工作站配置管理在装备维修人员和车辆乘员所使用的各种便携式维修辅助设备、工作站和服务器上都安装有“系统配置管理器”程序,该程序用来验证和控制用户对应用程序和可用数据的访问,对用户的访问进行确认,并管理软件配置,以及设定用户的便携式维修辅助设备、工作站和服务器。用户访问控制是根据用户职责确定的。例如,根据岗位的要求,维修人员有权执行与维修有关的应用程序,如查看维修日程,启动和中止维修工作命令等。车辆乘员只能在他们的工作站查看车辆出动日程以及记录出动摩托小时数等。

　　2）根据任务做好车辆准备

　　在“系统配置管理器”确认用户权限、允许其访问后,管理器还会检查用户便携式维修辅助设备或工作站的软件配置版本。在必要时,“系统配置管理器”还会通过网络对软件进行升级,保密数据的访问要根据规定采取物理控制和电子控制。在对任务进行规划的同时,维修人员将为车辆做好准备。分队提供车辆编号后,“动态资源管理系统”将根据任务要求导出所需的弹药、燃油、备件和任务设备。获得这些详细数据后,“动态资源管理系统”会要求“维修管理系统”生成维修工作命令,以便使装甲车辆做好执行任务的准备。这些维修工作命令,以及与所需弹药和器材等有关的详细任务信息,将传送给相应的维修分队人员和工作分队(如上装、底盘、发动机)或车辆乘员。“动态资源管理系统”的武器弹药和器材申请将分别传送给“武器弹药供应管理系统”及“器材供应管理系统”,负责管理和提供弹药及器材的部门将为受领任务的分队提供弹药和器材。

　　如果车辆在出动前需要维修,则维修人员通过便携式维修辅助设备获取维修工作命令、记录维修作业情况、获取技术数据,以及与车辆进行交互。维修人员登录便携式维修辅助设备后,“系统配置管理器”将确认用户的权限,并且对便携式维修辅助设备或工作站进行监测,以确保其包含最新的技术数据。在必要时,"系统配置管理器"还可与"技术数据交付系统"一起,通过网络使维修人员的技术信息与"装备技术数据仓库"中的数据进行同步。此外,"系统配置管理器"还负责向装备使用部队提供数据和软件。

根据下达的准备工作命令,车辆成员利用便携式辅助设备记录使用保障活动(如武器弹药和器材的装载、功能测试、配置变更和用户授权等)。例如,为支持弹药的装载,技术资料中可能会要求对弹药装载辅助设备进行功能测试。在这种情况下,维修人员可以利用便携式维修辅助设备完成这一测试、记录相关的活动,并将信息传回到"维修管理系统"。随着工作的开展,便携式维修辅助设备将自动把维修过程信息传送给"维修管理系统"。在维修活动完成后,便携式维修辅助设备将自动把工作命令传送给"维修管理系统",并更新"维修管理系统"中的车辆维修状态。

3)上传车辆的任务数据

任务数据(包括任务规划信息和"预测与健康管理系统"的任务模式矩阵数据)是由"任务规划系统"提供的。在出动前的检查阶段,车辆乘员通过数据传输盒带将这些数据上传给装甲车辆。任务模式矩阵数据确定了任务类型(如驾驶训练、分队进攻作战等)以及实现特定作战能力所需的设备模式(如微光夜视仪夜间驾驶)。

4)完成动用前的所有最终检查

除了完成弹药和油料的装载外,维修人员还要负责完成所有的最终维修检查,以确认车辆无故障可以出动。最终检查主要包括标准化的车辆动用前检查、消耗物资检查,以及对以前曾经导致维修活动的原因进行检查等。

"动态资源管理系统"从"维修管理系统"和"装备技术数据仓库"中获取最终检查的信息,经过整理后将这些信息以清单的形式提供给车辆乘员或维修人员。获取技术数据的站点可以传送给相应的便携式维修辅助设备,以确保车辆乘员或维修人员可以获得所需的信息清单。当车辆乘员或维修人员归档这些活动时,用户的便携式维修辅助设备将把这些详细信息记录下来。

在工作命令完成时,或者工作进展期间开展了一系列改进时,这些活动的状态信息都将传送给"动态资源管理系统"。影响信息传送的最主要因素是便携式维修辅助设备的数据传输能力。在战时的前方作战区域内,如果出于信息安全的考虑,导致维修人员的便携式维修辅助设备向"动态资源管理系统"的传输受阻或暂停,车辆乘员或维修人员可以稍后再将便携式维修辅助设备与"动态资源管理系统"连接起来。"动态资源管理系统"通过"自主式响应机制软件"，将动用前的检查信息和工作命令的更新信息传输给"维修管理系统"，以更新车辆的所有状态信息。车辆乘员在获取"维修管理系统"信息后，以及即将开始执行任务前，需要对车辆再次进行检查。一旦车辆完成所有检查，并经过装备管理部门通过"装备综合管理系统"的授权，车辆就能够安全地出动。

5）报告车辆的任务准备状况

在完成了任务规划、车辆乘员训练以及最终检查，并且车辆被宣布做好出动准备后，"动态资源管理系统"就会报告车辆的任务准备情况（任务适用性）。在对报告信息进行审查后，车务管理人员将完成出动前检查验收，包括最后的巡视、检查等。车辆出发前，将通过车务管理人员的便携式车务管理辅助设备或分配给车辆的便携式维修辅助设备来完成该车任务准备情况的确认程序。车务管理人员使用便携式维修辅助设备，向指挥官报告车辆的准备情况。这一信息随后将通过"动态资源管理系统"传送给"维修管理系统"，以及时反映车辆状态（如车务管理员验收状态等）。

6）验证车辆硬件和软件配置

在车辆发动后，车上"PHM 系统"就会询问车辆上的各个系统，以确定它们的软/硬件配置、零件号和序列号的一致性、软件版本号等。但是，"PHM 系统"并不是对整个车辆进行查询，只是查询大多数电子设备。这些数据通过安全的通信链路和数据传输盒带，从车辆传送到车外的"PHM 系统"中。这些信息还要传送给"维修管理系统"，以便对照车辆的出厂配置来确认车辆的软硬件配置。

7）确认车辆的能力是否满足任务要求

车辆乘员将任务规划从数据传输盒带上传到车辆上。任务系统对该数据进行处理，并将任务模式要求传给车上"PHM 系统"，以确定探测到的能力退化情况对预定任务的潜在影响。车上"PHM 系统"还将确认车辆的能力是否满足任务要求。如果存在问题，车上"PHM 系统"就会将确认信息传送给车外"PHM 系统"，后者将其传送给"动态资源管理系统"。如果监测到异常情况，"动态资源管理系统"将告知本次动用任务的管理人员，以采取适当措施（如在能力下降的情况下继续完成动用，或是指派其他车辆承担任务）。

车辆动用前准备的系统功能模型如图 2 - 13 所示。

2."任务执行"建模

任务执行过程中主要包括以下活动。

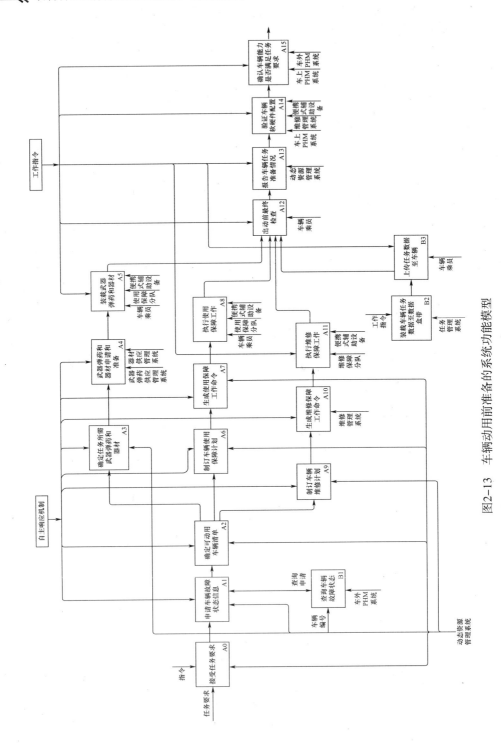

图2-13 车辆动用前准备的系统功能模型

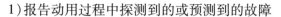

1）报告动用过程中探测到的或预测到的故障

车上"PHM 系统"的"区域管理器"（用来对车辆状态进行评估）可使用三类推理方法，并通过一体化模型来处理以下信息：诊断信息，用来探测和隔离已发生的故障，诊断推理方法可汇总各个系统报告的故障状况，以降低虚警率，提高故障隔离率；预测信息，用来预测可能发生的故障或性能降低的信息；异常信息，用来确认预料之外的异常行为的信息。这些数据可以用来开展进一步分析，以改进诊断或预测算法。

作为监控过程的一部分，"PHM 系统"将持续分析各区域系统的状态，通过诊断、预测和异常状态推理程序确定可能出现的故障。"区域管理器"将信息传送给"车辆平台管理器"，"车辆平台管理器"负责协调处理各区域内可能存在的故障。如果"区域管理器"探测到潜在的故障，"PHM 系统"将在车辆平台级别上对数据进行协调，并生成状态报告。报告的内容及其所包含的数据主要取决于以下几个因素。

（1）探测类型（诊断、预测或异常状态）。

（2）隔离级别。如果只隔离到单个故障，所需的数据量最小。如果包含需要在数字化车场开展进一步分析的异常状态，通常需要一个更大规模的数据报告。

（3）故障的优先级。要根据对使用安全、任务能力的影响确定故障的优先级。这些优先级可用来确定紧急时刻的数据传输顺序。

在使用过程中，如果车上"PHM 系统"的状态报告会对近期任务产生影响，则通过现有的车载超高频设备传送给装备管理部门，以确保采取可能的措施（如准备好携带所需物资的维修人员）。"PHM 系统"数据将记录到数据传输盒带中，作为备份。

2）报告装甲车辆的功能状态

除了报告可能存在的故障外，车上"PHM 系统"还将提供车辆的功能状态信息。车外"PHM 系统"将功能状态信息传送给"装备数据管理系统"和"动态资源管理系统"。

3）报告使用过程中的异常状况

在某些情况下，车上"PHM 系统"可能会发现一些不能归类为已知状态或故障特征的非正常事件。这时，可以通过数据传输盒带或安全的通信链路把相关信息传送给车外"PHM 系统"，进行进一步分析。这一信息将与来自"装备数据管理系统"的支持性数据进行对比，以便进一步修正分析结果。"装备数据管理系统"可提供车外"PHM 系统"内存储的历史数据和维修信息。如果车外"PHM 系统"不能确定这些状况，则将异常状态报告通过"纠正措施报告系统"提交给设备生产厂家做进一步分析。

任务执行过程的系统功能模型如图 2－14 所示。

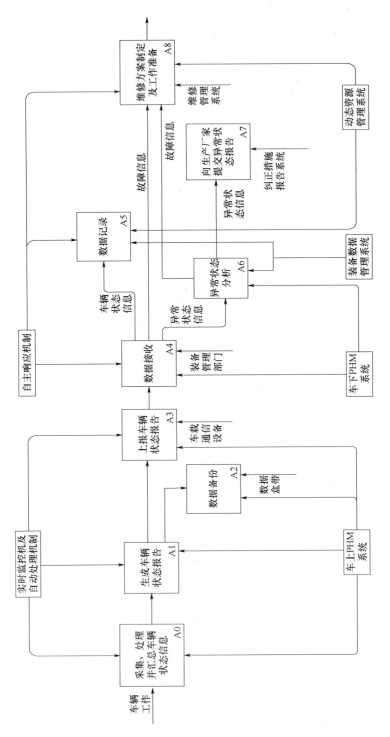

图2-14 任务执行过程的系统功能模型

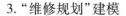

3."维修规划"建模

维修规划过程中主要包括以下活动。

1）确定维修任务要求

根据车外"PHM 系统"和任务后报告中确定的故障，"动态资源管理系统"将请求"装备技术数据仓库"提供必要的维修任务和所需资源的信息，以协调日程安排。维修任务信息中包括任务细节、保障设备、专用工具等信息。

2）确定备件可用度

为了做好日程协调的准备工作，"动态资源管理系统"要求器材保障机构提供备件可用度信息，为此需要使用通用的接口来登录器材供应管理系统，以确定备件可用度。器材供应管理系统将向"动态资源管理系统"提供备件可用度信息（如最快的交付时间、估计的费用、物资来源、目前位置和优先级等）。如果某个备件暂时无法提供，器材供应管理系统就会提供候选方案（如可替代的其他型号通用备件）来满足紧急需要。

3）选择合适的维修人员

根据维修任务要求，"动态资源管理系统"将向"人力人员管理系统"申请维修人员当前的专业、技能、等级、历史信息等，并向"训练管理与保障系统"申请维修人员的训练记录信息。在申请中要包括维修任务和完成时间。

"人力人员管理系统"将查询维修人员的专业、技能、等级和工作历史信息，并且根据维修任务的需要，确定可以选择的维修人员名单；"训练管理与保障系统"将查询这些人员的训练数据，以确定哪些维修人员的熟练程度达到了执行该项维修任务所需的标准。如果维修人员不能达到完成任务的要求，但是其熟练程度处于预定的范围内，"训练管理与保障系统"就会立即为其安排训练。"训练管理与保障系统"还将给出所需训练资源的可用度信息。

维修人员所需的训练可能是采用交互式电子课件的"即时训练"，也可能是利用可穿戴计算机完成的辅助性训练。在开始执行维修任务之前，维修人员的便携式维修辅助设备会根据需要下载"即时训练"材料。在管理人员确定了执行此次维修任务的维修人员后，"动态资源管理系统"就会自动处理人员选择信息。

4）确定保障设备的可用度

为了做好日程协调的准备工作，"动态资源管理系统"将向"维修管理系统"申请保障设备的可用度信息。"维修管理系统"会确定保障设备的可用度，并提供选择方案，以满足紧急任务的需要。

维修规划的系统功能模型如图 2－15 所示。

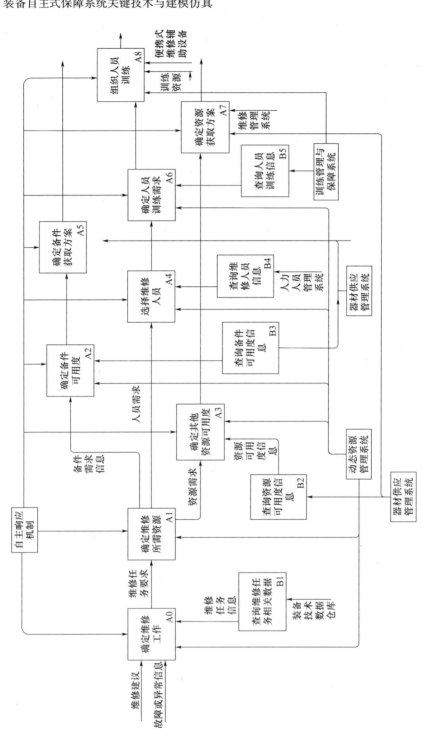

图2-15　维修规划的系统功能模型

4."维修执行"建模

维修执行过程中主要包括以下活动。

1）申请执行维修所需的备件

在确定了所需的备件后，"动态资源管理系统"就会向器材保障机构申请备件。备件申请由器材保障机构进行处理。备件申请信息一般包括工作命令号、零件号、所需数量和交付日期，以及优先级（如"任务关键"零件、"紧急但非任务关键"零件和"非紧急"零件等）。

2）管理备件的交付

在接到备件订单后，器材保障机构负责将备件运送到所需地点。器材保障机构向"动态资源管理系统"提供备件交付过程的相关信息（状态和位置），包括交付日期的变更信息等。如果交付的延迟会影响装备当前的维修或动用日程，"动态资源管理系统"就会适当地协调维修、动用和训练日程，以反映备件运输造成的影响。在备件到达分发点后，器材保障机构将通报给"动态资源管理系统"，后者将向"维修管理系统"通报备件已经到达的信息。

3）接受工作命令

当"动态资源管理系统"认为维修应该开始（如备件已经运到、维修人员完成训练并准备完毕、其他资源已经到齐、装甲车辆即将准备开始下一次动用）时，就会通过与"维修管理系统"和"器材供应管理系统"之间的接口，向维修管理人员提出开始工作的建议。得到管理人员的批准后，"动态资源管理系统"将更新"维修管理系统"的维修工作状态信息，包括估计的完成时间、需要的备件和已分配的备件，以及人员的指派等。

4）执行维修训练或维修工作预审

在推荐的维修日程范围内，"动态资源管理系统"将生成两个清单：一个是有资格完成任务的维修人员名单；另一个是需要重新训练的人员名单。"动态资源管理系统"在提供训练、维修和动用日程的同时显示这个信息。

如果被分配执行维修的维修人员需要进行维修训练或维修任务预审，则该维修人员将通过网络化终端或训练包来获得相关训练材料。在训练完成后，"动态资源管理系统"会自动通知"训练管理与保障系统"更新训练数据。值得一提的是，这种训练可以在需要维修的装甲车辆返回数字化车场的途中进行并完成。

5）启动便携式维修辅助设备的同步

在确定了维修工作后，所有必要的维修信息都会下载到维修人员的便携式维修辅助设备上并进行同步。这些信息包括"维修管理系统"提供的装甲车辆配置和任务数据等。便携式维修辅助设备会将这些信息过滤(以便提高效率)后向维修人员提供完成维修工作的详细步骤,便携式维修辅助设备软件和技术数据会根据需要在用户登录时进行更新,便携式维修辅助设备的同步如图 2 - 15 所示。

6)利用便携式维修辅助设备执行维修工作

在维修过程中,维修人员会完成一些维修步骤,并将相关信息记录到便携式维修辅助设备上。主要包括一些维修活动,如弹药和备件的装载、功能测试、配置变更和用户授权,以及维修人员的签名等信息。

当"装备技术数据仓库"在工作命令执行过程中的适当时间点,向便携式维修辅助设备提供正确的技术数据后,便携式维修辅助设备会将这些信息实时显示给维修人员。随着维修工作的全面展开,便携式维修辅助设备会收集数据并将之传给"动态资源管理系统",以便更新维修工作信息、改进过程。如果在操作过程中链接断开,便携式维修辅助设备将以独立非联网模式开展工作。在链接恢复后,便携式维修辅助设备将自动与"动态资源管理系统"进行数据传输的协调。

7)维修人员启动车上"PHM 系统"的功能

维修人员通过便携式维修辅助设备,可以启动车上"PHM 系统"的各项功能。可执行的操作包括以下工作。

(1)在完成了拆卸或安装工作后,从便携式维修辅助设备启动系统的检查。

(2)在测试或故障探测和排除过程中,从便携式维修辅助设备启动车上"PHM 系统"的测试功能。

(3)提示装甲车辆报告功能的配置。

(4)当维修活动会对故障系统的其他功能造成不利影响时,则确定是否实施该维修活动。

8)申请变更技术数据

如果在技术数据中发现缺陷,维修人员可以通过便携式维修辅助设备生成一份电子变更申请。"装备技术数据仓库"执行以下重要功能。

(1)获取技术数据缺陷报告。

(2)批准提交技术数据缺陷报告,以便完成后续的审批。

(3)按照用户质量保证指南的规定,管理技术数据缺陷报告的处理。

(4)将技术数据缺陷报告发送给"纠正措施报告系统"和"数据合成管理器"。

维修执行过程的系统功能模型如图 2 - 16 所示。

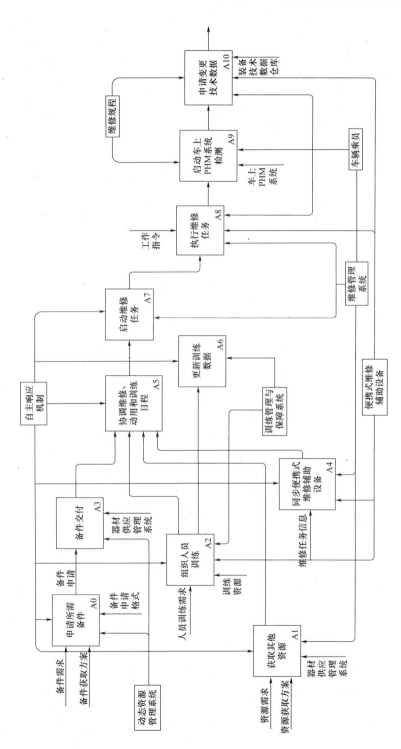

图2-16　维修执行过程的系统功能模型

第3章
装备自主式保障系统过程建模

本章应用 IDEF3 建模方法，进行了地面突击装备自主式保障系统过程建模，建立了地面突击装备自主式保障系统过程流模型 PFN（Process Flow Network，过程流网络图）和对象状态转移模型 OSTN（Object State Transition Network，对象状态转移网络图）；应用 HTPN 建模方法，实现了对地面突击装备自主式保障过程的定量测算，得到某型地面突击装备驾驶训练任务自主式保障过程时效性指标，为定量研究地面突击装备自主式保障系统，进行系统仿真与评估提供了有效的模型支撑。

 装备保障过程建模

3.1.1 装备保障过程建模概念

装备保障过程模型是通过定义其组成活动，以及活动之间的逻辑关系来描述设计保障过程的，即装备保障过程模型就是表示装备保障过程中的活动及其相互关系的模型。过程建模就是建立过程模型的方法与技术，它通过定义活动和活动之间的关系描述保障过程。

装备保障过程建模是装备保障过程管理中的首要问题，特别是在信息化条件下的战场环境中，保障过程中存在许多不确定性。为了实现对保障过程的有效管理和控制，实现过程优化等目的，对保障过程中涉及的行为和资源进行描述和建模就显得更为重要。现代化装备保障涉及多个学科多个组织，并且要求很多保障人员一起协同工作。随着装备复杂程度变得越来越高，有必要对装备保障过程建模分析，及早地发现在保障过程中可能出现的问题，更好地协调各个保障单元的工作，及时、科学、合理地分配保障资源，提高保障过程的效率。具体来

说,一个完整的理想化保障过程模型需要考虑以下一些内容。

(1) 保障过程模型需要描述保障过程中的不确定性、反复性等特征;清楚表达在各个维修活动间的相互关系,如顺序、并行和选择等。

(2) 应该能够明确表达保障过程中涉及到的资源。资源是保障过程的一个重要组成部分,因为在保障过程中,合理有效地分配有限的资源是加快保障速度、提高保障效率的有效途径。

(3) 保障过程模型应该描述保障过程中涉及的时间、成本等信息。以最小的成本和时间完成既定的任务是保障过程建模的最终目的,因而保障过程模型必须要包含上述信息。

(4) 保障过程模型应该描述保障过程的静态特性,同时也应该描述其动态的执行,捕捉保障过程的动态特性并通过建立的模型来定性和定量地分析保障过程。

保障过程建模工作应当达到以下的基本目标。

(1) 支持过程的分析和改进。保障过程模型对保障过程的形式化描述:一方面要使内容清晰明确,使保障人员更加有效地合作;另一方面要有利于保障过程的仿真、分析和改进,同时也便于在计算机环境下实现。利用分析和评估手段对过程模型进行分析、改进和优化,可以缩短维修时间,合理配置系统资源,提高资源利用率。利用保障过程模型,在保障未实施前,客观地评估潜在变化以及对保障过程的影响,并寻求相应的对策,以确保保障过程正常进行。

(2) 支持保障过程的实施、监控和管理。保障过程模型建立起来后,可以对保障过程进行规划,包括时间、工作量、资源的优化分配等,其目标是在有限的资源下实现保障时间最短或成本最低。在保障过程中可以就保障过程的实施进行监控,将过程的实施情况和事前的规划做一个对比,及时对保障过程进行适当的调整,确保保障过程被合理的执行,以满足执行任务的要求。

(3) 提高保障过程柔性。保障过程模型的建立有利于不同保障单元和作战单元之间的信息和资源共享,使其对整体的作战意图、保障意图达到统一的认识,同时也便于交流和相互支援。有利于不同保障单元在临时情况下按过程任务横向组合,实现柔性更好的横向集成,以满足战场条件下动态变化的不同任务需求。

另外,对装备保障工作来讲,在不同的保障级别,对保障过程建模的需求内容有所不同。对于较低的级别,主要是对过程进行捕获和描述,然后对过程进行文档化,促进保障人员对过程的理解和交流,发现可能的过程改进机会;对于较高的级别,则更多地关注过程的规划、度量和评估,实现过程的优化、改进和重组等。

3.1.2 装备保障过程建模方法功能需求

装备保障过程建模是装备保障过程管理的核心,是过程诊断、分析、评估和改进等活动的基础。保障过程建模要求建模方法能够用形象、统一、简单的符号或语言描述过程,将模型作为交流的基础,促进了解和沟通,能够建立过程形式化的定义,支持对过程的分析和改进。本节从以下几个方面探讨装备保障过程对建模方法的功能需求。

1)协同集成功能

对于复杂的装备保障过程来说,模型并不是单一的模型,而是多种视图模型的集成。过程模型有赖于功能、资源、组织等模型向其提供相应的信息和原始数据,同时还向这些模型反馈数据,所以需要具有协同集成的功能。

2)框架描述功能

装备保障过程建模要求建模方法能够提供一个良好的建模框架体系,指导用户的建模,并能够给出严格的语义描述,以形式化语言的描述保障过程。

3)直观启发功能

使用过程模型进行过程管理和其他活动的人很大程度上不是模型的开发者,而是实际的作战人员和装备保障人员。所以,要求建模方法具有一定的启发性,有友善的用户界面,简单易用,而且从智能化的角度来说,应该能够在一定程度上记录模型的操作记录。

4)分层递归功能

装备保障的复杂性和多态性要求其过程建模方法必须具有对模型分层、细化、合成和分解的描述能力,以便提供按照一定抽象粒度要求的层次化的模型。

5)动态分析功能

对装备保障过程的评价要求过程模型能够支持一定的动态分析手段,包括时间、成本、统计分析以及动画和图形仿真描述等。

6)寿命周期功能

装备保障过程的管理和改进是一个不断持续的过程,所以要求建模方法能够从全寿命周期的角度提供分析、设计、实施和维护等各个阶段的模型。

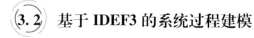

3.2 基于 IDEF3 的系统过程建模

3.2.1 IDEF3 过程建模方法

IDEF3 过程建模方法是 IDEF 系列建模方法中针对过程的结构化建模语言。

IDEF3 方法主要通过两个基本组织结构——场景和对象实现过程描述,分别对应两种描述方式:PFN 和 OSTN。其中 PFN 是以过程为中心的视图,强调过程的出现及其次序,是 IDEF3 获得、管理和表述过程的主要工具;OSTN 是以对象为中心的视图,强调参与过程的对象及其状态转换。

在 PFN 中,用带编号的方盒子表示行为单元(Unit of Behavior, UOB);UOB 间的箭头称为"顺序连接",反映 UOB 间先后关系或者约束关系;带有交汇点标记的方形盒子表示过程的分叉和汇合关系,称为"交汇点"或"节点",如表 3-1 所列。

表 3-1 PFN 建模元素表

名称	行为单元	连接	或节点	异或节点	与节点
符号	UOB 编号	→	O	X	&

1)行为单元

UOB 用于描述一个组织或一个复杂系统中"事情进行得怎样"的情况,它要用许多自然语言的概念,或者用一些日常用语来描述"实际生活中发生了什么事情",如功能、过程、场景、活动、操作、决策、动作、事件和步骤等。每一个概念都有其特定的行为含义,阐明了在一定的时空范围内,事情是如何进行的。每一个 UOB 即为过程模型中的一个活动节点,其中,节点号为 UOB 的编号,UOB 标签即为 UOB 所完成的功能的简单描述。在这里 E - IDEF3 方法增加了 $T(x)$,表示完成活动所需要的的时间,可以是固定时间、随机时间,也可以是一个时间函数。

2)交汇点

IDEF3 中引入交汇点这一机制说明各过程分支间的逻辑关系,它借助于类型多样的交汇点来获取现实世界过程中各分支的语义。交汇点完成对以下过程的描述:一是一个过程可分叉或分为两个以上的过程路径;二是两个或两个以上的分叉汇合为一个过程路径。

交汇点简化了对多个路径过程间顺序或时间关系的描述获取。交汇点可以从不同角度分类。首先依照逻辑语义含义可分为"与"(&)"或"及"异或"。

3)连接

连接是把 IDEF3 的一些建造块组合在一起的黏结剂,它可以进一步阐明一些约束条件和各成份之间的关系。连接关系的类型可以有:时间的、逻辑的、因果的、自然的和传统的等,连接箭头的起始和终止,可以画在 UOB 或交汇点符号的任何部位。但是,为了增加过程图的可读性,最好是从左到右、从上到下地表示对象流(物理的或信息的)方向或时间的顺序。

4) 串行关系

一项保障任务分为多个步骤,各个步骤在逻辑时序上是串行关系,一个步骤完成下一个步骤才能开始,所有步骤都完成,保障任务才算完成,如图 3-1 所示。其各个步骤的完成可以由一个基本保障单元执行,也可由多个基本保障单元执行。

图 3-1　过程模型串行关系

5)并行与关系

并行与关系也是保障过程中比较常见的方式,即多个步骤需要都完成才能进入下一个步骤。如图 3-2 所示,任务"装备维修"需要"设备到达"和"人员就位"两个步骤都完成才能开始。

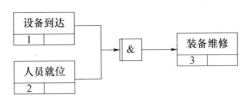

图 3-2　过程模型并行与关系

6)并行或关系

并行或关系表示并行的任务中至少有一个完成才能进行到下一个任务。如图 3-3 所示,"人员 1 就绪""人员 2 就绪"和"人员 3 就绪"三个步骤中,一个或多个步骤完成,"装备维修"都可以开展。

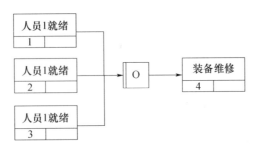

图 3-3　过程模型并行或关系

7）并行异或关系

并行异或关系表示并行的任务中只有一个完成才能进行到下一个任务。图 3-4 表示，"现象 1"和"现象 2"两个步骤中，有且仅有一个现象出现，"装备维修"可以开展。

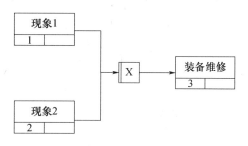

图 3-4　过程模型并行异或关系

8）并行表决关系

并行表决关系又称为 n 选 k 关系，表示并行的 n 项任务中只要有 k 或 k 以上任务完成，就可以进行下一项任务，如图 3-5 所示。

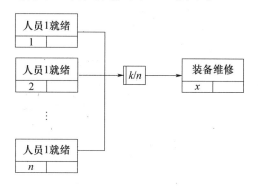

图 3-5　过程模型并行表决关系

在 OSTN 中，用标明信息的圆表示对象状态，对象之间的连接箭头表示状态之间的转换，矩形盒子表示对象状态转换条件，如图 3-6 所示。

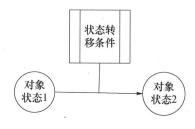

图 3-6　OSTN 主要图形元素

51

IDEF3 采用层次化建模方法,具有良好的过程描述能力,能够描述过程中顺序、并行、冲突、同步和因果等逻辑关系。但是,IDEF3 过程建模方法属于静态建模,在表达复杂逻辑关系及非确定性信息等方面有所欠缺,尤其是不能表述过程中的资源和时间参数,难以准确反映和验证活动间的信息联系,以及对系统过程进行定量化分析。

3.2.2　地面突击装备自主式保障系统过程建模

装备保障过程是指为满足装备执行任务需要,按照时间进程采取的各项技术、管理活动序列,以及这些活动之间的关系,其中"关系"主要包括时序关系和逻辑关系。装备保障过程分析是明确装备保障各项活动序列及其关系的有效方法,是装备保障过程建模的基础。根据地面突击装备自主式保障系统基本结构与运行分析,以及功能分析与建模,得到地面突击装备自主式保障的主要活动的时序关系。

(1)装备动用并开始执行任务。

(2)装备动用过程中 PHM 分系统实时监测装备技术状况。

(3)PHM 分系统将预测信息传输至 JDIS 分系统,后者传输至 EMS 分系统。

(4)EMS 分系统生成维修需求,通过维修资源信息共享,形成维修决策。

(5)EMS 分系统启动维修保障工作,调配保障资源。

(6)装备执行任务完毕或出现故障后,EMS 分系统开始维修工作。

(7)维修工作完毕,输出修竣装备,同时 EMS 分系统将资源消耗信息反馈给 JDIS 分系统。

装备保障过程模型是通过保障活动及活动之间的逻辑关系来描述保障过程,即装备保障过程模型就是表示装备保障过程中的活动及其相互关系的模型。地面突击装备自主式保障过程建模是为实现对保障过程的有效管理和控制,以及过程优化,对保障过程中的活动和资源进行描述。根据地面突击装备自主式保障过程分析,构建地面突击装备自主式保障 PFN 模型,如图 3 - 7 所示。

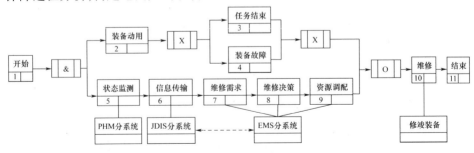

图 3 - 7　地面突击装备自主式保障 PFN 模型

根据图 3 - 7,以装备为研究对象,描述装备在执行任务过程中的状态及状态转换,建立地面突击装备自主式保障 OSTN 模型,如图 3 - 8 所示。

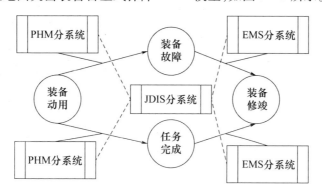

图 3 - 8　地面突击装备自主式保障 OSTN 模型

(3.3) 基于 HTPN 的系统过程建模

本节在地面突击装备自主式保障功能建模及过程建模的基础上,分析面向任务的地面突击装备自主式保障的主要活动及其时序关系;应用 HTPN 建模方法,构建面向任务的自主式保障过程逻辑时序模型,通过对模型输入数据测算,得到面向任务的地面突击装备自主式保障过程时效性指标,实现对自主式保障过程时效性的定量计算,弥补 UML 建模及 IDEF 建模方法存在的缺陷,为定量研究地面突击装备自主式保障过程提供有效方法。

3.3.1　HTPN 过程建模方法

1. 基本 Petri 网

Petri 网(PN)是一种描述复杂系统结构和运行的模型。基本 Petri 网结构元素包括"库所"(place)、"变迁"(transitions)和"弧"(arc):库所用于描述系统的局部状态,变迁用于描述可能影响系统的事件,弧用于表示局部状态和事件之间的关系。在 Petri 网模型中,"托肯"(token)包含在库所中,其动态变化表示系统的不同状态,Petri 网模型由它的"实施规则"规定其动态行为。

PN = $(P, T; F, M_0)$,令 $R(M_0)$ 为满足下列条件的最小集合:① $M_0 \in R(M_0)$;② 若 $M \in R(M_0)$,且 $t \in T$,使得 $M[t < M', M' \in R(M_0)$;则 $R(M_0)$ 称为 Petri 网的可达标识集合。

Petri 网采用可视化图形对离散事件系统的静态结构和动态结构进行描述,

能够构建 Petri 网运行算法实现对离散事件系统的实时控制,对系统进行定量分析与评估。Petri 网建模具有以下特点和优势。

(1)具有精确的语义。Petri 网构成元素经过严格定义,具有规范的模型语义和严格的数学表述,Petri 网模型具有明确的实际意义,可以从逻辑学、矩阵论角度进行分析验证。

(2)图形化描述形式。Petri 网提供统一的图形表示方法,描述系统特性,能够直观反映并行、同步、冲突和冲撞等现象,形成强大的形式化表达能力,有利于系统研究与分析。

(3)基于状态建模。Petri 网是一种基于状态的建模方法,明确定义了模型元素的状态,进行业务流程定义优于基于事件的过程建模。

2. HTPN

HTPN(Hierarchy Time Petri Net,层次时间 Petri 网)是由原型 Petri 网发展而来的一种高级 Petri 网,较原型 Petri 网增加了层次和时间要素,增强了 Petri 网描述复杂实际系统的能力。其中,层次的引入是为了降低系统描述的复杂程度,时间的引入使得 Petri 网能够对系统的时间维或随机性方面进行分析。基本 HTPN 模型如图 3 −9 所示。

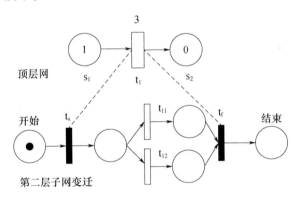

图 3 −9　基本 HTPN 示意图

图 3 −9 给出了基本 HTPN 模型要素,顶层网中圆形 s_1 与 s_2 表示库所状态,其初始标识为 $M_0 = [1,0]^T$,矩形条 t_1 表示变迁过程,其中 t_1 的时延为三个时间单位;第二层为 t_1 的子网变迁,描述 t_1 变迁过程。

为了清楚的反映过程各个环节的状态,可以将时间因素赋予库所[114],用两个变迁和一个库所元素连接表示一个过程环节,如图 3 −10 所示。其中,变迁 t_{i1} 表示过程环节 i 开始,变迁 t_{i2} 表示过程环节 i 结束,库所 s_i 表示环节正在进行,对库所 s_i 赋予时间(权)值 a_i 表示该环节完成需要的时间。

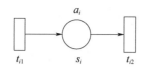

图 3 - 10 库所赋时 Petri 网模型

对于整个过程,通过以下规则构造 HTPN 模型。

(1) 在过程中,若环节 i 是环节 j 的前端,则在两环节相邻变迁 t_{i2} 和 t_{j1} 之间加入一个库所 s_{ij},使得 $^\circ s_{ij} = \{t_{i2}\}$,$s_{ij}^\circ = \{t_{j1}\}$,并对 s_{ij} 赋予时间值 0。

(2) 将无前端环节的开始变迁合并为一个,设为 t_b,引入初始库所 s_0,使得 $^\circ t_b = \{s_0\}$,$t_b^\circ = \{s_i\}$,$^\circ s_0 = \Phi$,$s_0^\circ = \{t_b\}$,对 s_0 赋予时间值 0。

(3) 将无后续环节的结束变迁合并为一个,设为 t_e,引入结束库所 s_e,使得 $^\circ t_e = \{s_j\}$,$t_e^\circ = \{s_e\}$,$^\circ s_e = \{t_e\}$,$s_e^\circ = \Phi$,对 s_e 赋予时间值 0。

(4) 设置初始标识 M_0,使得 $M_0(s_0) = 1$,$M_0(s) = 0 (s \neq s_0)$。

3.3.2 IDEF3 转为 HTPN 模型

1. 转化规则

根据 3.2.1 节给出的 IDEF3 建模元素和 3.3.1 节给出的 HTPN 的视图元素和形式化定义,将装备保障过程 IDEF3 模型向 HTPN 模型转换可分为 5 个步骤。

(1) 如果存在两个直接相连的逻辑连接符,则在这两个逻辑连接符之间添加一个虚拟活动,使得过程视图中不存在两个逻辑连接符直接连接的情况,如图 3 - 11 和图 3 - 12 所示。

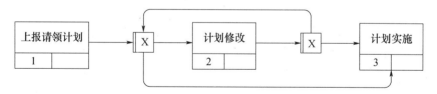

图 3 - 11 相邻逻辑符之间增加虚拟活动之前

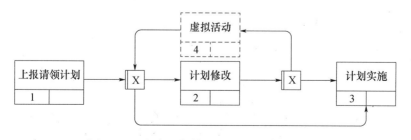

图 3 - 12 相邻逻辑符之间增加虚拟活动之后

（2）将 IDEF3 视图中的资源模块转换为 HTPN 中的资源库所,活动转换为 HTPN 中的变迁,对于有输入的变迁,每个输入增加一个变迁,对于有输出的变迁每个输出增加一个库所,如图 3 – 13 所示。

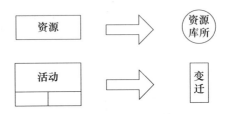

图 3 – 13　IDEF3 向 HTPN 网映射

（3）将开始点、结束点转换为结束库所,如图 3 – 14 所示。

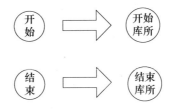

图 3 – 14　开始库所、结束库所向 HTPN 映射

（4）将活动之间的连接线转换为弧和库所,资源库所、开始库所、结束库所与活动之间的连接线转换为弧,如图 3 – 15 所示。

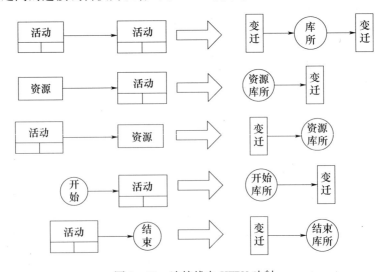

图 3 – 15　连接线向 HTPN 映射

(5)将逻辑连接符转换为 HTPN 中的元素。根据前面描述可知,"或"逻辑关系的语义不明确,无法给出准确的形式化定义,在装备保障过程的描述中也极少用到,并且可以在增加一些语义的情况下由"异或"逻辑连接符转化得到,所以这里仅对"异或"(X)和"与"(&)逻辑连接符给出转换规则。

① "与输出"向 HTPN 映射,如图 3 - 16 所示。

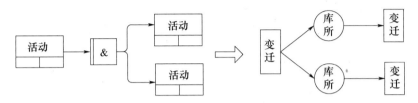

图 3 - 16 "与输出"向 HTPN 映射

②"与输入"向 HTPN 映射,如图 3 - 17 所示。

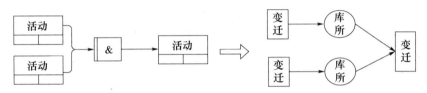

图 3 - 17 "与输入"向 HTPN 映射

③"开始与"向 HTPN 映射,如图 3 - 18 所示。

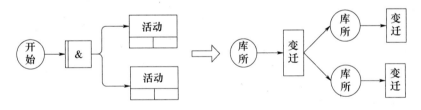

图 3 - 18 "开始与"向 HTPN 映射

④"结束与"向 HTPN 映射,如图 3 - 19 所示。

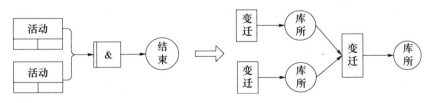

图 3 - 19 "结束与"向 HTPN 映射

⑤"异或输出"向 HTPN 映射,如图 3 – 20 所示。

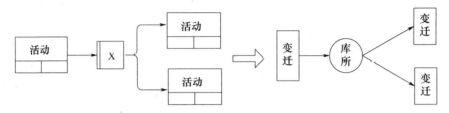

图 3 – 20　"异或输出"向 HTPN 映射

⑥"异或输入"向 HTPN 映射,如图 3 – 21 所示。

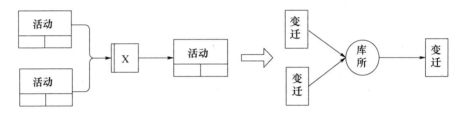

图 3 – 21　"异或输入"向 HTPN 映射

⑦"开始异或"向 HTPN 映射,如图 3 – 22 所示。

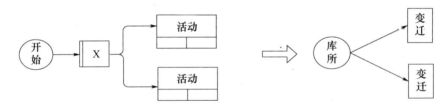

图 3 – 22　"开始异或"向 HTPN 映射

⑧"结束异或"向 HTPN 映射,如图 3 – 23 所示。

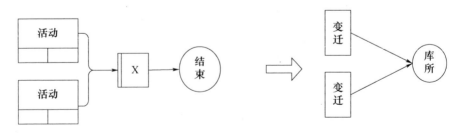

图 3 – 23　"结束异或"向 HTPN 映射

3.3.3　面向任务的 HTPN 建模

1. HTPN 建模

地面突击装备自主式保障过程建模仿真是为实现对保障过程的有效管理和控制,以及过程优化,对保障过程中的活动和资源进行描述,通过模型运算,得到自主式保障过程定量评价指标。采用 HTPN 描述地面突击装备自主式保障过程,定量计算自主式保障时效性指标。根据地面突击装备自主式保障主要活动及其时序关系分析,得到面向任务的地面突击装备自主式保障过程流程图,如图 3 – 24 所示,过程 HTPN 元素的类别与含义如表 3 – 2 所列。

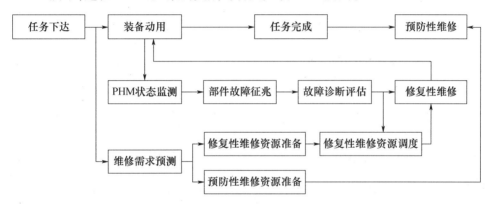

图 3 – 24　面向任务的地面突击装备自主式保障过程流程图

构建地面突击装备自主式保障过程 HTPN 模型,如图 3 – 25 所示。

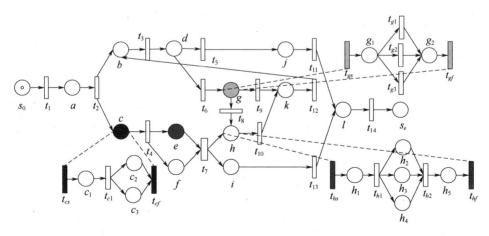

图 3 – 25　地面突击装备自主式保障过程 HTPN 图

表 3 − 2　地面突击装备自主式保障过程 HTPN 元素的类别与含义

序号	符号	类别	含 义	序号	符号	类别	含 义
1	s_0	库所	初始库所	26	t_{cs}	变迁	c 库所子过程开始
2	t_1	变迁	过程开始	27	c_1	库所	训练任务测算
3	a	库所	制定训练任务	28	t_{c1}	变迁	连接变迁
4	t_2	变迁	下达训练任务	29	c_2	库所	装备集群状态
5	b	库所	装备动用	30	c_3	库所	重要部件故障率
6	t_3	变迁	连接变迁	31	t_{cf}	变迁	c 库所子过程结束
7	d	库所	装备状态监控	32	t_{gs}	变迁	g 库所子过程开始
8	t_5	变迁	未发现故障征兆	33	g_1	库所	维修级别分析
9	j	库所	执行训练任务	34	t_{g1}	变迁	基层级修理
10	t_6	变迁	发现故障征兆	35	t_{g2}	变迁	中继级修理
11	g	库所	故障评估	36	t_{g3}	变迁	基地级修理
12	t_8	变迁	非乘员级修理	37	g_2	库所	评估完成
13	t_9	变迁	乘员级修理	38	t_{gf}	变迁	g 库所子过程结束
14	h	库所	修复性维修资源调度	39	t_{hs}	变迁	h 库所子过程开始
15	k	库所	修理	40	h_1	库所	修复性维修资源调度
16	t_{10}	变迁	调度完毕	41	t_{h1}	变迁	连接变迁
17	t_{12}	变迁	修理完毕	42	h_2	库所	修理人员调度
18	c	库所	维修资源测算	43	h_3	库所	维修器材调度
19	t_4	变迁	测算完毕	44	h_4	库所	维修设施设备调度
20	e	库所	修复性维修资源准备	45	t_{h2}	变迁	连接变迁
21	f	库所	预防性维修资源准备	46	h_5	库所	维修资源优化组合
22	t_7	变迁	准备完毕	47	t_{hf}	变迁	h 库所子过程结束
23	i	库所	预防性维修资源调度	48	l	库所	预防性维修
24	t_{13}	变迁	调度完毕	49	t_{14}	变迁	过程结束
25	t_{11}	变迁	完成任务	50	s_e	库所	结束库所

2. 模型测算

将某型地面突击装备驾驶训练任务保障过程的已知条件作为模型输入,如表3-3所列。

表3-3　某型地面突击装备驾驶训练任务自主式保障过程模型输入

序号	项　目	量值
1	参训装备	20 台
2	总训练时间	10 天
3	每天训练时间	4 摩托小时
4	每天可工作时间	8h
5	平均时速	10km/h
6	重要功能部件 A 故障率	0.00034/km
7	预防性维修准备工作时间	0.5 天
8	部件 A 修理资源准备时间	3h
9	部件 A 换件修理时间	1.5h

通过对表3-3中模型输入数据的分析计算,得到训练任务完成后,自主式保障过程模型输出结果,如表3-4所列。

表3-4　某型地面突击装备驾驶训练任务自主式
保障过程模型计算结果

序号	项　目	量值
1	装备动用总时间	800 摩托小时
2	装备行驶总里程	8000km
3	装备平均动用时间	40 摩托小时
4	装备平均行驶里程	400km
5	预计产生修理部件 A 数	3 台
6	预防性维修最大准备工作总时间	<2 天
7	部件 A 修理资源调度时间	2.5h
8	预防性维修时效满足度	100%
9	部件 A 修理时效满足度	100%

对表 3 – 4 的数据分析,可得出以下特性。

(1)预防性维修时效满足度 100% 表示训练任务结束之前,预防性维修资源准备及调度完毕,无维修延误时间。

(2)部件 A 修理时效满足度 100% 表示部件 A 故障后能够及时修复,在当天可工作时间内不影响训练任务,在此条件下,要求部件 A 修理资源调度时间为 2.5h,即

修理资源调度时间 = 每天可工作时间 – 每天训练时间 – 换件修理时间

$$= 2.5(h)$$

第二篇

关键技术篇

第4章
可靠性维修性测试性设计技术

具备高可靠性、维修性和测试性（Reliability Maintainability and Testability，RMT）的武器装备是实现自主式保障的关键技术之一，而可靠性、维修性和测试性首先是设计和制造出来的。在信息化战争条件下，武器装备性能越来越高，构造变得越来越复杂，这对设计人员提出了越来越高的要求，传统的设计经验越来越不能满足要求。设计人员迫切需要能指导其提高设计质量、减少设计时间、具有启发性、易操作的设计方法和技术。现代武器装备大多是复杂的机电液系统，在 RMT 设计中还面临着许多亟待解决的难点问题。本章将以地面突击装备的发动机为例对设计技术进行分析。

(4.1) 基于 QFD 的 RMT 设计技术

20 世纪 90 年代以前，设计和研制人员主要把着眼点放在装备战术技术性能上，考虑可靠性、维修性和测试性等比较欠缺，有时甚至不考虑测试性。这样对装备进行状态监测、故障诊断和维修时，就存在许多"先天不足""后天难补"的困难，装备要真正实现自主式保障的功能必须从设计阶段就开始考虑保障性有关特性的设计。因此，自主式保障首先要求装备的重要功能部件具有良好的 RMT 等质量特性，而这些质量特性必须通过设计来实现。现代武器装备构造和功能越来越复杂，零部件数量多，系统装配和运动关系复杂，采用传统的设计方法，即使是经验丰富的设计人员对后续工作往往也缺乏足够的预见性。作为装备设计和工作保障的 RMT 技术，虽然发展很快，新技术和新方法层出不穷，但是许多设计方法却不能和装备的设计研究很好地结合。更重要的是现在的 RMT 技术缺乏一个统一的体系，RMT 设计工作都是独立进行的，各个过程之间相互分离，缺乏足够的沟通和协调，导致设计工作反复修改才能完成，这样的产品开发模式设计效率低、返工多、成本高、周期长,RMT 特性无法保证。

因此,必须对武器装备 RMT 设计的特点和难点加以分析,在科学总结一般设计流程的基础上,采用质量功能展开(Quality Function Deplogment,QFD)方法对装备的 RMT 进行早期的概念设计具有重要意义。本节以发动机为例,旨在构建面向自主式保障的 RMT 需求—RMT 技术特性、RMT 技术特性—RMT 设计特性的两级 QFD 模型。

4.1.1　RMT 需求—RMT 技术特性 QFD 模型

在应用 QFD 方法时:首先要建立各阶段的质量屋模型;然后进行需求变换;最后形成明确的技术指标和设计要求,从而完成产品开发的质量功能展开全过程。一般来说,产品质量屋的构建过程主要分为需求展开、技术特性展开和质量屋的构造等步骤(图 4 - 1),为 RMT 需求—RMT 技术特性 QFD 模型的构造过程。

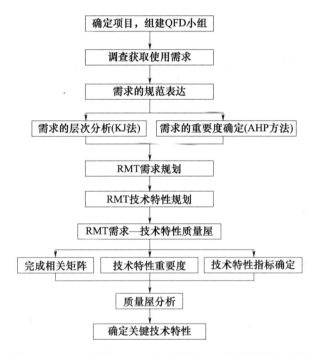

图 4 - 1　RMT 需求—RMT 技术特性 QFD 模型的构造过程

4.1.1.1　RMT 需求展开

QFD 能有效地把用户需求经过质量屋转变为工程设计人员的语言,在获取设计信息方面有着明显的优势。根据自主式保障的功能需求和发动机产品开发的实际情况,结合对使用方的调查等方式,对发动机的 RMT 需求进行初始的描述。

原始的需求描述提供了对 RMT 的定性要求,不同的需求在表达上可能存在差异。但是,在实质上表达的同一种意思,或者有的需求包含了一个和多个的需求,应按要求加以规范,主要是:用语简洁,无歧义;便于设计人员了解;同一级别的需求彼此独立,内容无覆盖和交叉等。因此,有必要对相似的或者同一类的需求进行聚类和层次化分析,按要求对原始的描述进行分解、归并、筛选,并进行确认和分级。可以使用亲和图法(KJ 法)进行需求层次化分析。所谓 KJ 法,就是针对某一问题,充分收集各种经验、知识、想法和意见等语言文字资料,按其相互亲和性归纳整理这些资料,将信息分类,求得统一认识并协调工作,以利于问题解决的一种方法。

对于发动机自主式保障的 RMT 需求,至少考虑三级,将它们填入需求展开表中,如表 4 - 1 所列。

表 4 - 1　地面突击装备发动机自主式保障 RMT 需求展开表

一级需求	二级需求	三级需求
发动机可靠性维修性测试性品质好(C)	可靠性(R)高	使用寿命长(R1)
		故障率低(R2)
		抗冲击振动(R3)
		能在恶劣条件下工作(R4)
	维修性(M)好	维修操作方便(M1)
		尽量采用换件修复(M2)
		拆卸单元少(M3)
		维修要安全(M4)
		维修费用要低(M5)
	测试性(T)好	能监测主要状态参数(T1)
		故障检测准确快速(T2)
		故障隔离准确(T3)
		虚警率要低(T4)

建立质量屋时提取前两级或前三级需求即可。质量屋中的需求、设计要求和技术特性的项数都不宜过多,否则影响工作效率。必要时可以增加质量屋的层次或划分为几个并列的质量屋加以展开,或删除一些影响轻微的项目,或将它们做一定的归并,减小质量屋的规模。

4.1.1.2 需求重要度确定

需求重要度是 QFD 中极其重要的数量指标,它通常是各项需求的定量评分,以表明各项需求对自主式保障系统和使用方到底有多重要。重要度确定方法有多种,如问卷调查法、Delphi 法(专家评价法)、层次分析法(Analytic Hierarchy Process,AHP 法)等;基于 RMT 需求的原始描述模糊性较强,如"使用寿命要长""维修操作方便"等;采用基本 AHP 方法和基于梯形模糊数的模糊 AHP 方法来确定需求重要度。模糊 AHP 方法是考虑了评估的主观性和不确定性而形成的相对重要度的确定方法,能够较好地结合定性和定量分析。

对于需求数量较少的级别,由于相互关系比较清晰,确定权重相对简单,对于包含三个或三个需求以下的项目(如二级需求 R、M、T)采用基本 AHP 法确定相对权重,对于包含三个需求以上的项目采用模糊 AHP 法确定相对权重。

1. 梯形模糊 AHP 法

1)构造区间数表达的比较判断矩阵

首先根据专家及有关人员的意见,按照 1~9 标度以区间数 $a_{ij} = \left[a_{ij}^-, a_{ij}^+ \right]$ 进行相对重要程度赋值,分别构造本级需求对上级需求的比较判断矩阵,即

$$\boldsymbol{A} = (a_{ij})_{n \times n}$$

式中:$a_{ij} = \left[a_{ij}^-, a_{ij}^+ \right]$ 表示某一级中第 i 个需求与第 j 个需求相对上一级需求中的重要性比较的 1~9 标度量化区间数值;设 $\boldsymbol{A}^- = (a_{ij}^-)_{n \times n}$,$\boldsymbol{A}^+ = (a_{ij}^+)_{n \times n}$。

2)求解区间数权向量

矩阵 $\boldsymbol{A}^-$、$\boldsymbol{A}^+$ 都是清晰判断矩阵,采用特征向量法分别求出矩阵 $\boldsymbol{A}^-$、$\boldsymbol{A}^+$ 的最大特征根 $\lambda_{\max}^-$、$\lambda_{\max}^+$ 和对应的特征向量 $\boldsymbol{\omega}^-$、$\boldsymbol{\omega}^+$,分别将 $\boldsymbol{\omega}^-$、$\boldsymbol{\omega}^+$ 归一化后记为 x^-、x^+。然后由下式计算矩阵 $\boldsymbol{A}$ 的区间数权重向量,即

$$\tilde{\boldsymbol{\omega}} = \left[\alpha x^-, \beta x^+ \right] \tag{4-1}$$

其中

$$\boldsymbol{\alpha} = \left[\sum_{j=1}^{n} \left(1 / \sum_{i=1}^{n} a_{ij}^+ \right) \right]^{\frac{1}{2}}, \quad \boldsymbol{\beta} = \left[\sum_{j=1}^{n} \left(1 / \sum_{i=1}^{n} a_{ij}^- \right) \right]^{\frac{1}{2}} \tag{4-2}$$

按 AHP 方法通常判断矩阵的一致性检验方法分别对矩阵 $\boldsymbol{A}^-$,$\boldsymbol{A}^+$ 进行检验,完成矩阵 $\boldsymbol{A}$ 的一致性检验。计算一致性指数 CI。

$$\mathrm{CI} = \frac{\lambda_{\max} - n}{n-1} \tag{4-3}$$

式中:$\lambda_{\max}$ 为判断矩阵的最大特征值;n 为相应级别的需求数;计算随机一致性比

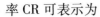

率 CR 可表示为

$$CR = \frac{CI}{RI} \qquad (4-4)$$

式中:RI 为平均随机一致性指数,其取值见表 4 - 2。

表 4 - 2　平均随机一致性指数 RI

矩阵阶数	1	2	3	4	5	6	7	8
RI	0	0	0.52	0.89	1.12	1.26	1.36	1.41
矩阵阶数	9	10	11	12	13	14	15	
RI	1.46	1.49	1.52	1.54	1.56	1.58	1.59	

当 CR≤0.1 时,判断矩阵具有满意一致性,否则,应对判断矩阵进行修正,直到矩阵的一致性满足要求。

3)各级需求对总目标的合成权重

记二级需求 $f_1, f_2, \cdots, f_m$ 对于目标需求(一级需求)C 的权重分别为 $\omega_i^1 (i = 1, 2, \cdots, m)$;各个三级需求对于相应二级需求的权重记为 $\omega_{ij}^2 (i = 1, 2, \cdots, m, j = 1, 2, \cdots, n_i)$,则各三级需求对于目标 C 的合成权重 ω_{ij} 由下式计算:

$$\omega_{ij} = \sum_{j=1}^{n_i} \omega_i^1 \omega_{ij}^2 \qquad (4-5)$$

4)权重排序

得出的三级需求对于目标 C 的合成权重是一组区间数 $\omega_{ij} = [\omega_{ij}^-, \omega_{ij}^+]$,它们是一种特殊的梯形模糊数。因此,可以采用 Yager 方法中的指标 $F_1(\tilde{N})$ 对它们进行排序。

在 Yager 方法中,排序指标 $F_1(\tilde{N})$ 表示模糊集 $\tilde{N}$ 的几何中心。对于区间数 $\tilde{\omega}_{ij} = [\omega_{ij}^-, \omega_{ij}^+]$,$F_1(\tilde{\omega}_{ij})$ 即是 ω_{ij} 的几何中心,则

$$F_1(\tilde{\omega}_{ij}) = (\omega_{ij}^- + \omega_{ij}^+)/2, j = 1, 2, \cdots, n_i \qquad (4-6)$$

按式(4 - 6)计算各个三级需求的排序指标后,进行归一化,可得到三级需求的权重大小。

2. 权重计算

1)运用基本 AHP 法计算二级需求相对于一级需求的权重

首先构造二级需求的判断矩阵,通过对自主式保障功能的分析,以及专家的评价,得出二级需求对目标需求的判断矩阵,如表 4 - 3 所列。

表4-3　二级需求针对一级需求的判断矩阵及计算结果

C	R	M	T	$\boldsymbol{\omega}^1$
R	1	2	3/2	0.4600
M	1/2	1	2/3	0.2211
T	2/3	3/2	1	0.3189

根据表4-3的判断矩阵$\boldsymbol{A}$,用特征根法由MATLAB软件求出$\boldsymbol{A}$的最大特征根λ_{max}和对应的特征向量$\boldsymbol{\omega}$如下:

$$\lambda_{max} = 3.0015, \boldsymbol{\omega} = [0.7643\ 0.3674\ 0.5299]^T$$

将$\boldsymbol{\omega}$归一化后得到权重向量$\boldsymbol{\omega}^1$,如表4-3所列。

根据式(4-3)、式(4-4)进行一致性检验,得到CR=0.0014<0.1,满足一致性要求。

2)运用梯形模糊AHP方法计算三级需求相对于各二级需求的权重

首先构造二级需求R包含的三级需求相对于可靠性R的区间数判断矩阵,如表4-4所列。

表4-4　可靠性三级需求相对于可靠性R的区间数判断矩阵及计算结果

R	R1	R2	R3	R4	x_R^-	x_R^+	α,β	ω_R^2
R1	[1,1]	[1/2,1/2]	[3,4]	[5,5]	0.3221	0.3210		0.3215
R2	[2,2]	[1,1]	[4,5]	[5,6]	0.4971	0.4979	$\alpha = 0.9811$	0.4975
R3	[1/4,1/3]	[1/5,1/4]	[1,1]	[2,2]	0.1107	0.1132	$\beta = 1.0100$	0.1120
R4	[1/5,1/5]	[1/6,1/5]	[1/2,1/2]	[1,1]	0.0701	0.0679		0.0690

根据表4-4的区间数判断矩阵,分别用特征根法由MATLAB软件求出矩阵$\boldsymbol{A}^-$、$\boldsymbol{A}^+$的最大特征根λ_{max}^-、λ_{max}^+和对应的特征向量$\boldsymbol{\omega}^-$、$\boldsymbol{\omega}^+$表示如下:

$$\lambda_{max}^- = 3.8913, \boldsymbol{\omega}^- = [0.5309\ 0.8195\ 0.1825\ 0.1155]^T$$

$$\lambda_{max}^+ = 4.2446, \boldsymbol{\omega}^+ = [0.5288\ 0.8204\ 0.1865\ 0.1119]^T$$

进行一致性检验,计算得到$CR^- = -0.0407 < 0.1$,$CR^+ = 0.0916 < 0.1$,满足一致性要求。

分别将$\boldsymbol{\omega}^-$、$\boldsymbol{\omega}^+$归一化后得到x^-、x^+,如表4-4所列。首先按式(4-2)求出$\alpha = 0.9418,\beta = 1.0459$;然后由式(4-1)求出四个可靠性三级需求的区间数权重向量:

$$\tilde{\boldsymbol{\omega}}_{R1}^2 = [0.3160, 0.3242], \tilde{\boldsymbol{\omega}}_{R2}^2 = [0.4877, 0.5029],$$

$$\tilde{\boldsymbol{\omega}}_{R3}^2 = [0.1086, 0.1143], \tilde{\boldsymbol{\omega}}_{R4}^2 = [0.0688, 0.0686].$$

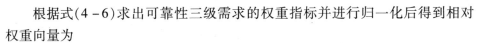

根据式(4-6)求出可靠性三级需求的权重指标并进行归一化后得到相对权重向量为

$$\boldsymbol{\omega}_R^2 = \begin{bmatrix} \omega_{R1}^2 & \omega_{R2}^2 & \omega_{R3}^2 & \omega_{R4}^2 \end{bmatrix} = \begin{bmatrix} 0.3215 & 0.4975 & 0.1120 & 0.0690 \end{bmatrix}。$$

同理,构造二级需求 M 包含的三级需求相对于维修性 M 的区间数判断矩阵,如表4-5所列。

表4-5　维修性三级需求相对于维修性 M 的区间数判断矩阵及计算结果

M	M1	M2	M3	M4	M5	x_M^-	x_M^+	α, β	ω_M^2
M1	$[1,1]$	$[2,2]$	$[3,4]$	$[4,5]$	$[5,5]$	0.4304	0.4402		0.4353
M2	$[1/2,1/2]$	$[1,1]$	$[2,3]$	$[3,4]$	$[4,4]$	0.2691	0.2888		0.2791
M3	$[1/4,1/3]$	$[1/3,1/2]$	$[1,1]$	$[2,2]$	$[2,3]$	0.1360	0.1056	$\alpha = 0.9891$ $\beta = 1.0177$	0.1206
M4	$[1/5,1/4]$	$[1/4,1/3]$	$[1/2,1/2]$	$[1,1]$	$[3,3]$	0.1041	0.1056		0.1049
M5	$[1/5,1/5]$	$[1/4,1/4]$	$[1/3,1/2]$	$[1/3,1/3]$	$[1,1]$	0.0604	0.0598		0.0601

进行一致性检验,计算得到 $CR^- = -0.0296 < 0.1$,$CR^+ = 0.0338 < 0.1$,满足一致性要求。经过计算,求出维修性三级需求的权重指标并进行归一化后得到相对权重向量为

$$\boldsymbol{\omega}_M^2 = \begin{bmatrix} \omega_{M1}^2 & \omega_{M2}^2 & \omega_{M3}^2 & \omega_{M4}^2 & \omega_{M5}^2 \end{bmatrix} = \begin{bmatrix} 0.4353 & 0.2791 & 0.1206 & 0.1049 & 0.0601 \end{bmatrix}$$

同理,构造二级需求 T 包含的三级需求相对于测试性 T 的区间数判断矩阵,如表4-6所列。

表4-6　测试性三级需求相对于测试性 T 的区间数判断矩阵及计算结果

T	T1	T2	T3	T4	x_T^-	x_T^+	α, β	ω_T^2
T1	$[1,1]$	$[3,3]$	$[2,2]$	$[4,5]$	0.4750	0.4699		0.4724
T2	$[1/3,1/3]$	$[1,1]$	$[1/2,1/2]$	$[2,2]$	0.1608	0.1525	$\alpha = 0.9890$ $\beta = 1.0061$	0.1566
T3	$[1/2,1/2]$	$[2,2]$	$[1,1]$	$[3,4]$	0.2797	0.2862		0.2830
T4	$[1/5,1/4]$	$[1/2,1/2]$	$[1/4,1/3]$	$[1,1]$	0.0845	0.0914		0.0880

进行一致性检验,计算得到 $CR^- = -0.0357 < 0.1$,$CR^+ = 0.0614 < 0.1$,满足一致性要求。经过计算,求出测试性三级需求的权重指标并进行归一化后得到相对权重向量为

$$\boldsymbol{\omega}_T^2 = \begin{bmatrix} \omega_{T1}^2 & \omega_{T2}^2 & \omega_{T3}^2 & \omega_{T4}^2 \end{bmatrix} = \begin{bmatrix} 0.4724 & 0.1566 & 0.2830 & 0.0880 \end{bmatrix}$$

3) 计算三级需求的相对于一级需求的组合权重

根据前面计算得到的二级需求相对于一级需求的权重和三级需求相对于二级需求的权重,即可求出三级需求的绝对权重,即三级需求相对于一级需求的组

合权重,如表4-7所列。

表4-7 三级需求相对于一级需求的组合权重

二级需求 三级需求	R 0.4600	M 0.2211	T 0.3189	三级需求相对于一级 需求的组合权重
R1	0.3215			0.1479
R2	0.4975			0.2289
R3	0.1120			0.0515
R4	0.0690			0.0317
M1		0.4353		0.0962
M2		0.2791		0.0617
M3		0.1206		0.0267
M4		0.1049		0.0232
M5		0.0601		0.0133
T1			0.4724	0.1506
T2			0.1566	0.0500
T3			0.2830	0.0902
T4			0.0880	0.0281

最后,将表4-7计算所得的所有三级需求组合权重做为初始重要度的值,按照由高到低的顺序排列,如图4-2所示。

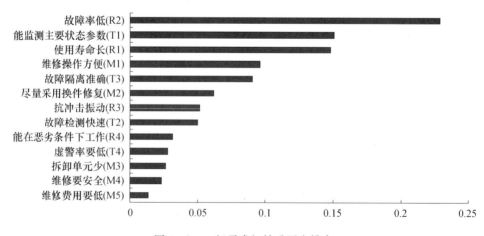

图4-2 三级需求初始重要度排序

4.1.1.3 RMT需求规划

在需求展开的基础上,对发动机RMT需求在市场(或顾客)竞争力上的定位进行规划。具体方法是通过进一步征询意见,调查研究,与以前的类似产品或者竞争对手的产品进行水平比较,规划新产品对每一项需求的满足程度,并求出原产品、新产品及竞争对手产品的市场竞争能力,进行竞争能力分析,从而形成质量屋的右墙。

RMT质量规划的目的是识别顾客需求中的重点需求,确定我方产品的竞争优势和劣势以寻找突破性的改进方向和领域,然后据此设置新产品和服务的战略目标。在RMT质量规划以后,能够确定RMT顾客需求及其最终重要度排序,从而明确产品RMT设计的重点,完成产品的RMT概念设计。

在获得较完整的发动机自主式保障RMT需求后,对RMT需求的重要度进行优先级排序,并在此基础上制定出发动机RMT质量规划设定表,如表4-8所列。

表4-8中市场竞争能力评分准则如下:

1:表示无竞争能力可言,产品质量差,无销路;

2:表示竞争能力低下,产品质量低下;

3:表示可以进入市场,但是没有竞争优势;

4:表示在竞争中具有一定的优势;

5:表示在竞争中具有较大的优势。

表4-8中水平提高率表示新产品相对于现有产品的水平提高程度,其计算方法为

$$水平提高率 = 新产品市场竞争能力/现有产品市场竞争能力$$

表4-8 发动机RMT需求规划设定表

RMT需求	初始重要度/%	市场竞争能力分析			水平提高率	产品特性系数	权重/%	
		国内现有产品	国外先进产品	新产品规划值			绝对权重	相对权重
使用寿命长(R1)	14.79	3	4	4	1.33	1.2	23.66	14.79
故障率低(R2)	22.89	4	5	5	1.25	1.2	34.34	21.47
抗冲击振动(R3)	5.15	4	4	4	1	1	5.15	3.22
能在恶劣条件下工作(R4)	3.17	4	4	5	1.25	1	3.96	2.48

(续)

RMT需求	初始重要度/%	市场竞争能力分析			水平提高率	产品特性系数	权重/%	
		国内现有产品	国外先进产品	新产品规划值			绝对权重	相对权重
维修操作方便(M1)	9.62	3	4	4	1.33	1.2	15.39	9.62
尽量采用换件修复(M2)	6.17	4	4	5	1.25	1.2	9.26	5.79
拆卸单元少(M3)	2.67	4	5	5	1.25	1	3.34	2.09
维修要安全(M4)	2.32	4	4	4	1	1	2.32	1.45
维修费用要低(M5)	1.33	4	5	5	1.25	1.2	2.00	1.25
能监测主要状态参数(T1)	15.06	2	3	3	1.5	1.5	33.89	21.19
故障检测快速(T2)	5.00	3	4	4	1.33	1.2	8.00	5.00
故障隔离准确(T3)	9.02	3	4	4	1.33	1.2	14.43	9.02
虚警率要低(T4)	2.81	4	4	5	1.25	1.2	4.22	2.64
市场竞争能力指数		0.64	0.81	0.83	合计		159.96	100

为了消除劣势或者取得竞争优势,可能需要在新产品的设计中突出对某项需求的满足程度,使产品具有一定的特色并成为产品的销售点,为此引入表4-8中的产品特性系数。如果要重点突出对某项需求的满足程度,可将该系数值定为1.5;如果是一般的突出,则可将值定为1.2。相应地,如果某项需求被设置了产品特性系数,则其重要度应有所提高,应对各项需求的重要度进行修正,修正后重要度的绝对权重为需求原重要度、水平提高率和产品特性系数的三者的乘积。相对权重是每项绝对权重占绝对权重总和的百分比。

在质量屋中,用修正后的需求权重(相对权重)代替原有的重要度值作为新的重要度值,进行质量屋的分析计算。

对市场竞争能力 S_i 进行综合后,获得产品市场竞争力指数 S,即

$$S = \frac{\sum_{i=1}^{m} k_i S_i}{5 \sum_{i=1}^{m} k_i}$$

式中:$k_i(i=1,2,\cdots,m)$ 为各需求的重要度值;S_i 表示各需求的竞争能力评分;m 为需求总数目。

4.1.1.4　RMT 技术特性规划

RMT 技术特性是指成为 RMT 评价对象的特性,是反映装备真正 RMT 需求的专用术语。这些 RMT 技术特性是广义的,如可靠度、使用寿命、可达性、故障检测率、故障隔离率等。在此阶段仅考虑评价装备自主式保障 RMT 需求是否满足的尺度是什么、用何种技术特性表示,没有必要考虑实现这些技术特性所必须满足的装备各系统层次的设计特征,形成的仍然是相对抽象的表现。在确定技术特性时应注意它应满足 3 个条件:①针对性,即技术特性是针对性的需求而确定的;②可测量性,即为了对技术特性进行控制,他们硬是可测量或可评估的产品特征;③全局性,即技术特性只是为以后设计方案提供了一些评价准则,而不涉及具体的设计方案。

技术特性一般是设计人员或者工程人员使用的语言,因此在实际的需求调查之后,需要对设计人员进行访谈,以挖掘设计人员在产品设计过程当中所考虑的维度,即从哪些方面可以实现产品功能。识别出 RMT 技术特性以后,也需要使用 KJ 法对 RMT 技术特性进行聚类层次化分析,为以后的"系统需求—技术特性"质量屋评判做准备。

与发动机的 RMT 需求分析类似,用 KJ 法对发动机的 RMT 技术特性进行分类与整理,如图 4-3 所示。

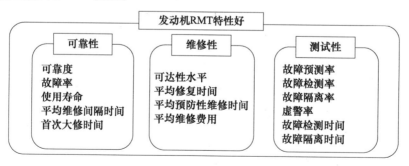

图 4-3　技术特性分类

确定技术特性后,就应安排对技术特性的测试过程,这里所说的测试是指通过试验、历史数据或者查阅相关文献等方式确定国内现有产品、国外先进产品及

75

规划新产品的技术特性评分标度,如表4-9所列。

表4-9 发动机RMT技术特性评分标度

技术特性		可靠度	故障率	首次大修时间	平均维修间隔时间	首次大修时间	可达性水平	平均修复时间	平均预防性维修时间	平均维修费用	故障预测率	故障检测率	故障隔离率	虚警率	故障检测时间	故障隔离时间
技术竞争评估	国内现有产品	4	4	3	3	4	4	3	3	4	2	3	3	3	3	3
	国外先进产品	4	4	4	4	5	5	5	4	5	4	4	4	4	4	4
	规划新产品	4	4	4	4	5	5	5	4	5	4	5	4	4	4	4

由于各技术特性的测量标度不一定相同,为了便于评估,必须将它们转换成统一的评分标度,与市场竞争性评估不同,技术竞争性评估是从技术的角度对产品的竞争力进行评估,一般用数字1~5衡量技术水平的好坏。所谓技术水平包括指标本身的水平、本单位的设计水平、工艺水平和制造水平等,可取下列5个数值:

1:表示技术水平低下;

2:表示技术水平一般;

3:表示技术水平达到行业先进水平;

4:表示技术水平达到国内先进水平;

5:表示技术水平达到国际先进水平。

4.1.1.5 RMT需求—技术特性质量屋

完成上述工作之后,就可以做出完善的"RMT需求—技术特性"质量屋(质量表),这是一个完善的质量屋,如图4-4所示。

对图4-4的基本结构要素描述如下:①左墙—RMT需求;②天花板—技术特性;③屋顶—技术特性相关矩阵;④房间—关系矩阵;⑤地板—技术竞争能力评估矩阵;⑥右墙—市场竞争能力评估矩阵;⑦地下室—技术特性指标及其重要度。

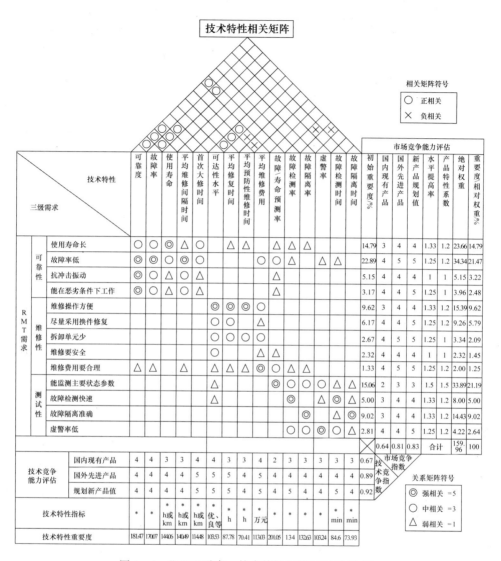

图 4-4 "RMT 需求—技术特性"质量屋(质量表)

在具体的应用中可以根据时间情况对质量屋进行适当的裁剪或扩充,如一般地板和右墙在产品规划阶段的质量屋中必须有,但是在零部件展开、工艺计划、生产计划阶段可以根据需要决定是否适用;屋顶也可以根据实际情况决定取舍,用于方案选择的质量屋可以不考虑相关矩阵。

1. 确定 RMT 需求和技术特性之间的相关矩阵

通常采用一组符号来表示功能需求和技术特性之间的相关程度,即关系度,用字母 $r_{ij}(i=1,2,\cdots,m;j=1,2,\cdots,n)$ 表示。例如,用 ◎ 表示强相关,用 ○ 表示

中等相关,用△表示弱相关。一组相关程度符号可以定量地给以分值来表示,构成关系矩阵,其含义如下:

◎=5,表示该交点所对应的RMT需求与所对应的技术特性之间存在密切的关系;

○=3,表示该交点所对应的RMT需求与所对应的技术特性之间存在一般的关系;

△=1,表示该交点所对应的RMT需求与所对应的技术特性之间存在微弱的关系。

2. 确定技术特性之间的相关关系

技术特性之间常常也是有相互关系的。如果改善某一个技术特性的措施有助于改善另一个技术特性,则说明这两个技术特性正相关;反之,如果改善某一个技术特性,将对另外一个技术特性产生负面影响,则定义这两个技术特性负相关。一般用(○)表示两个技术特性正相关,用(×)表示两个技术特性负相关。质量屋的屋顶就是技术特性的相互关系矩阵。因此,可以从质量屋屋顶直观地看出哪些技术特性负相关。在产品开发过程中,开发人员首先应仔细地分析互为负相关的那些技术特征,因为改善其中某一个技术特性将对一个或多个技术特性产生负面影响;其次,应该采取有关措施尽量消除或减少这种负面影响。如果不能解决好这些问题,产品的某些功能需求将不能实现。

3. 技术特性重要度的计算

技术特性重要度是QFD中应用最为广泛的项目,其计算方法为

$$h_j = \sum_{i=1}^{m} k_i r_{ij}$$

式中:$k_i(i=1,2,\cdots,m)$为各个需求的重要度值;r_{ij}表示功能需求和技术特性之间的相关程度分值。

如果第j项技术特性与多项RMT需求密切相关,并且这些需求较重要(k_i较大),则h_j取值就较大,即该项工程措施较重要。

4. 市场竞争性评估和技术竞争性评估

对于市场竞争性评估和技术竞争性评估,只需要把需求规划设定表作为质量屋的右墙,构成市场竞争能力评估矩阵;把技术特性规划设定表作为质量屋的地板,构成技术竞争能力评估矩阵。

对技术竞争能力J_i进行综合后,获得产品技术竞争力指数J,即

$$J = \frac{\sum_{j=1}^{n} h_j J_j}{5 \sum_{j=1}^{n} h_j}$$

式中：$h_j(j=1,2,\cdots,n)$ 为各技术特性的重要度值；J_j 为各技术特性的竞争力评分；n 为技术特性总数目。

5. 技术特性目标值的确定

通常根据需求权重、需求与技术特性的关系矩阵和当前产品的优势和弱点来确定技术特性目标值。这里只对确定技术特性目标值的方法进行探讨。

第一种情况，以技术特性"可靠度"为例进行说明。"可靠度"对应的主要RMT 需求为"故障率低""抗冲击振动"和"能在恶劣条件下工作"，三项需求的重要度之和很高。市场竞争性评估表明，用户对本单位和竞争对手的这几项需求都算满意，这说明存在一个竞争机会，如果哪个单位能够生产出可靠度更高的产品，那么可以将其作为一个"卖点"。技术竞争性评估也表明，在可靠度方面，本单位和竞争对手的水平基本一致。

第二种情况，以技术特性"故障/寿命预测率"为例进行说明。故障/寿命预测率是针对自主式保障模式的特点和需求提出的一项测试性技术特性，定义为在规定期间内，被测试项目在故障发生或者达到寿命极限状态之前，在规定的条件下用规定的方法能够监测到主要的状态参数并能以此确定故障模式或者剩余寿命的百分数。与"故障/寿命预测率"强相关的 RMT 需求是"能够监测主要状态参数"，在市场竞争性评估中其重要度达到 21.9%，高居第二位，这说明了故障预测能力是实现自主式保障模式的一项关键技术特性。市场竞争性评估表明，在故障预测上本单位产品现有的能力远不能满足自主式保障系统的要求，竞争对手的水平优于本单位。技术竞争评估数据与市场竞争评估结果一致，本单位处于"追赶"位置，必须采取有关措施提升该项能力。从市场性竞争评估中可知，竞争对手的故障预测能力也不是很令人满意，但是从技术竞争评估数据可以看出，竞争对手的故障预测相关技术水平已算比较先进。这说明两个问题：一是此项技术特性还有较大的提升空间；二是提升此项能力技术上难度较大。因此，基于后者的考虑，可以将故障预测率近期目标值定为与竞争对手的现有值相仿。

第三种情况，竞争对手的某项技术特性水平仍是优于本单位，本单位处于"追赶"位置，但是与第二种情况不同的是，市场性竞争评估中竞争对手的该项特性能力令人满意或者基本满意。在技术竞争评估中，竞争对手的技术水平较高，并且本单位的技术水平落后于竞争对手，这说明对于本单位的产品此项技术特性还有较大的提升空间，并且技术上较第二种情况容易实现。因此，可以将该项技术特性目标值定为与竞争对手相同或者比竞争对手略高。

6. 质量屋分析

1）进行关系矩阵的完整性和合理性检查

完成质量屋的构建后，为了保证质量功能配置结果的合理与正确，应对其进行仔细的分析和评审,进行关系矩阵的完整性和合理性检查。可以从以下几个方面入手:RMT 需求重要度排序与满足该需求的技术特性重要度排序是否明显不对应;质量屋中各数据可信度如何,是否需要重新评估;特性系数(修正系数)的设置是否合理;在技术特性中是否有机地综合了竞争对手产品的特性;技术特性的指标是否合理等。从上述方面开始,对"RMT 需求—技术特性"质量屋进行检查分析,结果表明该质量屋基本上满足合理性要求。

2) 选择重点配置的技术特性

一般来说,不必选择太多的配置项。在选择优先配置的项目时,要综合考虑技术特性重要度、市场竞争性评估、技术竞争性评估,技术实施难度和成本、技术特性自相关矩阵等各种因素。这是产品规划质量屋中最复杂也是最关键的决策过程,主要凭借 QFD 小组成员的经验进行。由图 4-4 可知,可靠度、故障率等可靠性相关的各项技术特性重要度在所有技术特性重要度中位居前列,这充分说明了具备高可靠性的武器装备是实现自主式保障的关键要素之一。同时,由图 4-4 还可以看到,测试性有关技术特性的重要度值也比较高,总体上低于可靠性有关技术特性,高于维修性有关技术特性,说明了自主式保障模式非常注重测试性的设计,特别是技术特性"故障/寿命预测率"的重要度高居第一,这一点验证了自主式保障系统对于 PHM 特性的高度依赖。自主式保障模式旨在通过PHM 功能,实现状态维修和预先维修等主动维修方式,因此对于维修性有关技术特性尤其是修复性维修特性的要求相对要低。通过上述分析,可以将重要度80% 以上的测试性所属技术特性和维修性所属技术特性配置到下一阶段的RMT 技术特性—RMT 设计特性 QFD 中。

4.1.2 RMT 技术特性—RMT 设计特性 QFD 模型

在第一阶段的 RMT 设计需求—RMT 技术特性 QFD 模型中找出了需要配置到本阶段 QFD 模型中的发动机 RMT 关键技术特性,为发动机设计明确了重点。但是,这些技术特性并不是真正意义上的设计要求,严格地说它们仍然体现的是用户对装备的 RMT 需求,只不过这些需求是经过整理、分析和细化的产物,已不再是用户的"原声"。

第二阶段的工作是通过构建 RMT 技术特性—RMT 设计特性 QFD 模型,将第一阶段配置到本阶段的技术特性转换为设计特性。第一步生成的 RMT 技术特性与实际的设计要求相比,仍然比较抽象,需要展开为与发动机设计直接相关的具体设计特征,如零部件位置布局、测试点设置等。经过此阶段的工作,装备RMT 技术特性可以转换为实际的装备设计特征,即用户语言表达的 RMT 需求最终转换为设计语言描述的具体技术信息。

　　第一阶段质量屋配置到第二阶段的技术特性将转换为第二阶段 QFD 质量屋的左墙。质量屋的结构要素在各个阶段大体通用，但是在具体应用中可以根据实际情况对质量屋进行适当的剪裁和扩充。第一阶段的产品规划质量屋一般是最完整的，其他阶段的质量屋有可能将右墙、地下室等要素剪裁。对于发动机的 RMT 技术特性—RMT 设计特性 QFD 模型而言，其质量屋与第一阶段相比要简单很多，它主要包含了质量屋的几个基本组成部分：技术特性、设计特性、关系矩阵及设计特性重要度等。右墙、屋顶、地下室等要素可以根据第一阶段的质量屋构建方法添加。将第一阶段配置到本阶段的技术特性作为质量屋的左墙，将有关设计特性作为天花板，构建 RMT 技术特性—RMT 设计特性 QFD 质量屋（质量表），如表 4 - 10 所列，具体构建过程与第一阶段相同，在此不再赘述。

表 4 - 10　RMT 技术特性—RMT 设计特性 QFD 质量屋（质量表）

特性及参数		设计特性								技术特性重要度
		零部件位置布局	模块化标准化	线路管路布局	测试点设置	测试方式、测试设备	防差措施及识别标志	安全防护措施	人机环设计	
技术特性	可达性水平	◎		○				△	○	103.53
	平均修复维修时间	○	◎	○				○	△	87.78
	平均维修费用	△	◎	△			△		△	113.03
	故障预测率				◎	◎				201.05
	故障检测率				◎	◎				134.00
	故障隔离率		○		◎	○				132.63
	虚警率				◎	○				103.24
	故障检测时间				◎	◎				84.60
设计特性重要度		894.02	1401.9	686.96	3277.6	2805.9	376.37	366.87	511.4	

　　由表 4 - 10 可知，通过 RMT 技术特性—RMT 设计特性 QFD 质量屋（质量

表),可以确定实现自主式保障模式所需的关键设计特性,其中测试点设置、测试方式和测试设备等设计特性的重要度明显高于其他设计特性,说明在可靠性满足需要的情况下自主式保障对于测试性有关特性的设计要求较高,良好的测试性是实现自主式保障 PHM 功能的基本保证。

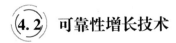

4.2 可靠性增长技术

美国国防部研究发现,装备可靠性不足是导致新系统无法通过"初始作战试验与鉴定"以及寿命周期费用高的主要原因。在新装备的研制期间忽视系统可靠性,会导致系统在研制试验初期的可靠性不高,平均故障间隔时间很短,限制系统的发展潜力,同时也加大了提高系统可靠性所需的工作量。这就需要在装备系统设计与开发阶段制定可靠性增长计划,在研制日程中预留时间来及时纠正发现的可靠性问题。

在新装备研发中,需要估计其可靠度,传统的可靠性估计方法大多建立在数理统计与概率的基础上,这些方法需要以合适的试验环境和大量的分析数据为依托。在新装备研发前期,数据的缺乏导致很难对其可靠度进行估计,依赖于历史数据或者专家经验来估计可靠度,这种方法成本低,但是可靠性估计的准确率令人质疑。

不像以往可靠性分析那样先预定装备故障的先验分布,这里针对可修复系统开展研究,提出一种基于小子样数据的序列试验法,利用贝叶斯(Bayes)估计方法得出装备的故障分布曲线,建立装备可靠性增长模型。

4.2.1 装备全寿命周期可靠性增长理论

1. 可靠度

可靠度是系统在给定的工作条件下、指定的时间(或任务时间)内,保持所需功能的能力,可靠度函数 $R(t)$ 定义为产品在给定条件和时间内完成规定功能的概率。假设 T 为产品寿命,既失效前时间(Time to Failure,TTF),失效函数为 $F(t)$,其概率密度函数为 $f(t)$,可靠度函数为

$$R(t) = 1 - F(t) = 1 - \int_0^t f(t)\,\mathrm{d}t = \int_t^\infty f(t)\,\mathrm{d}t$$

实践证明,以疲劳、磨损、腐蚀失效模式为主的零部件寿命一般服从威布尔分布,其概率密度函数为

$$f(t) = \left(\frac{\beta}{\eta}\right)\left(\frac{t}{\eta}\right)^{\beta-1} \mathrm{e}^{-\left(\frac{t}{\eta}\right)^\beta}$$

式中:β 为形状参数;η 为尺度参数(也称特征寿命)。

用威布尔分布估计零部件的耐久性,关键是要确定零部件寿命分布的两个参数 β 和 η,可以通过大量的试验数据或观测数据确定和估计,也可以根据有关的零部件失效数据库的信息,估计其范围。由此可以得出可靠度函数:

$$R(t) = 1 - \int_0^t f(t)\,\mathrm{d}t = \int_t^\infty f(t)\,\mathrm{d}t = \int_t^\infty \left(\frac{\beta}{\eta}\right)\left(\frac{t}{\eta}\right)^{\beta-1}\mathrm{e}^{-\left(\frac{t}{\eta}\right)^\beta}\mathrm{d}t$$

2. 可靠性增长

GJB—451A《可靠性维修性保障性术语》对可靠性增长的定义为:通过逐步改正产品设计和制造中的缺陷,不断提高产品可靠性的过程。可靠性增长管理的定义为:通过拟定可靠性增长目标,制定可靠性增长计划和对装备可靠性增长过程进行跟踪和控制,把有关试验和可靠性试验均纳入"试验、分析、改进"过程的综合管理之下,以经济有效地实现预定的可靠性目标。

在装备的寿命期中,装备的可靠性特征量要经过多次变动,如图 4-5 所列。第一台样机研制出来,存在设计缺陷等系统性薄弱环节,初始 MTBF(Mean Time Between Failure,平均故障间隔时间)较低。在可靠性增长试验中,不断地暴露系统性失效,有针对性地采取纠正措施,如设计更改。直到研制阶段结束,装备可靠性不断增长,达到 A 点。试生产开始,生产中存在各种问题,使装备的可靠性低于样机研制结束时的可靠性,从 A 点下降到 B 点。在试生产过程中,继续采取纠正措施,可靠性将不断增长,达到 C 点。批量生产开始时,出现工艺缺陷、装配缺陷以及质量控制问题,使批量生产的装备可靠性降低到 D 点。随着有关问题的不断解决,可靠性继续增长,达到或超过规定的 MTBF。当装备交付部队使用后,训练环境中不断暴露设计、工艺、装配、材质等缺陷,经过付出相当代价纠正后,装备可靠性继续增长,达到规定水平。

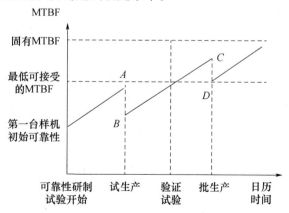

图 4-5　可靠性增长过程

装备全寿命期各阶段都存在可靠性增长,但故障信息的及时性、有效性差别很大。根据信息种类和故障来源阶段的不同,可将全寿命期可靠性增长划分为早期的可靠性增长和生产使用阶段的可靠性增长。

1) 早期阶段的可靠性增长管理

全寿命期的早期增长阶段包括方案论证、设计研制阶段。在此阶段设计更改及时且较为简单,可靠性增长费用较低,但是早期阶段的信息有许多未知因素,如工作条件、器件间的相互影响等。

可靠性增长规划审查批准后,通过预试验,正式进行可靠性增长试验,依靠试验、分析和改进(Test Analysis and Fix, TAAF)过程管理保证可靠性增长规划实现。可靠性的提高,关键在于对薄弱环节的纠正,是一个反复进行 TAAF 的过程,流程图如图 4-6 所示。

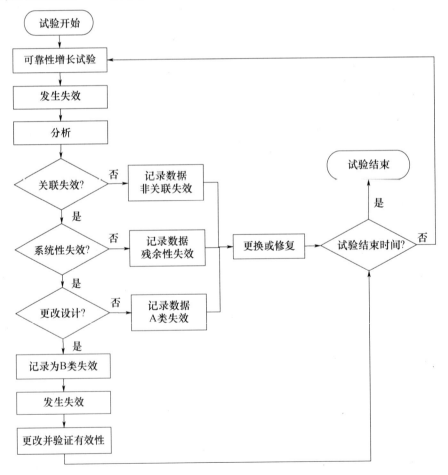

图 4-6　可靠性改进流程(TAAF)

2）生产和使用阶段的可靠性增长管理

生产和使用阶段可靠性增长具有很好的确定性，硬件设计逐步成熟，未知信息少，可以更好地控制设计更改，但可靠性增长付出代价较高。全寿命周期后阶段的信息，主要是来自生产经验和使用经验以及部分试验信息。对生产和使用阶段的装备主要采用收集、分析和纠正（Collection，Analysis and Fix，CAAF）过程管理，真实暴露装备在实际使用环境下的故障，弥补 TAAF 管理方式的不足。CAAF 管理流程如图4－7所示。

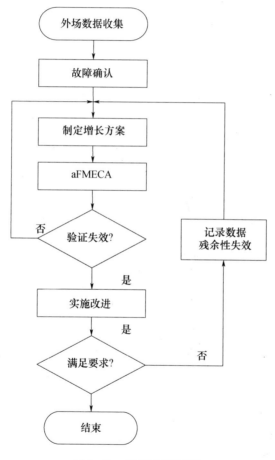

图4－7　CAAF 管理流程

3）常见的可靠性增长模型

可靠性增长过程中，装备的可靠性是在不断变动的，为了描述装备可靠性在变动中的增长规律，应用变动统计学的原理来建立装备的可靠性增长模型。最常用的增长模型是杜安（Duane）模型及 AMSAA 模型。

1972 年,美国陆军装备系统分析中心(Army Material Systems Analysis Activity,AMSAA)的 L. H. Crow 在杜安模型的基础上提出了可靠性增长的 AMSAA 模型。AMSAA 模型是 1980 年以后美国军方广泛推广使用的可靠性增长模型,目前在工程上用得越来越普遍。

L. H. Crow 指出在试验时间段 $(0,t]$ 内,受试装备的故障数 $r(t)$ 是具有均值函数 $\gamma(t) = E[r(t)] = at^b$ 及瞬时强度 $\lambda(t) = dE[r(t)]/dt = abt^{b-1}$ 的非齐次泊松(Poisson)过程(Non Homogeneous Poisson Process,NHPP):

$$P\{r(t) = n\} = \frac{[\gamma(t)]}{n!} e^{-\gamma(t)}, n = 0,1,2,3,\cdots$$

式中:a 为尺度参数,$a > 0$;b 为形状参数,$b > 0$。

尺度函数 a 反映了进行可靠性增长试验时产品初始可靠性水平的高低,a 越小,产品初始可靠性水平越高;形状参数 b 表示极限增长率 1 与实际增长率的差距,b 越小,说明增长措施越有力。

失效强度为 $\lambda(t) = abt^{b-1}$ 的非齐次 Poisson 过程 $\{r(t);t > 0\}$,也称为幂律过程,设装备在开发期 $(0,t]$ 内相继的失效时间为

$$0 < t_1 < t_2 < \cdots < t_n \leqslant T$$

当 $0 < b < 1$ 时,随着 j 的增加,失效时间间隔 $t_j - t_{j-1}(j = 1,2,\cdots,n)$ 随机地增加,$\lambda(t)$ 严格单调下降,装备处于可靠性增长之中(正增长)。

当 $b > 1$ 时,随着 j 的增加,失效时间间隔 $t_j - t_{j-1}(j = 1,2,\cdots,n)$ 随机地减小,$\lambda(t)$ 严格单调上升,装备处于可靠性下降之中(负增长)。

当 $b = 1$ 时,$\lambda(t) = a$ 为常数,非齐次 Poisson 过程退化为齐次 Poisson 过程,失效时间间隔 $t_j - t_{j-1}(j = 1,2,\cdots,n)$ 服从指数分布,装备可靠性没有趋势,既不增长也不下降(零增长)。

AMSAA 模型的优点:计算简便,数学分析严密,适应面宽。模型参数的物理意义容易理解,便于制定可靠性增长计划;表示形式简洁,可靠性增长过程的跟踪和评估非常简便;考虑了随机现象,MTBF 的点估计精度较高,并且可以给出当前 MTBF 的区间估计。

AMSAA 模型也存在一些缺点:在理论上,模型表达式在 $t \to 0$ 及 $b < 1$ 时,装备的故障强度函数趋于无穷大;在 $t \to \infty$ 及 $b < 1$ 时,装备的故障强度函数趋于零,与工程实际不符;并且该模型对数据要求比较苛刻,在评估装备可靠性时通常需要知道精确的故障时间数据。虽然它在理论上有不足之处,但在可靠性增长试验实践中有广泛的应用。

3. 浴盆曲线

大量的使用和试验表明,许多装备部件的故障率曲线 $\lambda(t)$ 呈两头高、中间

低平的特点,如图 4-8 所示,习惯上称为"浴盆曲线"。从曲线上可以看出,产品的故障率随时间的变化,大致可以分为三个阶段。在产品寿命的早期阶段,故障率极高且随时间增加而迅速下降,可以用形状参数为 $0 < \beta < 1$ 的威布尔分布表示,在此阶段侧重于分析产品的故障模式。第二阶段为偶然故障期,期间产品故障率较低,而且基本恒定,对应于形状参数 $\beta = 1$ 的威布尔分布,在此阶段大多可靠性分析着重于如何降低故障率。在产品寿命的后期,故障率会随时间的增加而迅速上升,直至报废,对应于形状参数 $\beta > 1$ 的威布尔分布。

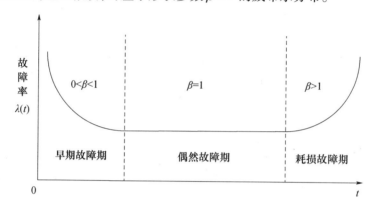

图 4-8 浴盆曲线

4.2.2 基于小子样的可靠性增长建模

在大多可靠性增长研究中,产品寿命的先验分布甚至决定性参数的先验分布是已知的,然而对于新研装备来说,并不具备这一条件,参数值要通过估计来得到。针对新研装备,在故障数据有限的情况下,进行可靠性增长建模,通过设计一系列反复连续的可靠性试验,利用 Bayes 估计方法,将前一个试验的结果作为之后试验的先验分布,以此类推,并对参数估计进行修正,尽量保证结果的可信性。

1. 可靠性增长试验

这里设计一系列反复连续的可靠性仿真试验提高产品的可靠性,如图 4-9 所示。一共进行 m 个可靠性增长试验,每个试验中包括 n 个子试验,每次试验之后,未淘汰产品质量提升,因此,通过这一系列反复的试验,产品可靠性可以逐步得到提高。利用每次试验中第 n 子试验中的寿命密度函数 $f(x)$,可以计算出产品可靠度 $R(x)$。在试验中的每一步,产品剩余寿命被计算出来,估计模型参数,将每次可靠性试验得出的可靠度值连起来,最后建立可靠性增长模型。

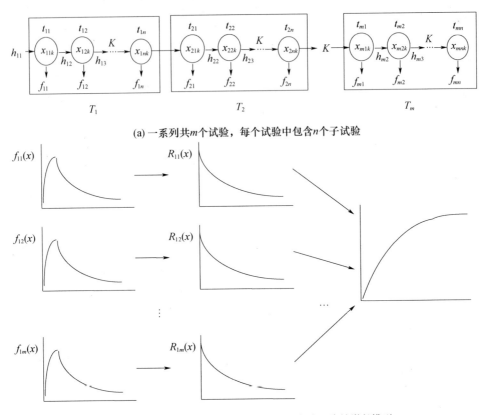

(a) 一系列共m个试验，每个试验中包含n个子试验

(b) 将m个试验得出的可靠度值连起来，可得出可靠性增长模型

图4-9 可靠性增长系列试验示意图

系统可靠性增长试验说明如下。

（1）假设产品寿命服从威布尔分布。

（2）试验目的是为了得出故障率与平均剩余寿命（Mean Time to Failure，MTTF），在小子样条件下，合理的参数值是未知的，就需要求出其后验分布，对参数值进行估计。

（3）在小子样条件下，很难保证参数估计值的无偏性，要对估计值进行修正，以保证可信性。

（4）基于贝叶斯理论，在试验中，上一阶段得出的后验分布作为下一阶段试验的先验分布。

2. 可靠性增长模型参数描述

可靠性增长模型包括以下参数：

$T = \{t_i \mid i = 1, 2, \cdots, m\}$：表示一系列可靠性增长试验，$t_i$ 表示第 i 个试验；

$t = \{t_{ij} | i = 1, 2, \cdots, m; j = 1, 2, \cdots, n\}$：表示一系列可靠性增长子试验，$t_{ij}$ 表示第 i 个试验阶段中的第 j 个子试验；

$X = \{x_{ijk} | i = 1, 2, \cdots, m; j = 1, 2, \cdots, n; k = 1, 2, \cdots, K\}$：表示部件寿命估计值，$x_{ijk}$ 表示第 i 个试验阶段中第 j 个子试验的第 k 个样本寿命；

$W(\eta, \beta)$：表示威布尔分布中的参数 η 和 β；

$\hat{\eta}_0, \hat{\beta}_0$：参数初始值；

$\hat{\eta}_1, \hat{\beta}_1$：极大似然估计得出的参数修正值；

$f(\cdot)$：概率密度函数；

$R(\cdot)$：部件可靠度函数；

$p_f()$：故障率函数；

$E(\cdot)$：期望值，即平均剩余寿命；

$L(\cdot)$：似然函数；

$JL(\cdot)$：降偏修正得出的似然函数；

μ：总平均值；

σ^2：总体方差；

M：样本均值；

S^2：样本方差；

q_{ij}：第 i 个试验阶段中第 j 个子试验的总故障率；

$\hat{q}_{ij}$：第 i 个试验阶段中第 j 个子试验的样本故障率；

$H = \{h_{ij} | i = 1, 2, \cdots, m; j = 1, 2, \cdots, n\}$：第 i 个试验阶段中第 j 个子试验的测试样本数；

$P = \{p_{ij} | i = 1, 2, \cdots, m; j = 1, 2, \cdots, n\}$：第 i 个试验阶段中第 j 个子试验的样本生存数；

$F = \{f_{ij} | i = 1, 2, \cdots, m; j = 1, 2, \cdots, n\}$：第 i 个试验阶段中第 j 个子试验的样本故障数。

3. 故障率与平均剩余寿命

与以往对可靠性的研究不同的是，这里不预设任何的属性值，所有分布都从下列 4 步得出。

1）构造参数的广义函数

假设可靠性试验属于浴盆曲线中的早期故障期，用威布尔（Werbull）分布描述这一时期部件寿命分布规律，此时 $\beta < 1$，威布尔分布的故障率是单调递减的。因此，假设部件寿命 X 服从威布尔分布 $W(\eta, \beta)$，第 i 个试验中第 j 个子试验的第 k 个样本寿命的概率密度函数为

$$X \sim W(\eta, \beta)$$

$$f(x_{ijk} \mid \eta, \beta) = \frac{\beta}{\eta} \left(\frac{x_{ijk}}{\eta} \right)^{\beta-1} \mathrm{e}^{-(x_{ijk}/\eta)^{\beta}}, x \geqslant 0, \eta > 0, 0 < \beta < 1$$

每个试验阶段的故障率估计函数为

$$p_f(x) = \frac{\beta}{\eta} \left(\frac{x_{ijk}}{\eta} \right)^{\beta-1}$$

部件寿命的期望值为 $E(x)$，平均剩余寿命表示为

$$\mathrm{MTTF} = E(x) = \int_0^{\infty} \left(\frac{\beta}{\eta} \right) \left(\frac{x}{\eta} \right)^{\beta-1} \mathrm{e}^{-(x/\eta)} x \mathrm{d}x \tag{4-7}$$

设 $y = \left(\dfrac{x}{\eta} \right)^{\beta}$ 或 $x = \eta y^{1/\beta}$，进行微分计算可得

$$\mathrm{d}y = \left(\frac{\beta}{\eta} \right) \left(\frac{x}{\eta} \right)^{\beta-1} \mathrm{d}x \tag{4-8}$$

将式(4-8)代入式(4-7)，可得期望值为

$$\mathrm{MTTF} = E(x) = \int_0^{\infty} \eta_y^{1/\beta} \mathrm{e}^{-y} \mathrm{d}y = \eta \Gamma \left(1 + \frac{1}{\beta} \right) \tag{4-9}$$

式中：$\Gamma(\cdot)$ 代表一个伽玛(Gamma)分布，有 $\Gamma(n) = \int_0^{\infty} \mathrm{e}^{-x} \cdot x^{n-1} \mathrm{d}x$ 。

当 n 是整数时，有 $\Gamma(n) = (n-1)!$，在 EXCEL 程序中，伽玛函数 $\Gamma(\cdot)$ 可以通过函数 $\exp[\Gamma(x)]$ 获得。

由此，可得方差为

$$D(x) = E(x^2) - [E(x)]^2 = \int_0^{\infty} \left(\frac{\beta}{\eta} \right) \left(\frac{x}{\eta} \right)^{\beta-1} \mathrm{e}^{-(x/\eta)} x_2 \mathrm{d}x - \left[\eta \Gamma \left(1 + \frac{1}{\beta} \right) \right]^2 \tag{4-10}$$

将式(4-8)代入式(4-10)，可得

$$D(x) = E(x^2) - [E(x)]^2 = \int_0^{\infty} \eta^2 y^{2/\beta} \mathrm{e}^{-y} \mathrm{d}y - \left[\eta \Gamma \left(1 + \frac{1}{\beta} \right) \right]^2$$

$$= \eta^2 \Gamma \left(1 + \frac{2}{\beta} \right) - \left[\eta \Gamma \left(1 + \frac{1}{\beta} \right) \right]^2 = \eta^2 \left\{ \Gamma \left(1 + \frac{2}{\beta} \right) - \left[\Gamma \left(1 + \frac{1}{\beta} \right) \right]^2 \right\} \tag{4-11}$$

因此，参数 β 的广义函数 $g(\beta)$ 可以通过下式计算：

$$g(\beta) = \frac{E(x)}{\sqrt{D(x)}} = \eta \Gamma \left(1 + \frac{1}{\beta} \right) \bigg/ \sqrt{\eta^2 \left\{ \Gamma \left(1 + \frac{2}{\beta} \right) - \left[\Gamma \left(1 + \frac{2}{\beta} \right) \right]^2 \right\}}$$

$$= \Gamma \left(1 + \frac{1}{\beta} \right) \bigg/ \left\{ \Gamma \left(1 + \frac{2}{\beta} \right) - \Gamma^2 \left(1 + \frac{1}{\beta} \right) \right\}^{\frac{1}{2}} \tag{4-12}$$

若 M 是总体均值 μ 的一个无偏估计，S^2 是总体方差 σ^2 的无偏估计，由式 $g(\hat{\beta}_0) - \dfrac{M}{S} = 0$ 可计算出 $\hat{\beta}_0$ 的值。既然 $X \sim f(x)$，$E(x) = \mu$，$D(x) = \sigma^2$，根据式 $(4-8)$，$E(x)$ 和 $D(x)$ 的测量值可用来推导 $\hat{\beta}_0$。此外，根据式 $(4-7)$，利用平均剩余寿命可计算出参数 η 的值，由参数 η 和 β 的广义函数可得

$$\hat{\eta}_0 = \frac{E(x)}{\Gamma\left(1 + \dfrac{1}{\hat{\beta}_0}\right)} = \frac{M}{\Gamma\left(1 + \dfrac{1}{\hat{\beta}_0}\right)} \tag{4-13}$$

若进行小子样试验，K 为样本数，利用统计分析可计算出样本均值 $M = \dfrac{1}{K}\sum\limits_{k=1}^{K} X_{ijk}$ 和方差 $S^2 = \dfrac{1}{K-1}\sum\limits_{k=1}^{K}(X_{ijk} - M)^2$。由于此处为小子样试验，参数的初始值误差较大，要根据以下步骤对参数初始值进行修正。

2）参数的极大似然估计值

参数 η 和 β 的分布得到之后，产品寿命服从威布尔寿命分布，根据密度函数可得第 i 个试验阶段中第 j 个子试验的第 k 个样本寿命的极大似然函数为

$$L(\eta, \beta \mid x) = \prod_{k=1}^{K} f(x_{ijk} \mid \eta, \beta) = \prod_{k=1}^{K}\left[\frac{\beta}{\eta}\left(\frac{x_{ijk}}{\eta}\right)^{\beta-1} e^{-(x_{ijk}/\eta)^{\beta}}\right] \tag{4-14}$$

3）对参数估计值进行降偏修正

针对小子样条件，可以采用 RBA（极小偏差调整，Reduces Bias Adjustment）方法，对威布尔分布参数 β 的估计值进行降偏差修正，并利用蒙特卡罗仿真验证了可用性，而且样本数越大，无偏性越好。

设

$$S_{\text{RBA}} = S * (\text{RBA}) \tag{4-15}$$

式中：对于威布尔分布来说，$\text{RBA} = (c_4)^6$，$c_4 = \sqrt{2/(K-1)} \times \dfrac{((K-2)/2)!}{((K-3)/2)!}$

形状参数 β 至关重要，决定着样本故障率和方差的大小，为了降低参数估计值的偏离度，式 $(4-15)$ 可改写为

$$\beta_{\text{RBA}} = \hat{\beta}_0 \times (\text{RBA}) \tag{4-16}$$

式中：$\hat{\beta}_0$ 为参数的初始估计值；β_{RBA} 为修正之后的参数值。

修正后的极大似然函数为

$$\text{JL}(\eta, \beta \mid x) = \frac{L(\eta, \beta \mid x)^{\text{FF}}}{L(\hat{\eta}_0, \beta_{\text{RBA}} \mid x)^{\text{FF}-1}} = \frac{\prod\limits_{k=1}^{K}\left[\dfrac{\beta}{\eta}\left(\dfrac{x_{ijk}}{\eta}\right)^{\beta-1} e^{-(x_{ijk}/\eta)^{\beta}}\right]^{\text{FF}}}{\left\{\prod\limits_{k=1}^{K}\left[\dfrac{\beta_{\text{RBA}}}{\hat{\eta}_0}\left(\dfrac{x_{ijk}}{\hat{\eta}_0}\right)^{\beta_{\text{RBA}}-1} \cdot e^{-(x_{ijk}/\hat{\eta}_0)^{\beta_{\text{RBA}}}}\right]\right\}^{\text{FF}-1}}$$

$$\tag{4-17}$$

式中:参数 $FF = (K-1)/(K+1.618)$,目的是为了降低似然比试验偏差。

将式(4-13)和式(4-16)代入式(4-17),可得参数 η 和 β 的修正似然函数,求得极大似然估计值 $\hat{\eta}_1$ 和 $\hat{\beta}_1$。

4)先验分布求解

将 $\hat{\eta}_1$ 和 $\hat{\beta}_1$ 代入威布尔分布 $W(\hat{\eta}_1,\hat{\beta}_1)$,可得参数的先验分布:

$$f(x \mid \hat{\eta}_1,\hat{\beta}_1) = \left(\frac{\hat{\beta}_1}{\hat{\eta}_1}\right)\left(\frac{x}{\hat{\eta}_1}\right)^{\hat{\beta}_1-1} \mathrm{e}^{-(x/\hat{\eta}_1)^{\hat{\beta}_1}}, x \geq 0, \hat{\eta}_1 > 0, 0 < \hat{\beta}_1 < 1$$

然后利用贝叶斯分析推导参数的后验分布。

4. 贝叶斯估计

贝叶斯估计方法将专家主观经验和真实数据结合起来,利用统计数据来估计参数值。假设 W_0 为得到真实数据之前依赖于主观评价的先验分布,W_1 为后验分布,p 为似然概率,而且作为先验分布。由贝叶斯估计所得的后验分布也是一个参数为 η 和 β 的威布尔分布:

$$W_1(\eta,\beta \mid x) = \frac{W_0(x \mid \eta,\beta) \times p(f_{ij} \mid q_{ij})}{\int W_0(x \mid \eta,\beta) \times p(f_{ij} \mid q_{ij})\,\mathrm{d}x} \qquad (4-18)$$

在一系列试验中,一些产品会发生故障,一些会生存下来,此时的故障率遵循二项分布,有

$$p(f_{ij} \mid q_{ij}) = C_{f_{ij}}^{h_{ij}} \times q_{ij}^{f_{ij}} \times (1-q_{ij})^{p_{ij}} \qquad (4-19)$$

式中: $\hat{q}_{ij} = \dfrac{f_{ij}}{h_{ij}}$。

因此,故障率函数的后验分布服从威布尔分布:

$$f(x \mid \eta,\beta) = \left(\frac{\beta}{\eta}\right)\left(\frac{x}{\eta}\right)^{\beta-1} \mathrm{e}^{-(x/\eta)^{\beta}} \qquad (4-20)$$

式中: $x \geq 0, \eta > 0, 0 < \beta < 1$。

在第一个试验中不需要对参数值进行降偏差修正,从第二个试验开始,试验的先验分布即为前面试验的后验分布。在每一个试验里,可用式(4-17)~式(4-19)直接计算出后验分布。如图4-10所示,故障率会随着试验的进行而逐步降低。

5. 可靠性增长模型的建立

如上所述,在每个试验中寿命函数被修正,每个试验中的后验分布即为下一个试验的先验分布,可靠度可由下式计算:

$$R(x) = \int_x^\infty f(x)\,\mathrm{d}x = \int_x^\infty \left(\frac{\beta}{\eta}\right)\left(\frac{x}{\eta}\right)^{\beta-1} \mathrm{e}^{-(\frac{x}{\eta})^\beta}\,\mathrm{d}x$$

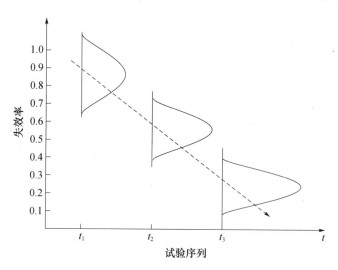

图 4 – 10　故障率递减示意图

将每个试验的后验分布结果统计起来,最后可以建立可靠性增长模型。可以明显的看出,故障率和故障率方差一步步降低,因为每个试验之后产品性能都得到了改善,如图 4 – 11 所示,可靠性会随着试验的进行而实现逐步增长。

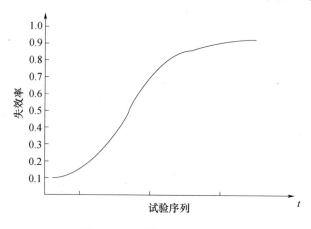

图 4 – 11　可靠性增长示意图

(4.3) 增强型 FMECA 技术

QFD 技术在工程应用过程中,突出系统性,而 FMECA（Failure Mode Effects and Criticality Analysis,故障模式影响及危害性分析）技术在工程应用过程中突出深入性。FMECA 为测试性设计、分析及试验与评价提供相关信息,它可以为选择最佳的可靠性、维修性及测试性的设计方案提供设计评定和辅助决策的方法,在测试性设计方案的选择、客观评价有关措施(如冗余措施)以及检测设备等方面具有重要的意义,同时为进一步定量分析提供了基础,为更改产品设计提供了资料。

4.3.1 传统 FMECA 的不足

FMECA 是一种应用广泛的设计分析方法,传统的 FMECA 只是静态地分析了产品可能出现的故障模式,找出这些故障模式的原因,分析这些故障模式的影响,并确定这些故障模式的检测方法,以此提出在设计、制造、使用等方面避免或减少这些故障模式的补偿措施,在方案设计阶段帮助选择最优的设计方案,是工程中常用的可靠性分析方法。然而,自主式保障则强调在故障发生之前,通过实时监测,对故障征兆实现有效而准确的捕捉、分析和确定,并通过一定的推理机制,确定可能发生的故障模式和部位。由于需要在故障尚未发生的前提下进行故障预测,而且在分析时要考虑时刻变化的状态参数。因此,传统的 FMECA 方法不能完全适用于自主式保障的要求,其分析内容对于自主式保障系统的应用也是不够的。

传统的 FMECA 有以下几个方面不适用于故障预测和状态监测的要求。

(1)传统的 FMECA 未能表述故障发生前的征兆。

(2)未能对观察故障征兆的传感器和传感器设置要求进行描述。

(3)未能确定用于故障预测的状态管理技术方法。

4.3.2 扩展的 FMECA 方法

针对传统的 FMECA 存在的不足,根据自主式保障的需求对现有的 FEMCA 方法进行改进,定义一种适用于自主式保障 PHM 系统的扩展的 FMECA(Extended FMECA,EFMECA)方法。EFMECA 除了具备传统的 FMECA 功能之外,还对前面 QFD 模型中确定的重要设计特性如传感器设置、检测方式以及监测参数、故障征兆信号等 PHM 相关信息进行考虑和分析。它描述故障征兆与故障模式及其影响、应检测的特征信号、所要求的传感器及其位置设置之间的大部分映射关系,实现故障征兆到故障模式和影响以及传感器设置的映射过程,体现 EFMECA 方法与最新信号处理技术、多元传感器信息技术和现代智能技术的融合。

应该在传统的 FMECA 的基础上重点确定或增加以下内容。

1)每个故障模式或故障原因的风险优先数(Risk Priority Number,RPN)

RPN 由故障模式或故障原因的严酷度等级(Effect Severity Ranking,ESR 或 S)评分、发生频率等级(Occurrence Probability Ranking,OPR 或 O)评分和检测难度等级(Detection Difficulty Ranking,DDR 或 D)评分的乘积计算得出,即

$$RPN = ESR \cdot OPR \cdot DDR \text{ 或 } RPN = S \cdot O \cdot D$$

ESR、OPR、DDR 评分准则如表 4-11 所列。

表 4-11　ESR、OPR、DDR 评分准则

ESR	ESR 评分/分	等级含义	OPR	OPR 评分/分	等级含义	DDR	DDR 评分/分	等级含义
Ⅰ	9,10	灾难故障	A	9,10	经常发生	A	9,10	很难检测
Ⅱ	7,8	致命故障	B	7,8	很可能发生	B	7,8	较难检测
Ⅲ	4,5,6	中等故障	C	4,5,6	偶然发生	C	4,5,6	基本能够检测
Ⅳ	1,2,3	轻度故障	D	2,3	很少发生	D	2,3	较容易检测
			E	1	极不可能发生	E	1	很容易检测

通过 RPN 可以对各故障模式相对的危害性进行评定。根据评分细则,那些故障发生率高、故障严重度高,又难以检测出来的故障模式或故障原因,其 RPN 值较高,危害性较大。而那些故障发生率低,故障严重度低,比较容易检测出来的故障模式或故障原因,其 RPN 值较低,危害性较小。对于危害性高的故障模式,应该从评分的三个参数出发,从降低故障发生度、故障严重度及提高探测度三个方面提出改进措施,并在改进措施落实后,重新对各故障模式进行评定,并计算新的 RPN 值。此过程不断重复,直到 RPN 值降到一个可接受的水平。

2)故障模式发生前的征兆

为了将被动反应式维修转变为主动式维修,当系统级和部件级的一些重要故障模式发生的可能性大大增加时,关注这些故障发生前的迹象(故障征兆)非常重要。故障征兆是指在故障模式表现出来之前或在故障处于发展初期就能够被观测到的事件。例如,轴承磨损的故障征兆可以表现为脉冲信号能量的增加,或是润滑油中金属屑含量的增加。因此,在 EFMCEA 表格中增加"故障征兆"分析栏目,列出故障模式发生之前可能出现的故障迹象。

3)监控故障模式征兆的传感器相关设置

列出所需监测的故障征兆参数、传感器所附的部件。通常陆军主战装备的发动机主体是机械系统,其测试难度大、要求高,深入研究发动机的测点布置、传感器选择、传感器安装是发动机测试性的重要工作。除了挖掘常规测试方法的潜力,更有希望的是采用新的测试技术和先进算法。新技术的问题在于成熟程度不足,因此在跟踪先进测试技术的同时,对将新技术应用到发动机试验所面临工程应用问题,应加强研究和试验。

4)检测故障模式的方法

故障检测模式的方法分析的目的是:为产品的维修性与测试性设计以及维

修工作分析等提供依据。故障检测方法主要包括目视检查、原位检测、离位检测等,其手段有机内测试、外部测试、音响报警装置、显示报警装置和遥测等。

5)故障预防或剩余寿命预测的技术

在对故障模式、原因以及传感器检测参数进行分析的基础上,列出可用于对故障或剩余寿命进行预防或预测的方法。一些先进的算法,如数据融合技术,也能够提高测试水平。发动机状态监控系统应采用基于多传感器融合技术,能将来自转速传感器、应变传感器、温度传感器和振动加速度传感器等多传感器的多维信息进行融合,并进行相应的处理,得到的发动机工作状态更精确,能更准确、可靠地实施状态监控、故障预测及诊断。

6)建议的设计改进措施和主动维护措施

建议的设计改进与使用主动维护措施分析的目的:针对每个故障模式及其故障原因的影响在设计与使用维修方面应采取哪些措施以消除、减轻或预防故障影响,进而提高产品的可靠性、维修性、测试性。

对于设计改进与主动维护措施,描述如下。

(1)设计改进措施。当产品发生故障时,应考虑是否具备能够继续工作的冗余设备:安全或保险装置(如监控及报警装置);替换的工作方式(如备用或辅助设备);可以消除或减轻故障影响的设计改进(如优选元器件、热设计、降额设计)等。

(2)主动维护措施。为了尽量避免或预防故障的发生,在使用和维护规程中规定的使用维护措施。一旦出现某故障后,操作人员应采取的最恰当的补救措施等。

EFMECA 在基本保留传统的 FMECA 项目的基础上,根据自主式保障模式的需要,对其分析内容进行扩展和增补。以典型陆军主战装备的发动机功率下降为例,进行功能 EFMECA 分析,如表 4-12 所列。

可以看出,针对主要的故障模式,与传统的 FMECA 相比,EFMCEA 相应地增加了与故障预测和状态监控相关的内容(表中灰色部分),表 4-12 中沿用传统 FMECA 的部分略去不再详述。

EFMECA 中的 RPN 可以确定危害性较高的故障模式和故障原因,由此指导加强相关部件的 RMT 设计。如果在可靠性设计上难以实现或者经济上难以承受,那么必须在 EFMECA 中加入故障征兆和传感器设置分析,改变 FMECA 以往局限于对故障模式的静态分析,可以在装备工作状态监控过程中,将故障前信息与即将发生的故障模式有机地结合在一起,从而完成故障征兆分析、模式和影响确定,以及状态发展趋势的预测。EFMECA 作为重要的可靠性维修性测试性设计分析技术,可以从设计上确保自主式保障模式的实现。

表 4-12　陆军主战装备发动机 EFMECA 分析表

部件名称	故障模式	故障原因	故障征兆	局部影响	高层次影响	最终影响	传感器检测参数	传感器所附部件	故障检测方法	故障预防或预测方法	ESR	OPR	DDR	RPN	主动维修措施	改进措施
发动机	功率下降	喷油器针阀向下卡死,喷孔堵塞	油路油压上升	喷油器功能受影响	燃油供给系统功能受影响	影响任务完成	油压	高压油管	外部检测	状态检测	Ⅲ/6	B/8	C/5	240	检修	报警装置
		汽缸,活塞严重磨损	曲轴箱废气压力上升	汽缸密闭功能受影响	燃油供给系,润滑系功能受影响		气压	下曲轴箱	外部检测	性能预测	Ⅱ/8	C/4	B/7	224	更换	耐环境设计
		供油提前角过小	排黑烟,排气温度升高,燃油消耗率上升	汽缸,活塞等受影响	燃油供给系,排气系功能受影响		光,油压	上曲轴箱,高压油管	外部检测	定期检测	Ⅲ/5	C/4	C/5	100	检修/调整	报警装置
		供油提前角过大	低温时排白烟,排气温度升高,燃油消耗率上升	汽缸,活塞等受影响	燃油供给系,排气系功能受影响		光,油压	上曲轴箱,高压油管	外部检测	定期检测	Ⅲ/5	C/4	C/5	100	检修/调整	报警装置
		空气滤清器过脏,阻力变大	进气量减少,发动机冒黑烟	空气滤清器功能受影响	空气供给系功能受影响		气压	空气滤清器	BIT/声音报警装置	观测	Ⅳ/2	C/5	D/2	20	清洗	无
		柴油杂质/水分大多	供油阻力增大/柱塞锈蚀	油路受影响	燃油供给系受影响		油液	柴油细滤出口	BIT	油液分析	Ⅲ/4	C/5	D/3	60	更换柴油	监控装置
		…	…	…	…		…	…	…	…	…				…	

4.3.3　QFD 和 FMECA 集成分析方法

QFD 和 FMECA 作为并行工程的两种常用方法,都可以对产品的开发和制造过程进行改善设计。QFD 关注于产品对客户需求的满足,而 FMECA 关注于分析产品的故障模式以提高产品可靠性,两者各有各的优势和不足,它们之间是互补修正的关系。通过 QFD 与 FMEA 的联合使用,可有效地弥补不足,发挥各自的特点。

1. QFD 和 FMECA 的缺点

QFD 过分的强调顾客的需求,但是由于顾客需求的可变性及通过四个阶段的转换又极有可能被扭曲,所以顾客需求并不能完全真正得到反映;QFD 技术应用质量屋进行多因素分解、展开分析的过程中,一些序列性的数字(如 1、3、9 等)无法准确地反映出技术特性之间,以及顾客需求和技术特性之间的复杂关系,专家进行重要度、相关性打分往往主要是根据工程经验和个人偏好笼统地进行,一些不确定因素没有分析透彻,致使打分可能存在比较大的盲目性和随意性。

FMECA 技术在应用的过程中也存在一定的局限性,主要是 FMECA 缺少对项目全面、系统地分析,FMECA 表的结构也无法进行产品功能与故障模式、故障原因和故障影响之间的相关分析,因而不便进行共因故障、共模故障的分析。各项 FMECA 分析之间也不易建立系统性的联系。

2. QFD 和 FMECA 的互补性

QFD 和 FMECA 的最终目的都是为了质量的持续改进,提高顾客满意度,QFD 的本质就是基于并行工程的思想,强调跨职能团队的合作,而 FMECA 作为开展可靠性、维修性、测试性、安全性和保障性分析的基础,其主要目的就是为保障与改进设计提供相关的依据,这同样也是一种并行设计的思想。因此,两者在本质上是一致的,同时两者也有一些差别,并且两者如果单独使用,存在着很大的局限性。因此,从功能的角度而言,两者存在着很大的互补性。QFD 与 FMECA 的对比,如表 4 - 13 所列。

QFD 与 FMECA 都是用于设计过程中的预先分析,QFD 主要是从功能实现的角度,即从正向,自上而下对使用方需求和技术经济因素进行分解、展开和权衡分析,来达到使用方的要求。然而,FMECA 是从功能不能实现角度,即从反向,自下而上对故障进行预防性分析,分析潜在的故障模式及其原因、影响和对策,来消除使用方可能产生的不满。QFD 技术在工程应用过程中,突出系统性,而 FMECA 技术在工程应用过程中突出深入性。因此,两者具有相似性和互补性,QFD 与 FMECA 的结合可以对其各自的局限性进行互补。

表4-13　QFD 与 FMECA 对比

项目	FMECA	QFD
目的	评定零部件对上级,特别是对系统产生的影响并确定改进措施	从使用方需求出发,分阶段进行及展开细化,寻求实现使用方需求的设计、工艺和生产措施
特点	找出定性、半定性的因果关系,从功能不能实现(故障)的角度分析	以定性的逻辑展开为基础,从功能实现的角度分析
适用范围	用于产品功能、硬件、软件、过程(工艺、生产、使用等)分析	着眼于分析使用方需求和重要的设计、工艺、质量特性等,可处理需求和措施之间的关系,即可用于硬件产品,也可用于软件、服务等
适用时间	全寿命周期阶段	原则上从方案阶段至生产定型前
分析对象	部分质量特性	所有质量特性
优点	从故障的角度分析问题,能够发现薄弱环节	从使用方需求的整体出发去确定工作重点,保证产品研制方向的正确性
缺点	工作量大、单因素分析或遗漏故障模式	工作量大,可能遗漏重要需求

3. QFD 和 FMECA 的集成分析模型

QFD 和 FMECA 两种方法在产品设计中相辅相成,为了全面覆盖故障之类的负面问题,更好地把问题解决在产品设计中,将 FMECA 方法引入 QFD 中十分重要,可以消除传统 QFD 的一些局限性。总体来说,在 QFD 分析中,通过 FME-CA 分析产品潜在功能故障、硬件故障或工艺缺陷及其原因、影响和危害度,并把其分析结果和建议采取的预防、改进或补偿措施反馈到 QFD 质量屋分析之中,对不确定因素的分析将会更加透彻,使专家对重要度、相关性的打分更符合客观性,解决措施的选择更加具有针对性,使 QFD 分析输出更科学,以降低或消除风险。QFD 和 FMECA 集成分析模型如图4-12所示。

(1)在 QFD 的产品规划阶段中,首先通过 FMECA 彻底分析老产品和类似产品的故障,结合初步设计方案,表述产品主要的功能故障模式;然后将这些故障模式与需求规划表、技术特性规划表、设计要求等相结合组建二维表,加以分析,鉴别哪一项使用方需求、产品技术特性或设计要求与功能故障密切相关。在进行产品设计时,采取必要的预防措施,在 QFD 中这些预防措施可作为设计特性或零件特性。另外,QFD 中使用方需求可能会发生改变,但是 FMECA 对各故障模式及原因一般不会有大的变动,通过分析发生故障的原因(由哪些技术或设计特性没有满足造成),可以达到在使用方需求发生变化的情况下,使 QFD 中相应的技术或设计特性不会有大的变动,因此消除了由于用户需求变化所造成的障碍。

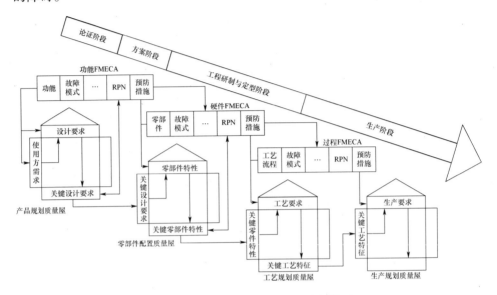

图 4 - 12　QFD 和 FMECA 集成分析模型

(2) 在 QFD 的零部件展开阶段,产品的零部件构成基本确定后,通过硬件 FMECA 确立硬件的故障模式表,把它和零部件展开表相结合,建立二维表,以便找出与故障密切相关的零部件。对这些零部件制定故障检测和维修措施,并进行严格的质量监控,以便提高产品的可靠性、维修性。QFD 的零部件展开阶段是将技术特性展开为零部件特性的阶段,是将整个产品展开为零件的一个分解过程。因此,评价零部件特性之间的关系时容易孤立的考虑,造成误差。FME-CA 在分析故障模式时不仅考虑局部影响还要考虑上一层次的影响和最终影响,这本身就是一个将零部件结合成整体的过程。因此,可以将信息反馈到 QFD 中,有助于对相关性矩阵的评分。FMECA 的结果可以用于重新评价 QFD 质量屋中的目标值。

(3) 在 QFD 的工艺规划和生产规划阶段,通过过程 FMECA 分析研究产品生产工艺的缺陷和薄弱环节,并将其反馈到 QFD 工艺规划和生产规划质量屋中,可以更加明确关键的制造工艺特征和生产要求,从而在制造和生产过程中进行重点监控。

综上所述,在质量功能展开第一阶段可以进行功能 FMECA,用于对产品的系统和初步设计进行质量评估;在质量功能展开第二阶段进行硬件 FMECA,对产品的详细设计进行设计评审;在质量功能展开第三阶段和第四阶段进行过程 FMECA,对产品的加工、生产和装配过程进行评审。在每一个阶段,FMECA 的 分析结果都对 QFD 分析具有反馈作用,QFD 的结果应该在 FMECA 的基础上进 行修改和完善,以便增加 QFD 分析的深入性和准确性。

上述集成模型是将 FMECA 方法引入 QFD 分析中,即以 QFD 为主、以 FME-CA 为辅的一种综合分析方法。在 FMECA 中,也可以应用 QFD 方法进行一些分 析,以增强 FMECA 的系统性。FMECA 是一项繁琐、耗时的过程,对故障模式的 列举本身就是应用头脑风暴法的一个过程,靠的是一种抽象的思维及对以往经 验的总结。因此,对一种失效模式的遗漏可能造成难以弥补的后果。但是,通过 QFD 的逐级展开,不断细化、分解的过程,可以确保尽可能详尽地列举出大量关 键的故障模式。

在 FMECA 分析中通过与 QFD 技术结合,尤其是与 QFD 技术的质量屋分析 模型相结合,可以建立产品功能—故障模式质量屋、故障模式—故障原因质量 屋、故障原因—改进措施质量屋、零部件特性—制造工艺质量屋等。通过这些质 量屋分析,产品各部分的 FMECA 更加具有系统性,这在产品研制的早期进行 FMECA 计划时,便于选择和确定产品研制中最急需分析的关键项目,尤其是对 需要开展 FMECA 的产品功能确定分析的时机、作用和地位。

QFD 结果对于 FMECA 有如下帮助:确定关键的质量特性;分析产品的可靠 性和安全性与工艺特征间的关系;分析失效模式的严重度和使用方需求之间的 关系;使系统的开展有一个整体的视野;减少在评价故障的严酷度(S)、发生频 率(O)和检测难度(D)中的主观偏差。

第5章
状态评估与寿命预测技术

状态评估与寿命预测是自主式保障的核心,是将定期预防维修和事后诊断维修变为视情预知维修的关键技术。根据装备使用与保障特点,应针对其重要功能部件特点,选择相应的评估预测技术。本章主要以地面突击装备的发动机等重要功能部件为研究对象,进行状态评估和寿命预测研究。

(5.1) 基于 SPC 的状态检测

状态检测策略,可以定义为通过定期检测以确定产品的状态参数是否在规定限度内的一种预防性维修工作。这种策略认为,通常情况下故障不是瞬间发生的,它应有一个功能退化过程。如果能在这一过程中发现产品将发生故障,就可以采取措施避免故障的发生或降低故障引起的后果。可以借鉴质量管理中的统计过程控制原理,对自主式保障的状态检测策略进行研究。

5.1.1 SPC 状态检测原理

设备在运行过程中,状态特征参数值的波动是不可避免的。它是由人、设备、材料、方法和环境等基本因素的波动影响所致。波动分为正常波动和异常波动两种。正常波动是偶然性原因(不可避免因素)造成的。它对设备状态影响较小,在技术上难以消除,在经济上也不值得消除。异常波动是由系统原因(主要指设备故障)造成的。它对设备状态影响很大,但能够采取措施避免和消除。当运行过程仅受随机因素影响时,过程处于统计控制状态(简称受控状态);当运行过程中存在系统因素的影响时,过程处于统计失控状态(简称失控状态)。由于过程波动具有统计规律性,随机误差具有一定的分布规律,当过程受控时没有系统误差,根据中心极限定理,这些随机误差的总和,即总体质量特性服从正

态分布 $N(\mu,\sigma^2)$。正态分布的特征,直观看就是大多数值集中在以 μ 为中心的位置附近,越往边缘个体数越少。在正态分布正负 3σ 范围内,即样品特征值出现在 $(\mu-3\sigma,\mu+3\sigma)$ 中的概率为 99.73% ,超出正负 3σ 范围发生概率仅为 0.27% 。而失控时,过程分布将发生改变,数据的中心位置或离散程度发生很大变化。当数据出现正负 3σ 范围以外,根据小概率事件实际不可能发生原理,即认为已经出现失控。如果处于受控状态,则认为样品特征值一定落在 $\pm3\sigma$ 范围内,即存在 3σ 原理。统计过程控制(Statistical Process Control,SPC)正是利用过程波动的统计规律性对过程进行分析控制的。

基于 SPC 的设备状态检测策略是指每隔一定的时间间隔,对设备运行过程中的有关状态参数进行监测,并根据所测样本数据观察状态参数特征值的分布状态并采用控制图进行统计过程分析,及时预测和发现设备出现的异常趋势和征兆,以便采取措施消除影响,使设备在受控和有能力的状态下运行。SPC 是通过分析样本数据分布状态估计总体分布状态的变化,来推断设备状态,从而达到预防异常因素造成的不正常波动,是事先预防,这与自主式保障的核心思想是一致的。

在质量管理中,SPC 在主要是通过分析生产设备产出产品的相关特征值数据(如产品长度、厚度等)控制产品质量或者对生产设备进行故障预防和诊断,其生产环境一般比较稳定、单一,而对于非生产设备,如地面突击装备发动机,使用环境多变,受外界因素(如地形、气候等)影响较大。因此,要通过 SPC 对非生产设备进行有效的状态检测,数据的采集尽量要在同一稳定运行状态下进行,以最大限度地去除外部因素对状态参数特征值的影响。同时还要注意,设备的某些状态参数特征值随着设备使用时间的增加可能在整个过程中出现增大或者减小趋势。但是,在一个较小的时间段内进行连续测量所测得的数据,可以忽略这种趋势。因此,基于 SPC 的非生产设备状态检测策略对状态参数数据的采集有以下几点要求。

(1)选择合适的状态参数,其特征值数据要能反映设备的技术状况。

(2)状态参数特征值要在稳定运行状态下的较小时间段内进行连续测量,尽量消除外部环境的影响和数据的总体变化趋势。

(3)一次 SPC 分析的状态参数数据要在某次连续测量的数据样本中等间隔抽取。

基于 SPC 的设备状态检测策略的实施过程如下:首先选择合适的状态参数,对于自主式保障优先选择能够通过机内测试或自动测试方式进行检测的参数;然后根据在线采集的状态参数特征值绘制控制图并对控制图的状态进行判断,如果控制图存在异常,必须及时对异常模式进行诊断和分析,识别异常模式的类型和程度,再将领域专家知识、经验数据等知识作为判断异常模式的准则,在异常模式和潜在故障类型之间建立匹配关系;最后通过对系统设备维护及调整,预防潜在故障转变为功能故障,其实施过程如图 5 - 1 所示。

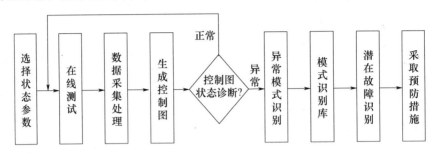

图 5 - 1　基于 SPC 的状态检测策略实施过程

5.1.2　状态检测控制图

判断设备运行过程是否处于健康状态的有效工具便是控制图,它是反映状态参数特征值分布随时间而发生变动的情况图表。

控制图是在 20 世纪 20 年代后期,由美国质量管理专家休哈特(W. A. Shewhart)首创。目前,在质量管理领域,控制图已成为生产中控制过程质量的主要方法。在自主式保障的状态检测中,控制图可用于运行过程中分析和判断装备是否处于健康状态,它通过监视装备运行过程中的状态参数特征值波动情况,分析出现的异常因素,预报可能出现的故障,是一种有效的工具。控制图的基本形式如图 5 - 2 所示。

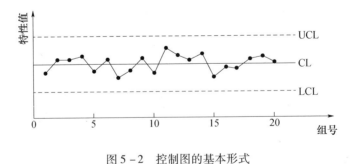

图 5 - 2　控制图的基本形式

1. 控制图界限的计算

在平面笛卡儿坐标系中,一般情况下,控制图上有平行于横坐标的三条线。上面的一条线称上控制线,用符号 UCL 表示;在下面的一条线称为下控制线,用符号 LCL 表示;中间的一条线称为中线,用符号 CL 表示。纵坐标表示要进行控制的状态参数指标。

控制图上的上、下控制界限是判断过程是否失控的主要依据,因此应用控制图的核心问题之一是确定经济合理的控制界限。通常所用的控制图,是以样本平均值 $\overline{X}$(或 μ)为中心线,而上、下取 3 倍的标准偏差($\mu \pm 3\sigma$)为控制界限,故又称"3 倍标准偏差法"(3σ 法),用这样的控制界限作出的控制图,称为 3σ 控制图。

在控制图中,平均值与极差 $\overline{X} - R$ 控制图是最实用的一种质量控制的工具。$\overline{X} - R$ 控制图是从过程的各批采取 n 个样本,把两个控制图配合使用。平均值 $\overline{X}$ 控制图是用来控制平均值的变化。极差 R 是指一组数据中的最大值与最小值之差,极差 R 控制图是用样本的极差反映、分析和控制总体的离散程度的,它常和平均值 $\overline{X}$ 控制图配合使用,能够较全面地掌握产品质量和生产过程的变化,是产品质量控制方法中一种重要的控制图。一般在 20 ~ 25 组的预备数据中,每组取 4 ~ 5 个试样而组成一个样本,计算其平均值 $\overline{X}$ 及极差 R。

1)$\overline{X}$ 控制图的控制界限

从数理统计的理论可知,特征值 X 服从总体为 $N(\mu,\sigma^2)$ 的正态分布时,则对于大小为 n 的样本 $X_1,X_2,\cdots,X_n$ 有下式成立:

$$\text{样本均值}\ \overline{X} = \frac{1}{n}\sum_{i=1}^{n} X_i,\text{样本标准差}\ S_n = \sqrt{\frac{\sum_{i=1}^{n}(X_i - \overline{X})}{n}}$$

$\overline{X}$ 的期望值:$E[\overline{X}] = \mu$,$\overline{X}$ 的标准偏差:$\sqrt{D(\overline{X})} = \sigma/\sqrt{n}$

而 μ 和 σ 可通过 k 组大小为 n 的样本数据求得

$$\mu\ \text{的估计值}:\hat{\mu} = \frac{1}{k}\sum \overline{X} = \overline{\overline{X}}\ ,\sigma\ \text{的估计值}:\hat{\sigma} = \overline{R}/d_2$$

式中:d_2 为由 n 确定的系数,可由表 5 - 1 查得。

所以,$\overline{X}$ 控制图的上、下控制界限分别为

$$\text{UCL} = \mu + 3\frac{\sigma}{\sqrt{n}} = \overline{\overline{X}} + 3\frac{\overline{R}}{d_2\sqrt{n}} = \overline{\overline{X}} + A_2\overline{R} \qquad (5-1)$$

$$\text{LCL} = \mu - 3\frac{\sigma}{\sqrt{n}} = \overline{\overline{X}} - 3\frac{\overline{R}}{d_2\sqrt{n}} = \overline{\overline{X}} - A_2\overline{R} \qquad (5-2)$$

$$\text{CL} = \overline{\overline{X}} \qquad (5-3)$$

式中:$A_2 = 3/(\sqrt{n}d_2)$,是由 n 确定的系数,如表 5 - 1 所列。

表 5 – 1   控制图系数表

系数	n								
	2	3	4	5	6	7	8	9	10
d_2	1.128	1.693	2.059	2.326	2.534	2.704	2.847	2.970	3.078
d_3	0.893	0.888	0.880	0.864	0.848	0.833	0.820	0.808	0.797
A_2	1.880	1.023	0.729	0.577	0.483	0.419	0.373	0.337	0.308
D_3	0	0	0	0	0	0.076	0.136	0.184	0.223
D_4	3.267	2.575	2.282	2.115	2.004	1.924	1.864	1.816	1.777

2)R 控制图的控制界限

特征值 X 服从总体为 $N(\mu,\sigma^2)$ 的正态分布时,则对于大小为 n 的样本 X_1,$X_2,\cdots,X_n$ 的极差 R 有下式成立:

$$R \text{ 的期望值}:E[R] = d_2\sigma$$

$$R \text{ 的标准偏差}:D[R] = d_3\sigma$$

式中:σ 可以通过样本数据估计:$\hat{\sigma} = \overline{R}/d_2$;$d_2$、$d_3$ 由 n 确定的系数,所以 R 控制图的上、下控制界限分别为

$$\mathrm{UCL} = d_2\sigma + 3d_3\sigma = \left(1 + 3\frac{d_3}{d_2}\right)\overline{R} = D_4\overline{R} \tag{5-4}$$

$$\mathrm{LCL} = d_2\sigma - 3d_3\sigma = \left(1 - 3\frac{d_3}{d_2}\right)\overline{R} = D_3\overline{R} \tag{5-5}$$

$$\mathrm{CL} = \overline{R} \tag{5-6}$$

式中:D_4、D_3 由 n 确定的系数,也可由表 5 – 1 查得。

2. 基于控制图的观察分析与诊断

对设备状态进行监控就是检测运行过程中的状态参数,根据状态参数特征值作出控制图,由控制图判断设备是否处于健康状态。当设备处于健康状态时,控制图上的点就应随机地散布在中心线两侧附近,离中心线越近,分布的点子越多。判定设备处于健康状态的标准:一是控制图上的点不超过控制界限;二是控制图上的点在排列分布上没有缺陷。如果控制图满足以上两个条件,就可以判断设备是处于健康状态的。这时,控制图的控制界限可以作为对以后的设备进行状态监控所遵循的依据。

1)控制图上的点子数量不超过控制界限

从控制图的基本原理中知道,在设备处于健康的状态下,仍有 0.27% 的特

征值数据将落在控制界限以外。根据这一点规定,在下述情况下可以认为设备基本上处于健康状态:①连续 25 点以上位于界限内时;②连续 35 点中出现在界限外的点在 1 点及以下时;③连续 100 点中出现在界限外的点在 2 点及以下时。

用少量的数据作控制图容易产生错误的判断,所以规定至少有 25 点以上连续处于控制界限内才能判断设备健康。如果控制图上的点子数量很多,那么即使有个别点子出界,也可以看作设备处于健康状态。当 $n = 35$ 时,最多有一点在控制界限外的概率为 99.59%,因此至少有两点在界限外的概率不超过 1%,为小概率事件;当 $n = 100$ 时,最多有两点出界的概率为 99.74%,因此至少有三点在控制界限外的概率不超过 1%,也为小概率事件。根据小概率事件在一次试验中不会发生的原则,从而规定了细则②和③。对于这两种情况,虽然可判断设备处于健康状态,但是落在控制界限外的点本身终究是异常点,需要密切注意,并追查原因及加以处理。

2) 点子排列分布上的缺陷

设备处于真正健康状态的控制图,点的分布完全是随机性的,即出现在平均数上方与下方的点子数量大体相同,越接近中心线,点子数越多,随着对中心线的偏离,点子数逐渐减少,几乎没有飞出界外的点。如果虽然点子都在控制界限内,但点子的排列呈现非随机状态,出现特殊的排列状态时,则表示设备发生了故障或有潜在故障存在。所以点子在界限内时,也要看点子的排列是否正常,据此判断生产是否正常。以下五种情况属于点子在排列分布上有缺陷:

(1) 链。点子连续出现在中心线的某一侧称为链。链的长度用链内所含点子数量的多少判别。当出现 5 点链时,应注意发展情况;当出现 6 点链时,应开始调查原因;当出现 7 点链时,判定为有异常,应采取措施,如图 5 - 3 所示。

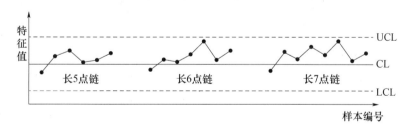

图 5 - 3　点在中心线一侧出现的链

在中心线一侧接连出现 7 个点子的概率为 $(0.9973/2)^7 = 0.00766$,所以在中心线上,即出现链长为 7 点的事件是一个小概率事件。如果出现,可以判定生产中出现了异常。

（2）偏离。点子在中心线某一侧频繁出现的现象称为偏离，如图 5 - 4 所示。如有下列四种情况之一出现时，就可以判断设备处于异常状态：①连续 11 点中至少有 10 点在中心线同一侧；②连续 14 点中至少有 12 点在中心线同一侧；③连续 17 点中至少有 14 点在中心线同一侧；④连续 20 点中至少有 16 点在中心线同一侧。

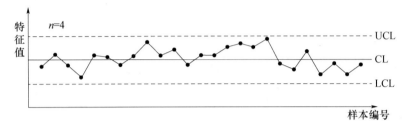

图 5 - 4　偏离

连续 n 个点子中至少有 k 个点子在中心线同一侧的概率为 $P_k = 2\sum_{i=k}^{n} b(n, 1/2)$，经过计算，结果为 $n = 11, k = 10$ 时，$p = 0.0114$，其他情况也都接近 1%，是小概率事件，如果发生，可判定生产过程出现异常。

（3）倾向。若干个点子连续上升或下降的现象称为倾向。当出现连续 5 点不断上升或下降的趋向时，要注意情况发展；当出现连续 6 点不断上升或下降的趋向时，要开始调查原因了；当出现连续 7 点不断上升或下降的趋向时，是小概率事件，应判为异常，需要采取措施，如图 5 - 5 所示。

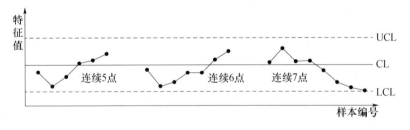

图 5 - 5　倾向

（4）接近。点接近上、下控制界限的现象称为接近。从控制状态的分布来看，点出现在控制界限附近的概率较小，所以，当有较多的点靠近控制界限时，应判定设备生产出现异常，如图 5 - 6 所示。具体有以下判断标准：①连续 3 点中有 2 点以上超过 2σ 线；②连续 7 点子中有 3 点以上超过 2σ 线；③连续 10 点中有 4 点以上超过 2σ 线。其中，①出现的概率为 0.525%，②和③都是小概率事件。

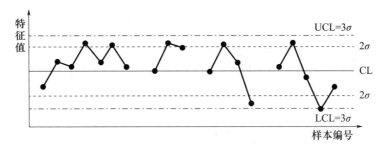

图 5 - 6　接近

（5）周期。点子的上升或下降呈现明显的一定间隔时称为周期。周期包括呈阶梯状周期变动、波状周期变动、大小波动及合成波动等情况，如图 5 - 7 所示。点子虽然全部进入控制界限内，但是如果出现有周期性的变动，也表明有异常情况的发生。

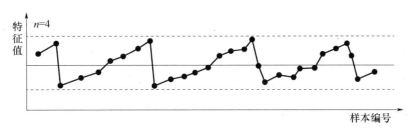

图 5 - 7　阶梯状周期

5.1.3　实例分析

通过对接近中修期的某型地面突击装备综合传动箱的振动烈度进行基于 SPC 的检测和数据分析，对其故障进行预防。振动烈度是反映机械装置振动状态实用有效的特征量，定义为频率 10 ~ 1000Hz 范围内振动速度的均方根值。利用振动速度信号计算烈度：

$$V_{rms} = \sqrt{\frac{1}{N}\sum_{n=0}^{N-1} v^2(n)} \qquad (5-7)$$

经过实车考察，测点选在综合传动箱上箱体中间平坦处，能够较好地采集到综合传动箱箱体内的振动信号。影响综合传动箱箱体振动的因素主要是发动机转速，综合传动箱的挡位以及路面对车体的振动激励。因此，试验工况的确定主要在这三个方面加以重视。

（1）发动机转速的设定。采用磁电式速度传感器测量振动信号，考虑到磁电式速度传感器的工作频率范围为 10 ~ 1000Hz，同时兼顾转轴和齿轮的啮合频率,因此发动机的转速应为 600～2000r/min。

(2)挡位的选择。挡位的选择要保证被测综合传动箱的所有轴和齿轮至少要参加工作或工作一次以上,以便在发生故障的时候故障部位引起的异常信号能够被测到。分析综合传动箱的结构,可以得知在一、二、三挡挡位下工作,可以保证所有的轴和齿轮至少参加工作一次。试验设置在液力工况空转、一挡、二挡、三挡等挡位下,发动机转速从 800r/min 开始,以 200r/min 为间隔升速到1800r/min,共计 6 组转速。

(3)负载。为了真实反映部件在工作状况下的振动规律,试验在地面突击装备正常工作的情况下展开。试验选在平坦开阔的铺装路上进行,以减少路况对测试结果的影响。

对同一装备、同一工况、同一测点,以 10kHz 为采样频率采集振动数据,对数据预处理(有效性判别、滤波等)后,将数据存入数据库中。首先截取一段比较平稳的数据,每个振动烈度值根据 3s 内采集的点计算,间隔 1s;然后再计算下 3s 的振动烈度值,得到 100 个值,按时间先后分成 25 组,每组四个数据。以一挡1200r/min 为例,计算结果如表 5－2 所列。

表 5－2　振动烈度样本

组号	观测值/(mm/s)				均值/(mm/s)	极差/(mm/s)
	x_1	x_2	x_3	x_4		
1	3.16993	3.06995	3.24377	2.79242	3.06902	0.45135
2	2.94686	3.62834	3.07240	3.30262	3.23755	0.68148
3	2.98134	2.72244	2.70389	3.32897	2.93416	0.62508
4	3.75737	2.91978	3.64491	3.02592	3.33700	0.83758
5	2.92198	3.15034	2.88316	3.34968	3.07629	0.46652
6	3.00432	3.16140	3.01513	3.62500	3.20146	0.62068
7	3.20188	3.42256	3.64434	3.41814	3.42173	0.44246
8	2.58263	2.98711	3.24756	2.95044	2.94194	0.66494
9	2.95996	2.90221	3.11318	3.12286	3.02455	0.22065
10	2.96701	2.99651	3.35499	3.03671	3.08881	0.38798
11	3.36778	3.09924	3.37228	3.37958	3.30472	0.28035
12	3.08577	2.99417	3.13045	3.29764	3.12701	0.30347
13	3.17491	3.69025	3.01596	3.12164	3.25069	0.67429
14	3.39711	3.35856	2.72548	2.86853	3.08742	0.67163

（续）

组号	观测值/（mm/s）				均值/	极差/
	x_1	x_2	x_3	x_4	（mm/s）	（mm/s）
15	3.16681	2.92735	3.24837	3.28854	3.15777	0.36119
16	3.38672	2.95179	2.87853	2.77867	2.99893	0.60806
17	3.02644	3.34304	3.29363	3.29152	3.23866	0.31659
18	3.01225	3.12519	3.03034	3.21332	3.09527	0.20106
19	3.18574	3.35822	3.19436	2.90100	3.15983	0.45722
20	3.03026	3.72506	2.69667	3.04406	3.12401	1.02839
21	2.70795	2.67709	3.35265	3.25517	2.99821	0.67556
22	3.20352	3.51151	3.26868	2.90793	3.22291	0.60358
23	3.25920	2.63030	3.44205	3.07805	3.10240	0.81175
24	3.35412	3.29229	3.08514	3.13279	3.21609	0.26898
25	3.03329	2.57681	3.26345	3.30362	3.04429	0.72681

由表 5 - 2 中的数据，根据式（5 - 1）～式（5 - 6）进行计算，可以得到控制图的界限数据，然后用 Minitab 软件绘制平均值与极差 $\overline{X}$ - R 控制图，如图 5 - 8 所示。由图可见，该图符合设备处于健康状态的标准：控制图上的点都未超过控制界限；控制图上的点子在排列分布上没有链、偏离、倾向、接近和周期 5 种缺陷。因此，单由该图可以判定该综合传动箱处于健康状态，可以继续正常使用。

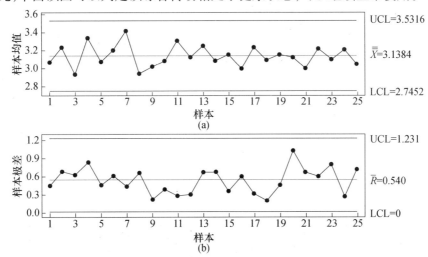

图 5 - 8　振动烈度的 $\overline{X}$ - R 控制图

在实际情况下,还需要测量不同挡位下发动机不同转速的综合传动箱振动烈度数据并画出控制图进行综合判定,当所有控制图都不存在缺陷时才能判定该综合传动箱处于健康状态。反之,只要有一个图存在缺陷,就需要分析情况,查明原因。图 5 – 9 所示为另一台地面突击装备综合传动箱 1 档 1200r/min 时的振动烈度的 $\overline{X} - R$ 控制图。由图可见,其 $\overline{X}$ 控制图中的第 8 点 ~ 第 14 点共 7 个点子存在下降倾向,说明该综合传动箱极有可能存在潜在故障,需要详细分析,根据控制图异常模式判断可能的潜在故障模式,采取措施预防故障发生。

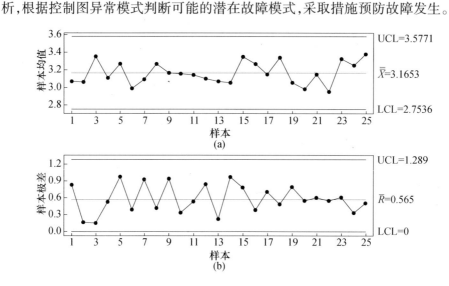

图 5 – 9 振动烈度的 $\overline{X} - R$ 控制图

根据有关研究表明:综合传动箱故障中齿轮故障占 60% 以上,轴承故障占 19%,轴故障占 10%,而其它故障占 11%。由此可见,齿轮、轴和轴承是综合传动箱中故障多发部件。此外,液力变矩器是综合传动箱中的重要部件。因此,着重对综合传动箱中的这四类零件进行诊断,分析齿轮、轴和轴承的典型故障及其故障特征,是对综合传动箱进行 SPC 分析的重要前提。

基于贝叶斯网络的故障预测

装备的质量性能受其所处的动力学环境、巨大的能量、机械的复杂性等众多因素的影响,故障的潜伏往往不可避免,成功地预测故障发生的时机、程度,对于装备的战备完好性与任务成功性有着重要的意义。故障预测技术被作为实现PHM 的核心支持技术,得到了前所未有的关注。通常,故障预测实施过程如

图 5-10 所示。

　　装备系统的结构非常复杂,由众多的子模块构成,并且结构和部件间关系复杂,其运行状态和工况很难用数学模型来描述,表征系统故障征兆的信号也非常多。由于故障状态预测是在故障未出现之前进行相关重要信号的研究过程,包含了很多的不确定性和未知因素,面临着这样一些困难:①难以对众多复杂信号建立相应的预测模型;②系统结构复杂,信号之间具有很多的相关性和互连性;③单一故障可能是一个或多个原因引起,或同时可能出现单个或多个故障。

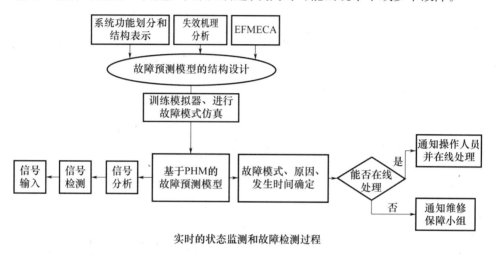

图 5-10　PHM 故障预测模型设计及实施过程图

5.2.1　贝叶斯网络构建机理

　　贝叶斯网络是一种基于概率分析、图论的不确定性知识表达和推理模型,是一种将因果知识和概率知识相结合的信息表示框架,主要由网络结构和条件概率表两个部分构成。

　　装备的故障特性与其结构、性能有着本质的关联,因而,借助装备结构关系形成的贝叶斯网络更贴合其故障关联性和传播路径。首先应为装备建立完备的故障树,不仅可以包含装备的结构、功能,还包含了装备及其零部件的故障知识,为贝叶斯网络的自动构建提供了基础。其构建机理如下。

　　(1)对于装备结构中的一个单元节点,它的故障原因通常为其子节点、同层关联节点的故障模式或人为操作失误、不利的环境等三个方面。在故障树中通过单元节点的故障原因与其子节点、同层关联节点的故障模式这层关系,并遵循自上而下的构建策略,借助其中零部件结构层次关系将整个装备各层零部件的故障模式关联起来,从而形成一个预测模型。

（2）若装备的各层子节点中存在没有与其父节点故障原因相匹配的故障模式的节点，这类节点很可能为监测节点，如报警器、内置传感器等，它们的故障模式通常为某个或某些节点的故障影响，是作为判断零部件故障原因的重要证据。它们没有故障影响，因而它们父节点中不存在与其故障模式相匹配的故障原因，从而在模型构建中这类节点的故障模式会被忽视。查找故障树中装备各层节点故障模式的故障影响，检查网络构建的完整性，借助其中的零部件结构层次关系由下至上进行校验，并添加缺失的故障影响。

贝叶斯网络构建任务分为网络结构的构建和概率获取，其中贝叶斯网络结构的构建分为初步构建、检验完善两部分，贝叶斯网络结构构建流程图如图 5 – 11 所示。

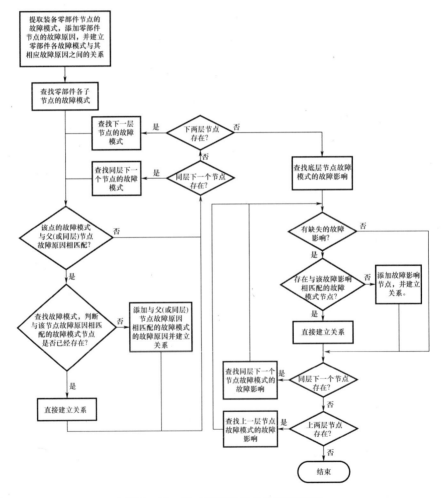

图 5 – 11　贝叶斯网络结构构建流程图

第一步:网络结构的构建

(1)提取装备零部件节点的故障模式,添加零部件节点的故障原因,并建立零部件各故障模式与其相应故障原因之间的关系。

(2)查找零部件各子节点的故障模式,判断该节点的故障模式是否与其父(或同层)节点故障原因匹配。由于节点的不同故障模式可能具有相同故障原因,为了避免添加重复节点,应先查找故障模式,判断与该节点故障原因相匹配的故障模式节点是否已经存在。若不存在,添加与父(或同层)节点故障原因相匹配的故障模式的故障原因并建立关系;否则,直接建立关系。依次进行查找添加该层节点故障原因。

(3)依次进行查找添加下一层节点的故障原因,直到倒数第二层节点。

(4)查找装备故障树中底层节点故障模式的故障影响,判断网络结构中故障影响是否缺失。若是,则查找故障模式,由于可能已经存在与其故障影响相匹配的故障模式节点,为了避免添加重复节点,应先判断与其故障影响相匹配的故障模式节点是否存在。若存在,则直接建立节点的故障模式和与其故障影响相匹配的故障模式之间的关系;否则,添加其故障影响,并建立关系。依次进行校验该层节点的故障影响。

(5)依次进行校验上一层节点的故障影响,直到第二层节点。

(6)判定生成的网络结构是否满足有向无环的要求(通常自动满足)。

第二步:概率获取

从故障树中零部件故障模式的发生概率中可以获得贝叶斯网络的先验概率,即将故障树中最底层节点故障模式的发生概率赋给贝叶斯网络的根节点,故障树中零部件故障模式的影响概率体现了故障模式对其所影响的故障模式的重要度,可以作为确定贝叶斯网络条件概率的重要依据。

基于装备故障预测对象的结构、功能和性能知识,在对零部件建立故障树的基础上,进行贝叶斯网络构建。利用故障树中装备结构和零部件故障模式以及零部件之间的故障关系建立贝叶斯网络结构,并借助零部件故障发生和影响概率知识,确定贝叶斯网络节点概率。这样构建的贝叶斯网络具有更好的知识完备性,而且,构建的贝叶斯网络知识源为产品设计领域知识,可以实现贝叶斯网络早期构建,使得相应预测系统的开发、应用紧跟装备的使用维护。

5.2.2　贝叶斯网络模型构建

以某型地面突击装备变速箱为例,建立贝叶斯网络模型,并利用一些历史故障数据(经过技术处理)进行仿真,对贝叶斯网络模型进行验证,给出一系列的条件概率估计。

变速箱是地面突击装备传动系统的重要功能单元,传统的维修保障中需要在一定摩托小时之后就要进行更换。根据统计,变速箱并没有达到最佳利用,通常在未到使用寿命前就被更换,为了提高使用效率,就需要建立完备的设备监控系统,对其运行状态进行实时监测,实现故障预测。首先对变速箱损耗机理和故障模式进行分析,变速箱润滑油中的油液污染是常见的故障,固体污染颗粒主要是金属磨屑、尘土和金属腐蚀剥落物等。固体颗粒污染对装备发动机最大的危害是:污染物中与装备内金属部件间隙尺寸接近的坚硬颗粒,会在油液系统中以磨料磨损、淤积或卡死等形式影响装备的使用性能。大量油液监测试验结果表明:重型地面突击装备传动系统润滑油中,铁系金属磨粒的含量和油样的污染度存在着很强的关联性。

对于油液污染故障,通常利用以下三种方式检测油液中存在的杂质:ZTP_2 型直读式铁谱仪、LP1 污染度检测仪(通过测量通过过滤器的油压)和目测法。如图 5 – 12 所示为一个简单的贝叶斯网络,图中节点标签以前缀表示其分类,"S_"代表检测方法、传感器节点,"C_"代表设备运行状态,"F_"代表故障,网络的顶部结点代表油液污染故障。

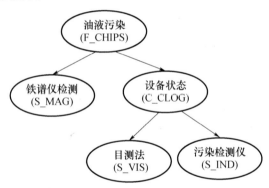

图 5 – 12　变速箱油液污染故障贝叶斯网络

首先,对于油液污染(F_CHIPS)的先验概率,根据严重程度分为三类:油液中杂质含量属于正常范围的概率为90%,中等污染的概率为8%,严重污染的概率为2%,如表 5 – 3 所列。

表 5 – 3　油液污染的概率(F_CHIPS)

油液污染程度	概率
正常	0.9
中等	0.08
严重	0.02

在几种杂质含量不同的故障模式下,直读铁谱仪检测结果的条件概率,如表5-4所列。由表可以看出,在油液中杂质含量(F_CHIPS)正常情况下,检测为"清洁"的概率为95%,在中等情况下,检测为"清洁"的概率为4%,在严重情况下,检测为"清洁"的概率为1%。

表5-4 铁谱仪检测结果的条件概率(S_MAG | F_CHIPS)

铁谱仪检测结果	污染程度		
	正常	中等	严重
清洁	0.95	0.05	0.05
少量杂质	0.04	0.8	0.1
大量杂质	0.01	0.15	0.85

同样,设备状态节点(C_CLOG)的概率也依赖于油液中的杂质含量。假设油液中杂质含量为严重时,滤油器将被严重堵塞,如表5-5所列。

表5-5 设备状态的条件概率(C_CLOG | F_CHIPS)

设备状态	污染程度		
	正常	中等	严重
畅通	0.9	0.1	—
部分堵塞	0.1	0.8	0.05
严重堵塞	—	0.1	0.95

检测仪检测和目测法所得结果的条件概率分别如表5-6、表5-7所列,在滤清器发生部分堵塞的情况下检测仪显示为异常的概率为60%。

表5-6 目测法检测结果条件概率(S_VIS | C_CLOG)

目测法结果	污染程度		
	正常	中等	严重
正常	0.95	0.3	0.05
异常	0.05	0.7	0.95

表5-7 污染度检测仪检测结果条件概率(S_IND | C_CLOG)

检测仪结果	污染程度		
	正常	中等	严重
正常	0.98	0.4	0.02
异常	0.02	0.6	0.98

下面进行贝叶斯推理,根据专家经验构建贝叶斯网络的结构,利用 NETICA 软件建立无证据贝叶斯网络拓扑,如图 5 – 13 所示。根节点(F_CHIPS)代表油液中含有杂质这种故障,杂质含量为正常、中等和严重的概率分别为 90%、8% 和 2%,即为先验概率。根据上述条件概率表就可以求得其他节点的概率。例如,铁谱仪检测结果的概率:清洁(clean)的概率为 86%(90% ×95% +5% × 8% +5% ×2%),检测为少量杂质(few chips)的概率为 10.2%,检测为大量杂质(many chips)的概率为 3.8%。

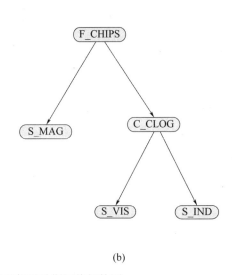

C_CLOG_step3			
clean	81.8		
part clog	15.5		
full clog	2.70		
F_CHIPS_step1			
normal	90.0		
interm	8.00		
severe	2.00		
S_IND_step5			
no pop	86.4		
pop	13.6		
S_MAG_step2			
clean	86.0		
few chips	10.2		
many chips	3.80		
S_VIS_step4			
no problem	82.5		
problem	17.5		

(a)   (b)

图 5 – 13　无证据贝叶斯网络拓扑图

在有证据提供情况下,可以对贝叶斯网络进行推理以求得根节点(F_CHIPS)的后验概率。如图 5 – 14 所示,若已知铁谱仪检测结果为"大量杂质"(S_MAG 为 many chips)的概率为 100%,由贝叶斯推理公式 $Prob(A|B) = P(AB)/P(B)$ 计算可得,F_CHIPS 为 severe 的概率将从 2% 变为 45%,程序计算过程如下。

铁谱仪检测为"大量杂质"(many chips)的概率如下:

$$Pr\,ob(S\_MAG = ''many\ chips'')$$

$$= \sum \frac{(Pr\,ob(S\_MAG = ''manychips'') | F\_CHIPS)}{Pr\,ob(F\_CHIPS = ''normal, in\ term, or\ severe'')}$$

$$= 0.01 \times 0.9 + 0.15 \times 0.08 + 0.85 \times 0.02 = 0.038$$

铁谱仪检测结果为"大量杂质"和油液中金属含量为"严重"的联合概率如下:

$$Prob(S\_MAG = manychips\ and\ F\_CHIPS = severe) = 0.85 \times 0.02 = 0.017$$

因此,可得条件概率如下:

$\mathrm{Pr}\,\mathrm{ob}(\mathrm{F\_CHIPS}=\mathrm{severe}\,|\,\mathrm{S\_MAG}=\mathrm{mang\ chips})=0.017/0.038\approx0.447\approx45\%$

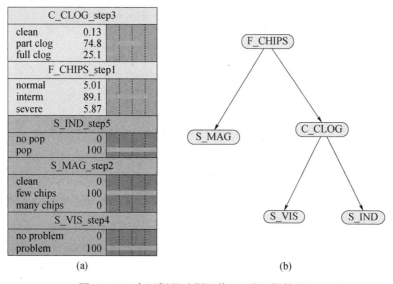

C_CLOG_step3	
clean	24.5
part clog	29.9
full clog	45.7
F_CHIPS_step1	
normal	23.7
interm	31.6
severe	44.7
S_IND_step5	
no pop	36.8
pop	63.2
S_MAG_step2	
clean	0
few chips	0
many chips	100
S_VIS_step4	
no problem	34.5
problem	65.5

(a)　　　　　　　(b)

图 5 - 14　有证据贝叶斯网络(铁谱仪检测结果已知)

为了进一步更新贝叶斯网络,再给出证据,设铁谱仪检测结果为少量杂质(few chips),检测仪显示为异常,目测法结果也是异常。在这种多变量联合分布的情况下,推理过程更加复杂,要利用如 $P(A\,|\,B,C)=P(A,B\,|\,C)\,|\,P(B\,|\,C)$ 之类的推理公式。计算结果如图 5 - 15 所示,油液中杂质含量为中等的概率为89%,严重的概率为6%,正常的概率为5%。

C_CLOG_step3	
clean	0.13
part clog	74.8
full clog	25.1
F_CHIPS_step1	
normal	5.01
interm	89.1
severe	5.87
S_IND_step5	
no pop	0
pop	100
S_MAG_step2	
clean	0
few chips	100
many chips	0
S_VIS_step4	
no problem	0
problem	100

(a)　　　　　　　(b)

图 5 - 15　有证据贝叶斯网络(三种证据情况)

如果将上述证据中的铁谱仪检测结果由少量杂质改为很多杂质(many chips),推理结果将如图 5 – 16 所示。这种情况使油液中杂质含量为严重的后验概率由 6% 增加为 73%。

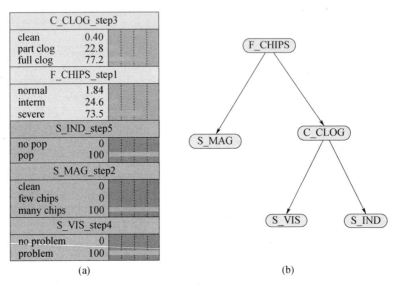

(a)   (b)

图 5 – 16　改变先验概率的有证据贝叶斯网络(三种证据情况)

贝叶斯网络在故障预测中,尤其是计算特定故障模式的发生概率时有很大的优势。油液污染可能是由多种故障导致的,如综合传动装置中齿轮、轴承等设备的磨损。可以建立一个简单的贝叶斯网络故障树模型,如图 5 – 17 所示,图中,F_BEARING 代表轴承磨损故障,F_GEAR 代表齿轮磨损故障。

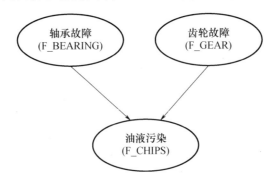

图 5 – 17　可能导致油液污染的故障模式贝叶斯网络

事先假定轴承与齿轮发生故障的概率均为 99%,发生油液污染的条件概率如表 5 – 8 所列。

表 5 - 8　油液中杂质含量的条件概率（F_CHIPS | F_BEARING and F_GEAR）

齿轮故障状态		有故障		无故障	
轴承故障状态		有故障	无故障	有故障	无故障
油液中杂质含量	正常	0	0	0	1
	中等	0	0.2	0.4	0
	严重	1	0.8	0.6	0

从表 5 - 8 中可以看出，在齿轮有故障、轴承无故障的情况下，油液中含有大量杂质的概率为 80%，而在齿轮无故障、轴承有故障的情况下，油液中含有大量杂质的概率降为 60%。若已知油液中的杂质含量，可以利用贝叶斯公式 $P(A|BC) = P(ABC)/P(BC)$ 计算轴承或齿轮发生故障的概率。联合概率表如表 5 - 9 所列，轴承与齿轮发生故障的联合概率为

Pr ob（齿轮与轴承均有故障，齿轮有故障、轴承无故障，

　　齿轮无故障、轴承有故障，齿轮与轴承均无故障）

　　= (0.0001, 0.0099, 0.0099, 0.9801)

表 5 - 9　联合概率（F_CHIPS and BEARING and GEAR）

齿轮故障状态		有故障		无故障		合计
轴承故障状态		有故障	无故障	有故障	无故障	
油液中杂质含量	正常	0	0	0	0.9801	0.9801
	中等	0	0.00198	0.00396	0	0.00594
	严重	0.0001	0.00792	0.00594	0	0.1396

由上面的公式可以计算出不同油液污染程度下齿轮与轴承发生故障的条件概率，如表 5 - 10 所列。

表 5 - 10　不同油液污染程度下齿轮与轴承故障的条件概率

（F_BEARING and F_GEAR | F_CHIPS）

油液污染程度	正常	中等	严重
齿轮与轴承均有故障	0	0	0.0072
齿轮有故障、轴承无故障	0	0.333	0.5673
齿轮无故障、轴承有故障	0	0.667	0.4255
齿轮与轴承均无故障	1	0	0

因此,若已知油液中含有大量杂质,可计算出齿轮发生故障概率为57.45%,如图 5 - 18 所示。

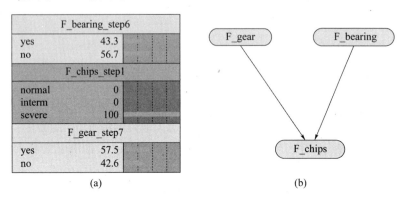

(a)   (b)

图 5 - 18　两种故障模式下的简单 Bayes 证据网络

从图 5 - 18 中可以看出,不同的先验概率也会导致后验概率的不同。

将上述各种故障模式、检测手段综合起来,油液中杂质也分为金属物质和非金属物质(如碳物质)两种情况,可以连成一个故障树,得到贝叶斯网络拓扑,如图 5 - 19 所示。

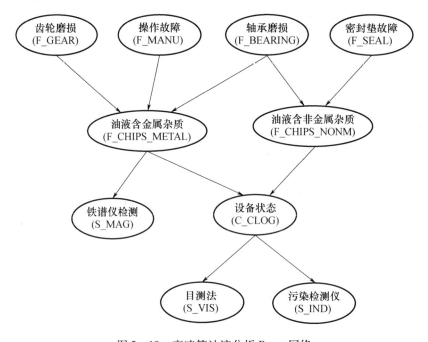

图 5 - 19　变速箱油液分析 Bayes 网络

图 5 - 19 汇总了可能导致油液中产生杂质的四种故障模式:齿轮磨损、轴承磨损、密封垫故障和操作故障,齿轮故障和操作故障可能会导致金属杂质产生,轴承故障会导致金属杂质和非金属杂质均有可能产生,密封垫故障可能会导致非金属杂质产生,四种故障的发生概率假设都为 1% 。

图 5 - 20、图 5 - 21 所示为 Bayes 网络推理结果。在无证据情况下,油液中含有金属杂质和含有非金属杂质的概率均为 88% ,如图 5 - 20 所示。假设通过目测和检测仪都发现油液存在问题,几种可能故障发生的概率均增加,如图 5 - 21(a)所示。假设不止如此,铁谱仪也检测出很多杂质,可能导致金属杂质的三种故障原因发生的概率增加,而密封垫发生故障的原因会相应降低(1.4%),如图 5 - 21(b)所示。

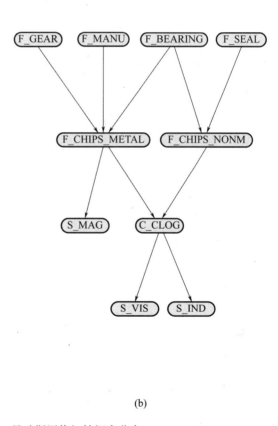

F_bearing_step6	
YES	1.0
NO	99.0

C_CLOG_step3	
clean	71.8
part clog	22.1
full clog	6.10

F_CHIPS_METAL_step1	
normal	87.3
interm	9.70
severe	2.97

F_CHIPS_NONM_step10	
normal	88.2
interm	10.2
severe	1.59

F_GEAR_step7	
YES	1.0
NO	99.0

F_MANU_step8	
YES	1.0
NO	99.0

F_SEAL_step9	
YES	1.0
NO	99.0

F_IND_step5	
no pop	79.3
pop	20.7

S_MAG_step2	
clean	83.6
few chips	11.6
many chips	4.86

S_VIS_step4	
no problem	75.2
problem	24.8

(a)　　　　　　　　　　　　(b)

图 5 - 20　贝叶斯网络初始概率分布

123

(a)

F_bearing_step6	
YES	6.18
NO	93.8

C_clog_step3	
clean	0.48
part clog	61.7
full clog	37.8

F_chips_metal_step1	
normal	51.6
interm	30.3
severe	18.1

F_chips_nonm_step10	
normal	57.5
interm	32.7
severe	9.74

F_gear_step7	
YES	6.04
NO	94.0

F_manu_step8	
YES	6.04
NO	94.0

F_seal_step9	
YES	5.47
NO	94.5

S_ind_step5	
no pop	0
pop	100

S_mag_step2	
clean	51.5
few chips	28.1
many chips	20.4

S_vis_step4	
no problem	0
problem	100

(b)

F_bearing_step6	
YES	25.7
NO	74.3

C_clog_step3	
clean	0.030
part clog	17.7
full clog	82.2

F_chips_metal_step1	
normal	2.53
interm	22.2
severe	75.2

F_chips_nonm_step10	
normal	63.2
interm	15.2
severe	21.6

F_gear_step7	
YES	25.1
NO	74.9

F_manu_step8	
YES	25.1
NO	74.9

F_seal_step9	
YES	1.42
NO	98.6

S_ind_step5	
no pop	0
pop	100

S_mag_step2	
clean	0
few chips	0
many chips	100

S_vis_step4	
no problem	0
problem	100

图 5－21　贝叶斯证据网络推理结果

　　贝叶斯网络对于多传感器融合算法问题有着很强的优越性,但是也有其缺点,就是对于初始概率分布数据的依赖性,如果不具备准确详细的数据,就会大大降低其说服力。在 PHM 中,自组织网络、振动分析、信号频谱分析都是非常实用的分析工具。

5.3 基于神经网络的发动机状态评估与寿命预测

5.3.1 基于 PCA – BP 神经网络的发动机状态评估

　　地面突击装备的发动机在使用过程中,其技术状况将随着使用时间的增长发生变化,呈现劣化趋势,在一定程度上可以采用摩托小时来衡量技术状况。由于使用环境、使用强度及工作地点等因素不尽相同,记录的摩托小时有时也不能完全真实地反映发动机的实际技术状况。

　　发动机是由多个子系统、多个部件组成的复杂系统,仅靠一个或少数几个参数只能反映一个或少数几个子系统的状况,为了充分反映发动机机的整体性能,提高状态评估和预测的可靠性与准确性,应该进行多参数综合评估与预测。将地面突击装备发动机的技术状况分为优、良、中、差四个等级:首先利用主成分分析(Principal Component Analysis, PCA)方法将多个参数进行数据融合,把原来的多个参数简化为两个综合参数;然后利用 BP 神经网络进行状态评估。

　　1. 状态参数及样本数据

　　要对发动机寿命进行状态评估及寿命预测,首先要确定状态参数。表征地面突击装备发动机技术状况的主要参数如下。

　　(1)性能参数。有效功率、曲轴扭矩、机械损失功率、转速、加速时间、减速时间、燃油消耗率和机油消耗量等。

　　(2)密封性参数。汽缸压缩压力、曲轴箱漏气量和零部件的磨损量等。

　　(3)进排气系统参数。配气相位、进气真空度和排气温度等。

　　(4)供油系统参数。供油提前角、供油间隔角和各汽缸供油不均匀性等。

　　(5)伴随过程参数。振动、噪声等。

　　目前,用于发动机的监测设备多是进行单参数测试,这种单参数的测试方法易受噪声干扰,同时由于传感器本身的测量误差,甚至由于传感器的损坏会使分析结果产生误差或者错误。因此,利用单参数进行寿命预测并不可靠,单靠少量的几个参数是难以获得满意效果的,必须综合考虑各参数的影响,基于多参数,采取信息融合的方法进行预测,才能达到满意的效果。

　　确定评估发动机技术状况所需预测参数的原则如下。

　　(1)能反映发动机的动力性能和经济性能,评估发动机的技术状况。

　　(2)能反映发动机技术状况变化和磨损情况,评估发动机的使用时间和剩余寿命。

　　(3)在技术上能实现实车不解体检测。

基于上述考虑,可选的预测参数为汽缸压缩压力、曲轴瞬时转速(用来计算加、减速时间)、供油提前角(需要同时测量高压油管压力和活塞上止点信号计算)、机体振动、燃油消耗量等。针对上数参数收集了一部分经过预处理的样本数据,选取使用摩托小时在 $0 \sim 550$ 摩托小时之间的某型地面突击装备 16 辆,得到其发动机特征参数的 16 组样本数据。如表 $5-11$ 所列,有汽缸压缩压力峰值 $\hat{p}_{max}$、加速时间 $\hat{t}_i$、减速时间 $\hat{t}_d$、供油提前角 $\hat{\theta}_{fd}$、振动能量 $\hat{V}_p$ 和空负荷燃油消耗量 $\hat{B}_m$ 6 个状态参数的样本数据,下面以这些数据为基础对发动机进行状态评估和剩余寿命预测。

表 $5-11$ 地面突击装备发动机状态参数样本数据

车号	发动机使用期/h	$\hat{p}_{max}/MPa$	$\hat{t}_i/(s \cdot mL)$	$\hat{t}_d/s$	$\hat{\theta}_{fd}/℃A$	$\hat{V}_p/g^2$	$\hat{B}_m/(mL/s)$
211	11	2.8950	3.5005	1.3978	34.9500	54.3540	4.3555
402	38	2.8744	3.7249	1.5134	33.9796	48.7860	3.0598
405	59	2.8647	3.9012	1.5891	33.9000	46.8470	3.1870
314	103	2.8228	4.3359	1.7882	32.8462	42.8991	3.6951
411	140	2.8090	4.4293	1.8461	32.1142	42.0632	4.6814
215	187	2.7958	4.5435	1.8843	31.1880	38.8610	5.1515
607	190	2.7847	4.6562	1.9169	31.1671	36.0951	4.9604
604	250	2.7736	4.8549	1.9369	31.0942	31.3503	7.5926
209	300	2.7521	5.0254	1.9458	30.3144	32.9560	7.8910
304	320	2.7439	5.1032	1.9499	29.5521	32.7874	6.4792
601	350	2.7330	5.1509	1.9546	29.0114	30.8780	6.9722
505	390	2.7132	5.2515	1.9420	28.9751	31.7270	7.1280
404	450	2.6739	5.3802	1.9999	27.5521	28.4621	7.2218
118	497	2.6647	5.4532	2.0542	26.6285	26.5810	7.8059
305	507	2.6527	5.5346	2.0902	26.4883	27.8581	7.9499
217	550	2.6429	5.7113	2.1404	25.8854	25.1580	7.5330

发动机在加速过程中,转速上升速率的快慢受此过程中的供油量影响,供油量大,转速上升快,加速时间将减小。为了消除这一因素的影响,需要对测量的加速时间进行修正,表 $5-11$ 中的加速时间 $\hat{t}_i$ 为测取的加速时间与加速时间内燃油消耗量相乘后得到的修正时间。

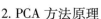

2. PCA 方法原理

PAC 就是将原来变量重新组合成一组新的互相无关的几个综合变量代替原来变量,根据实际需要从中取几个较少的综合变量尽可能多地反映原来变量的信息。PCA 的基本思想是将原来众多具有一定相关性的变量重新组合成新的少数几个相互无关的综合变量,代替原来变量,这些新的综合变量称为主成分。

假设收集到 n 个样品,每个样品观测到 p 个变量(记为 $x_1,x_2,\cdots,x_p$,为简单起见,设 x_i 均值为 0,方差为 $1,1 \leqslant i \leqslant p$),构成一个 $n \times p$ 阶的数据矩阵 $\boldsymbol{X}_{n \times p}$:

$$\boldsymbol{X}_{n \times p} = \begin{bmatrix} x_{11} & x_{12} & \cdots & x_{1p} \\ x_{21} & x_{22} & \cdots & x_{2p} \\ \vdots & \vdots & & \vdots \\ x_{n1} & x_{n2} & \cdots & x_{np} \end{bmatrix}$$

PCA 的目的在于利用 p 个原始变量($x_1,x_2,\cdots,x_p$)构造少数几个新的综合变量,使得新变量为原始变量的线性组合,新变量互不相关,新变量包含 p 个原始变量的绝大部分信息。这样定义 $x_1,x_2,\cdots,x_p$ 为原变量指标,$z_1,z_2,\cdots,z_m$($m \leqslant p$)为新的综合变量指标,每一个新的综合变量指标是 p 个原始变量的线性组合:

$$\begin{cases} z_1 = l_{11}x_1 + l_{12}x_2 + \cdots + l_{1p}x_p \\ z_2 = l_{21}x_1 + l_{22}x_2 + \cdots + l_{2p}x_p \\ \vdots \\ z_m = l_{m1}x_1 + l_{m2}x_2 + \cdots + l_{mp}x_p \end{cases} \tag{5-8}$$

同时要求满足以下几个条件。

(1) z_i 与 $z_j(i \neq j;i,j = 1,2,\cdots,m)$ 相互无关。

(2) z_1 是 $x_1,x_2,\cdots,x_p$ 的一切线性组合中方差最大者;z_2 是与 z_1 不相关的 $x_1,x_2,\cdots,x_p$ 的所有线性组合中方差最大者;z_m 是与 $z_1,z_2,\cdots,z_{m-1}$ 都不相关的 $x_1,x_2,\cdots,x_p$ 的所有线性组合中方差最大者。则新变量 $z_1,z_2,\cdots,z_m$ 分别称为原变量 $x_1,x_2,\cdots,x_p$ 的第一,第二,$\cdots$,第 m 主成分。

从以上的分析可以看出,PCA 的实质就是确定原来变量 $x_j(j=1,2,\cdots,p)$ 在各个主成分 $z_i(i=1,2,\cdots,m)$ 上的系数 $l_{ij}(i=1,2,\cdots,m;j=1,2,\cdots,p)$。从数学上可以证明,它们分别是 p 个原始变量($x_1,x_2,\cdots,x_p$)相关矩阵的前 m 个具有较大特征值所对应的特征向量,而各个综合变量 $\boldsymbol{Z}_i$ 的方差 $\text{var}(\boldsymbol{Z}_i)$ 恰好是相应的特征根 λ_i。各主成分的方差贡献大小按特征根顺序排列,是依次递减的,即 $\lambda_1 \geqslant \lambda_2 \geqslant \cdots \geqslant \lambda_p \geqslant 0$。

PCA 的实际求法如下:

(1) 确定分析变量,收集数据;

（2）对原始数据进行标准化；

（3）由标准化后的数据求协方差矩阵 Σ，即原始数据的相关矩阵。如果不进行标准化处理，忽略步骤（2），则直接计算原始数据的相关矩阵，则方程式如下：

$$R_{p \times p} = \begin{bmatrix} r_{11} & r_{12} & \cdots & r_{1p} \\ r_{21} & r_{22} & \cdots & r_{2p} \\ \vdots & \vdots & & \vdots \\ r_{p1} & r_{p2} & \cdots & r_{pp} \end{bmatrix}$$

式中：$r_{ij}(i,j=1,2,\cdots,p)$ 为原变量 x_i 与 x_j 的相关系数，$r_{ij}=r_{ji}$，其计算公式为

$$r_{ij} = \frac{\sum_{k=1}^{n}(x_{ki}-\bar{x}_i)(x_{kj}-\bar{x}_j)}{\sqrt{\sum_{k=1}^{n}(x_{ki}-\bar{x}_i)^2 \sum_{k=1}^{n}(x_{kj}-\bar{x}_j)^2}} \qquad (5-9)$$

（4）计算特征根与相应的标准正交特征向量；

（5）计算主成分贡献率及累计贡献率；

$$贡献率 = \lambda_i \Big/ \sum_{k=1}^{p}\lambda_k, i=1,2,\cdots,p \qquad (5-10)$$

$$累积贡献率 = \sum_{k=1}^{i}\lambda_i \Big/ \sum_{k=1}^{p}\lambda_k, i=1,2,\cdots,p \qquad (5-11)$$

（6）确定主成分数目的保留，其方法包括：一般取累计贡献率达 85% ~ 95% 的主成分；选用所有 $\lambda_i \geq 1$ 的主成分；累积特征值乘积大于1的主成分；画出特征值变化曲线，以转折点位置为标准判断；

（7）计算主成分；

（8）结论解释与推断。

3. 发动机状态评估

首先对上表中的数据进行标准化处理，根据 PCA 方法对数据的要求，每个参数的样本值向量 x_i 均值为0，方差为1，因此采用如下方法进行标准化变换：

$$x'_{ij} = \frac{(x_{ij}-\bar{x}_i)}{s} \qquad (5-12)$$

式中：x_i 为特征参数样本值向量；x_{ij} 为样本值向量 x_i 的第 j 个样本值；x'_{ij} 为标准化后的样本值；$\bar{x}_i$ 为特征参数样本值向量的均值；s 为特征参数样本值向量的标准差。

特征参数样本值向量的均值和标准差分别为

$$\bar{x}_i = \frac{1}{n}\sum_{j=1}^{n} x_{ij}, \quad s = \sqrt{\frac{1}{n-1}\sum_{j=1}^{n}(x_{ij}-\bar{x}_i)^2}$$

采用上述方法进行标准化处理后的参数数据，如表 5 - 12 所列。

表 5 - 12　标准化后的地面突击装备发动机特征参数数据

车号	发动机使用期/h	$\hat{p}'_{max}$	$\hat{t}'_i$	$\hat{t}'_d$	$\hat{\theta}'_{fd}$	$\hat{V}'_p$	$\hat{B}'_m$
211	11	1.6627	- 1.9225	- 2.2950	1.6318	2.1069	- 0.9116
402	38	1.4047	- 1.5866	- 1.7354	1.2874	1.4641	- 1.6392
405	59	1.2832	- 1.3227	- 1.3689	1.2591	1.2402	- 1.5678
314	103	0.7582	- 0.6720	- 0.4050	0.8850	0.7845	- 1.2825
411	140	0.5854	- 0.5321	- 0.1247	0.6252	0.6880	- 0.7286
215	187	0.4200	- 0.3612	0.0602	0.2964	0.3183	- 0.4647
607	190	0.2809	- 0.1925	0.2181	0.2890	- 0.0010	- 0.5720
604	250	0.1419	0.1049	0.3149	0.2631	- 0.5488	0.9061
209	300	- 0.1275	0.3602	0.3580	- 0.0137	- 0.3634	1.0736
304	320	- 0.2302	0.4766	0.3778	- 0.2843	- 0.3829	0.2809
601	350	- 0.3668	0.5480	0.4006	- 0.4762	- 0.6033	0.5577
505	390	- 0.6148	0.6986	0.3396	- 0.4891	- 0.5053	0.6452
404	450	- 1.1071	0.8913	0.6199	- 0.9942	- 0.8822	0.6978
118	497	- 1.2224	1.0006	0.8828	- 1.3220	- 1.0994	1.0258
305	507	- 1.3727	1.1224	1.0570	- 1.3718	- 0.9520	1.1067
217	550	- 1.4955	1.3869	1.3001	- 1.5858	- 1.2637	0.8726

表 5 - 12 中各参数之间相互影响，而且有的随着发动使用期的增加呈增长趋势，有的则是相反趋势。为此，根据变化趋势将上述参数分为两组，汽缸压缩压力 $\hat{p}_{max}$、供油提前角 $\hat{\theta}_{fd}$ 和振动能量 $\hat{V}_p$ 三个参数数值随使用时间的增加整体呈下降趋势，将这三个参数作为第一组（表 5 - 12 中灰色部分），而加速时间 $\hat{t}_i$、减速时间 $\hat{t}_d$、空负荷油消 $\hat{B}_m$ 三个特征量随使用时间的变化趋势是逐渐上升的，将这三个参数作为第二组。下面将分别对两组参数数据进行 PCA。

分别根据表 5 - 12 中两组参数的原始数据求相关矩阵，如表 5 - 13 所列。

表 5 - 13　两组参数初始数据的相关系数矩阵表

第一组参数	$\hat{p}_{max}$	$\hat{\theta}_{fd}$	$\hat{V}_p$	第二组参数	$\hat{t}_i$	$\hat{t}_d$	$\hat{B}_m$
$\hat{p}_{max}$	1	0.995	0.959	$\hat{t}_i$	1	0.965	0.895
$\hat{\theta}_{fd}$	0.995	1	0.950	$\hat{t}_d$	0.965	1	0.827
$\hat{V}_p$	0.959	0.950	1	$\hat{B}_m$	0.895	0.827	1

分别求出两组参数相关系数矩阵的特征根及其方差贡献率,如表 5 - 14 所列。

表 5 - 14　两组参数相关系数矩阵特征根及方差贡献率

特征根编号	第一组参数特征根及有关数据			第二组参数特征根及有关数据		
	特征根	方差贡献率/%	累积贡献率/%	特征根	方差贡献率/%	累积贡献率/%
1	2.936	97.880	97.880	2.792	93.081	93.081
2	0.060	1.985	99.865	0.184	6.119	99.200
3	0.004	0.135	100.000	0.024	0.800	100.000

分别求出两组参数相关系数矩阵特征根所对应的长度为 1 的、相互正交的特征向量如表 5 - 15 所列。

表 5 - 15　两组参数相关系数矩阵特征向量

第一组参数	第一组参数相关矩阵特征向量			第二组参数	第二组参数相关矩阵特征向量		
	向量 1	向量 2	向量 3		向量 1	向量 2	向量 3
$\hat{p}'_{max}$	0.581	- 0.333	- 0.743	$\hat{t}'_i$	0.592	- 0.202	- 0.780
$\hat{\theta}'_{fd}$	0.579	- 0.472	0.665	$\hat{t}'_d$	0.578	- 0.569	0.585
$\hat{V}'_p$	0.572	0.816	0.082	$\hat{B}'_m$	0.562	0.797	0.220

图 5 - 22 分别给出了两组参数(碎石图)相关系数矩阵特征根数的大小变化情况。

根据主成分数目的保留原则,由表 5 - 14 和图 5 - 22 可知,两组参数都保留相关系数矩阵的第一个特征根,即每组参数只需保留第一个主成分,就可以解释原来参数的 90% 以上的信息。于是分别由表 5 - 11 中两组特征向量中第一个特征向量所求出来的主成分分别为

$$X = 0.581\hat{p}'_{max} + 0.579\hat{\theta}'_{fd} + 0.572\hat{V}'_p \qquad (5 - 13)$$

$$Y = 0.592\hat{t}'_i + 0.578\hat{t}'_d + 0.562\hat{B}'_m \qquad (5 - 14)$$

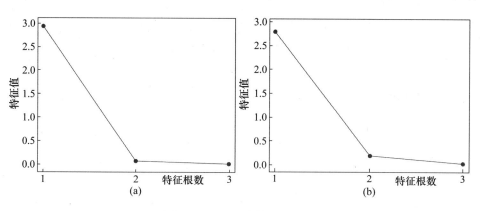

图 5 - 22　两组参数的碎石图

需要注意的是,式(5 - 13)和式(5 - 14)等号右端中的参数数据是表 5 - 12 中的标准化数据。

分别由式(5 - 13)、式(5 - 14)计算出两组参数的主成分数据如表 5 - 16 所列。

表 5 - 16　两组参数数据及其主成分数据

序号	车号	发动机使用期/h	第一组数据及其主成分				第二组数据及其主成分			
			$\hat{p}'_{max}$	$\hat{\theta}'_{fd}$	$\hat{V}'_p$	主成分 X	$\hat{t}'_i$	$\hat{t}'_d$	$\hat{B}'_m$	主成分 Y
1	211	11	1.6627	1.6318	2.1069	3.1160	− 1.9225	− 2.2950	− 0.9116	− 2.9762
2	402	38	1.4047	1.2874	1.4641	2.3989	− 1.5866	− 1.7354	− 1.6392	− 2.8630
3	405	59	1.2832	1.2591	1.2402	2.1840	− 1.3227	− 1.3689	− 1.5678	− 2.4549
4	314	103	0.7582	0.8850	0.7845	1.4017	− 0.6720	− 0.4050	− 1.2825	− 1.3525
5	411	140	0.5854	0.6252	0.6880	1.0956	− 0.5321	− 0.1247	− 0.7286	− 0.7965
6	215	187	0.4200	0.2964	0.3183	0.5977	− 0.3612	0.0602	− 0.4647	− 0.4401
7	607	190	0.2809	0.2890	− 0.0010	0.3300	− 0.1925	0.2181	− 0.5720	− 0.3094
8	604	250	0.1419	0.2631	− 0.5488	− 0.0790	0.1049	0.3149	0.9061	0.7533
9	209	300	− 0.1275	− 0.0137	− 0.3634	− 0.2898	0.3602	0.3580	1.0736	1.0234
10	304	320	− 0.2302	− 0.2843	− 0.3829	− 0.5173	0.4766	0.3778	0.2809	0.6582
11	601	350	− 0.3668	− 0.4762	− 0.6033	− 0.8339	0.5480	0.4006	0.5577	0.8692
12	505	390	− 0.6148	− 0.4891	− 0.5053	− 0.9294	0.6986	0.3396	0.6452	0.9723
13	404	450	− 1.1071	− 0.9942	− 0.8822	− 1.7235	0.8913	0.6199	0.6978	1.2779
14	118	497	− 1.2224	− 1.3220	− 1.0994	− 2.1046	1.0006	0.8828	1.0258	1.6788
15	305	507	− 1.3727	− 1.3718	− 0.9520	− 2.1364	1.1224	1.0570	1.1067	1.8970
16	217	550	− 1.4955	− 1.5858	− 1.2637	− 2.5100	1.3869	1.3001	0.8726	2.0624

做出主成分 X 与主成分 Y 的散点图,如图 5 – 23 所示,图中圆点上标记的数字为表 5 – 16 中相应主成分的序号。

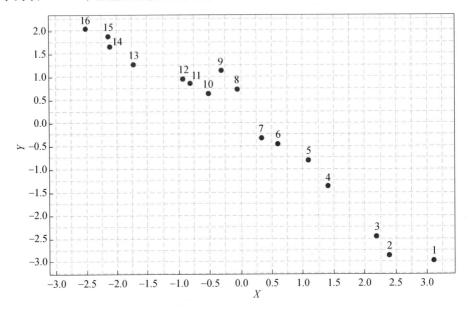

图 5 – 23　主成分 X 与 Y 的散点图

由图 5 – 23 可知,主成分 X 与主成分 Y 具有很好的相关性,它们的散点排列图在总体上很好地反映了发动机技术状况随使用时间的变化规律,并且从图上各组数据的分布可以看出,16 组数据可以明确地区分为四个部分,如图 5 – 24 所示,将四部分分别命名为 Ⅰ 、Ⅱ 、Ⅲ 、Ⅳ ,则这四个区域大致上分别对应着发动机优、良、中、差四个技术状况等级,以此为依据可以以这些数据作为 BP 神经网络的训练数据和验证数据,对发动机技术状况进行评估。

按照优、良、中、差的顺序建立评估列向量作为神经网络的输出,处于 Ⅰ 、Ⅱ 、Ⅲ 、Ⅳ 四个区域的评估向量分别设为 $[1,0,0,0]^T$ $[0,1,0,0]^T$ $[0,0,1,0]^T$ $[0,0,0,1]^T$ 。建立三层 BP 神经网络,输入点有两个神经元,分别是主成分 X 和主成分 Y ;隐含层有四个神经元;输出层有四个神经元,对应着评估向量。选择隐含层传递函数为对数 S 型(logsig),输出层的传递函数为线性传递函数(purelin),利用 Levenberg—Marquardt 算法训练 BP 神经网络。以表 5 – 16 (图 5 – 24)中序号为 1、3、4、5、7、8、10、12、13、15、16 对应的主成分数据作为训练数据,训练误差设定为 0.001,剩余数据(对应表 5 – 16 中序号为 2、6、9、11、14)作为验证数据。

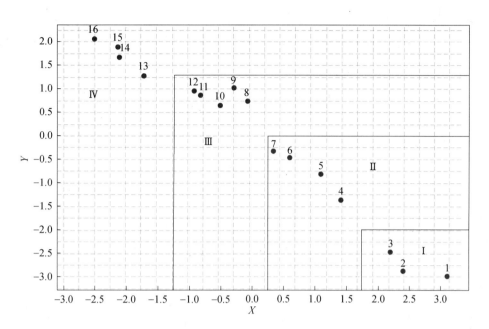

图 5 - 24　主成分状态评估图

通过验证数据对训练好的网络进行仿真,输出的评估向量如表 5 - 17 所列,然后按照最大隶属度原则得到各发动机的技术状况,通过评估结果可知预测值和图 5 - 24 中的划分一致,因此使用该模型进行状态评估是可行的。

表 5 - 17　仿真结果

验证数据序号	2	6	9	11	14
输出向量	1. 0009 - 0. 0020 0. 0013 - 0. 0002	0. 0004 0. 9918 0. 0081 - 0. 0001	0. 0033 - 0. 3654 1. 3803 - 0. 0169	0. 0025 - 0. 0716 1. 0492 0. 0208	0. 0003 0. 0056 0. 0010 0. 9934
评估结果	优	良	中	中	差

5.3.2　基于神经网络回归预测模型的发动机寿命预测

发动机的使用寿命是它达到极限技术状况前的工作小时数(对于地面突击装备发动机来说是使用摩托小时)。所谓极限技术状况,是指到了耗损故障期的状况,此时若继续使用,则故障率上升、性能明显下降、经济性较差,必须进行大修或者报废。因此,在发动机实际使用中,使用人员和维修人员往往更关心的是发动机目前的工作状态,以及还能在正常工况下继续使用多长时间,也就是发动机的剩余寿命。下面,运用神经网络回归预测方法对地面突击装备发动机的剩余寿命预测进行研究。由于神经网络回归预测法是对线性预测中多元回归分析预测法的非线性改进,神经网络的回归预测模型的输入点就代表着状态参数,有几个状态参数就有几个输入点,因此神经网络的回归预测模型能方便的实现多参数预测。

1. 神经网络回归预测方案

目前,地面突击装备发动机的大修和剩余寿命主要是根据地面突击装备发动机履历簿上记录的摩托小时确定的,如某型发动机规定的大修时间是 550 摩托小时,那么剩余寿命就等于550h 减去本大修期内履历簿上记录的使用摩托小时数。由于地面突击装备使用条件不同,有的在热带地区使用,有的在寒冷地区使用,有的经常处于多灰尘条件下工作,有的在高原上工作;有的使用环境虽然相同,但具体使用工况不同。因此,履历簿上记录的摩托小时,不一定真实反映发动机的技术状况,规定的大修时间也未考虑不同使用条件的影响,以此为依据确定发动机的使用期和剩余寿命,会导致"维修过剩"或"维修不足"现象。

为此,考虑的一个解决方案是:选定一个地面突击装备使用环境作为标准工作条件,并且对该条件下发动机的大修时间确定一个合适的值,首先通过测量该条件下发动机参数数据建立神经网络模型,利用此模型计算非标准条件下的发动机在标准条件下的等效工作时间;然后根据大修时间标准值就能确定其在标准条件下的等效剩余寿命。以某院校的训练保教环境作为标准工作条件,在该标准条件下某型发动机的大修期是 550 摩托小时。首先确定合适的发动机的技术状况参数;然后测量在标准工作条件下工作的发动机的技术状况参数,通过所测参数数据和履历簿使用期数据训练神经网络,建立确定的神经网络模型。利用这个模型估算发动机工作时间时,如果估算对象是标准条件下或相似标准条件下使用的发动机,那么估算结果应该和履历簿上记录的摩托小时基本一致。如果估算对象是在其他条件下使用的发动机,那么预测结果就是该条件下的发动机当前的状态相当于标准条件下发动机的等效工作时间,依此就能计算等效剩余寿命,以确定合理的大修时机。

例如,在恶劣气候条件下,某地面突击装备发动机的履历簿上记录的摩托小时数为470h,将该状况下测得的参数数据输入神经网络模型,得到的预测结果可能是530。在模型合理准确的情况下,这表明该发动机的技术状况实际上可能相当于标准工作条件下工作了大约 530h 的发动机技术状况。在标准条件下该发动机还能工作约为20h(也就是等效剩余使用寿命是20h),那么实际上该发动机已经接近大修期,而不能根据履历簿使用期数据再工作80h 才去大修。这样就考虑了不同使用条件给发动机技术状况带来的影响,从而避免"维修过剩"或"维修不足"的现象。

2. 发动机剩余寿命的神经网络回归预测

在上述的状态评估中,已经选定了 6 个状态参数的 16 组样本数据,由于神经网络回归预测在输入参数过多的情况下很容易出现过拟合,导致预测出现较大的误差。因此,通过在 MATLAB 软件中对比分析,从 6 个状态参数中选取了汽缸压缩压力峰值 $\hat{p}_{max}$、加速时间 $\hat{t}_i$、减速时间 $\hat{t}_d$、供油提前角 $\hat{\theta}_{fd}$ 4 个状态参数的样本数据,并将其分为训练数据和验证数据用于神经网络回归预测时效果较好,发动机参数数据如表 5 - 18 所列。

表 5 - 18　地面突击装备发动机参数数据

车号	发动机使用期 t/h	$\hat{p}_{max}$/MPa	$\hat{t}_i$/（s·mL）	$\hat{t}_d$/s	$\hat{\theta}_{fd}$/℃A	数据分组
211	11	2.8950	3.5005	1.3978	34.950	训练数据
405	59	2.8647	3.9012	1.5891	33.9000	
314	103	2.8228	4.3359	1.7882	32.8462	
411	140	2.8090	4.4293	1.8461	32.1142	
607	190	2.7847	4.6562	1.9169	31.1671	
604	250	2.7736	4.8549	1.9369	31.0942	
209	300	2.7521	5.0254	1.9458	30.3144	
601	350	2.7330	5.1509	1.9546	29.0114	
505	390	2.7132	5.2515	1.9420	28.9751	
404	450	2.6739	5.3802	1.9999	27.5521	
305	507	2.6527	5.5346	2.0902	26.4883	
217	550	2.6429	5.7113	2.1404	25.8854	
402	38	2.8744	3.7249	1.5134	33.9796	验证数据
215	187	2.7958	4.5435	1.8843	31.1880	
304	320	2.7439	5.1032	1.9499	29.5521	
118	497	2.6647	5.4532	2.0542	26.6285	

对表 5 - 18 中的发动机参数数据进行标准化操作,其目的是去除量纲,使不同特征量的数据具有可比性。标准化可采用不同的方法,为了使标准化后的数据均分布在 0 ~ 1 之间,并且最大值为 1,最小值为 0,采用下式进行标准化操作:

$$x' = \frac{(x - x_{min})}{(x_{max} - x_{min})} \qquad (5 - 15)$$

式中:x 为观测数据;x_{max} 为观测数据的最大值;x_{min} 为观测数据的最小值。

假设发动机的寿命为 550h,则发动机使用期训练数据采用如下方法进行处理:

$$t' = \frac{t}{550} \qquad (5 - 16)$$

标准化处理后的发动机参数数据如表 5 - 19 所列。

表 5 - 19　标准化处理的发动机参数数据

车号	发动机使用期	$\hat{p}'_{max}$	$\hat{i}'_i$	$\hat{i}'_d$	$\hat{\theta}'_{fd}$	数据分组
211	0.0200	1.0000	0	0	1.0000	训练数据
405	0.1073	0.8798	0.1812	0.2576	0.8842	
314	0.1873	0.7136	0.3779	0.5257	0.7679	
411	0.2545	0.6589	0.4201	0.6037	0.6872	
607	0.3455	0.5625	0.5228	0.6990	0.5827	
604	0.4545	0.5184	0.6126	0.7260	0.5746	
209	0.5455	0.4332	0.6898	0.7379	0.4886	
601	0.6364	0.3574	0.7465	0.7498	0.3449	
505	0.7091	0.2789	0.7920	0.7328	0.3409	
404	0.8182	0.1230	0.8502	0.8108	0.1839	
305	0.9218	0.0389	0.9201	0.9324	0.0665	
217	1.0000	0	1.0000	1.0000	0	

（续）

车号	发动机使用期	$\hat{p}'_{max}$	$\hat{t}'_i$	$\hat{t}'_d$	$\hat{\theta}'_{fd}$	数据分组
402		0.9183	0.1015	0.1557	0.8929	验证数据
215		0.6065	0.4718	0.6551	0.5850	
304		0.4006	0.7249	0.7435	0.4045	
118		0.0865	0.8833	0.8839	0.0820	

采用三层 BP 神经网络进行回归预测，输入层表示用于预测的特征数据，有四个特征，所以输入单元为 4 个；经过 MATLAB 计算比较，隐含层神经元个数为 8 个时效果较好，所以隐含层单元数定为 8 个；输出为预测值，神经元为 1 个。另外，选择隐含层和输出层的传递函数都为对数 S 型（logsig）传递函数，利用 Levenberg—Marquardt 算法训练 BP 网络。训练过程误差曲线如图 5 - 25 所示。

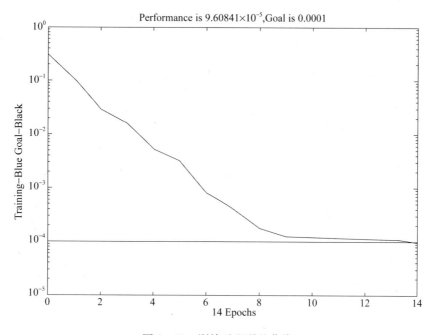

图 5 - 25　训练过程误差曲线

通过验证数据对训练好的网络进行仿真，仿真结果如表 5 - 20 所列，通过仿真结果数据与实际数据比较可以看出，预测误差在可以接受的范围之内，而且随着装备使用期越长,仿真的相对误差越小。由于发动机使用前期一般不需要进行寿命预测,只有到了使用期接近其技术状态极限时才有必要进行预测,因此使用该模型进行预测是可行的。

表 5 – 20　仿真结果

车号	402	215	304	118
使用期实际值/h	38	171	320	487
使用期等效预测值/h	35.9717	164.8093	328.8645	480.8535
误差/%	5.34	3.62	2.77	1.26
等效剩余寿命/h	514.0283	385.1907	221.1355	69.1645

神经网络回归预测方法的优点是数据处理过程简单,模型构建容易;缺点是需要确定一个标准工作环境下的大修寿命值,只能预测该标准工作环境下的等效剩余寿命,无法预测实际工作条件下的剩余寿命,而且如果输入参数过多的情况下,该模型容易出现过拟合,出现较大的误差。

5.3.3　基于神经网络趋势预测模型的发动机寿命预测

神经网络回归模型能够很容易地实现多参数预测,但是神经网络趋势预测方法是对线性预测中时间序列预测法的非线性改进,神经网络趋势预测模型的输入点是同一个状态参数的时间数据序列样本值,因此直接运用神经网络趋势模型难以实现多参数预测。可以考虑通过间接的方法进行神经网络趋势模型的多参数预测:首先利用合适的数据统计分析方法将多个参数进行数据融合,把原来的多个参数简化为少数几个综合参数;然后再利用综合参数进行趋势预测。前面所用的 PCA 方法就是这样一种合适的数据统计分析方法,因此本节将利用5.3.1 节状态评估中的 PCA 数据(主成分 X 和主成分 Y)进行神经网络趋势预测研究。

1. 神经网络趋势预测的步骤

神经网络趋势预测以主成分分析为基础:首先确立发动机技术状况极限值,该极限值分别用主成分 X 和主成分 Y 表示;然后建立两个神经网络趋势预测模型对某发动机进行寿命预测。第一个模型的输入数据为主成分 X 的时间序列数据;第二个模型的输入为主成分 Y 的时间序列数据。当预测值刚刚大于或等于各自的极限值时停止预测,对于两个模型得到的预测结果,分别按照 50% 的权重进行加权平均,计算出它们的组合结果,以此作为最终的预测结果,发动机寿命预测步骤如图 5 – 25 所示。

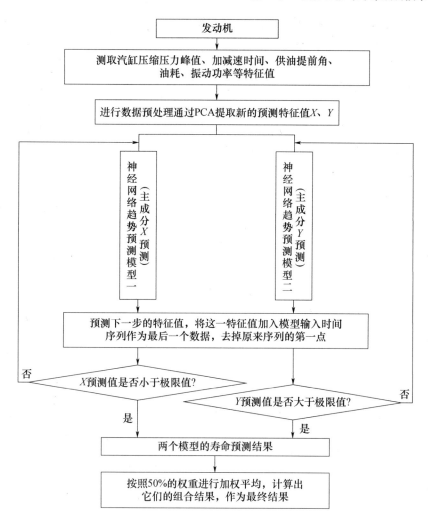

图 5 - 26　基于神经网络趋势预测的发动机寿命预测步骤

2. 发动机剩余寿命的神经网络趋势预测

通过对处于大修边缘的发动机(使用时间接近 550 摩托小时的发动机)进行测试分析,得到其主成分特征值,如表 5 - 21 所列。

表 5 - 21　处于大修边缘的发动机主成分值

车号	217	203	503
发动机使用期/h	550	550	550
主成分 X	- 2.5100	- 2.5723	- 2.5510
主成分 Y	2.0624	2.1034	2.1562

由表 5 – 16 可知,主成分 X 随使用时间呈减小趋势,主成分 Y 随使用时间呈增大趋势。因此,考虑到冗余量的因素,主成分 X 的极限值取表 5 – 21 中三个值中的最大值 – 2.5100,主成分 Y 的极限值取表 5 – 21 中的最小值 2.0624。

神经网络趋势预测模型,一般要求输入数据序列为等时间间隔。由表 5 – 16 可知,试验测量的发动机使用时间不是等间隔的,所以采取插值方法使主成分数据等时间间隔化。时间间隔不能太大,否则可能漏失重要信息,时间间隔取为 10 摩托小时。等间隔处理后的主成分 X 和主成分 Y 随使用时间的变化分别如图 5 – 27、图 5 – 28 所示。

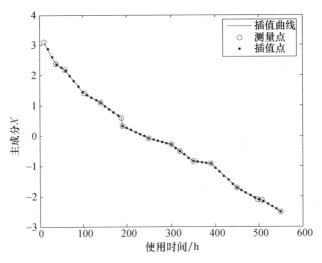

图 5 – 27　主成分 X 的插值图

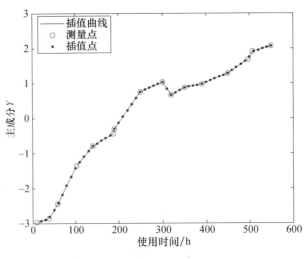

图 5 – 28　主成分 Y 的插值图

主成分 X 和主成分 Y 的插值点数据如表 5 - 22 所列。

表 5 - 22　主成分 X 和主成分 Y 的插值点数据

工作时间/h	主成分 X	主成分 Y	工作时间/h	主成分 X	主成分 Y	工作时间/h	主成分 X	主成分 Y
20	2.8770	- 2.9385	200	0.2618	- 0.1323	380	- 0.9055	0.9465
30	2.6114	- 2.8965	210	0.1937	0.0448	390	- 0.9294	0.9723
40	2.3784	- 2.8241	220	0.1255	0.2220	400	- 1.0618	1.0232
50	2.2761	- 2.6298	230	0.0573	0.3991	410	- 1.1941	1.0742
60	2.1662	- 2.4298	240	- 0.0108	0.5762	420	- 1.3264	1.1251
70	1.9884	- 2.1793	250	- 0.0790	0.7533	430	- 1.4588	1.1760
80	1.8106	- 1.9288	260	- 0.1212	0.8073	440	- 1.5912	1.2270
90	1.6328	- 1.6782	270	- 0.1633	0.8613	450	- 1.7235	1.2779
100	1.4550	- 1.4277	280	- 0.2055	0.9154	460	- 1.8046	1.3632
110	1.3438	- 1.2473	290	- 0.2476	0.9694	470	- 1.8857	1.4485
120	1.2611	- 1.0970	300	- 0.2898	1.0234	480	- 1.9668	1.5338
130	1.1783	- 0.9468	310	- 0.4036	0.8408	490	- 2.0478	1.6191
140	1.0956	- 0.7965	320	- 0.5173	0.6582	500	- 2.1141	1.7443
150	0.9897	- 0.7207	330	- 0.6228	0.7285	510	- 2.1625	1.9085
160	0.8837	- 0.6448	340	- 0.7284	0.7989	520	- 2.2493	1.9470
170	0.7778	- 0.5690	350	- 0.8339	0.8692	530	- 2.3362	1.9855
180	0.6719	- 0.4932	360	- 0.8578	0.8950	540	- 2.4231	2.0239
190	0.3300	- 0.3094	370	- 0.8817	0.9208	550	- 2.5100	2.0624

神经网络输入层为主成分的等间隔时间数据序列值,表示用于预测的历史数据。通过 MATLAB 对比分析,将两个神经网络趋势预测模型的输入单元都定为 10 个,隐含层神经元个数定为 12,输出为预测值,输出神经元为一个。选择隐含层传递函数为双曲正切 S 型函数(tansig),输出层的传递函数为线性传递函数(purelin),利用 Levenberg - Marquardt 算法训练神经网络。

分别以表 5 - 22 中主成分 X 插值数据、主成分 Y 插值数据作为两个神经网络预测模型的训练数据,训练误差设定为 0.001。训练数据取法如下:第一组输入训练数据取 20 ~ 110 摩托小时对应的 10 个主成分插值点(作为列向量),第一组输入训练数据对应的神经网络输出训练数据取 120 摩托小时对应的主成分插值点;第二组输入训练数据取 30 ~ 120 摩托小时对应的 10 个主成分插值点,第二组输入训练数据对应的神经网络输出训练数据取 130 摩托小时对应的主成分插值点;依次类推,可以构建 44 组训练数据,构成一个 10 行 44 列的输入矩阵,对应的输出是一个 1 行 44 列的输出向量。据此,可以通过 MATLAB 软件建立并训练神经网络,从而确定网络的各个权值。

基于主成分 X 和基于主成分 Y 的两个神经网络趋势预测模型的训练误差曲线,如图 5 – 29 所示,由该图可知两个神经网络预测模型的学习速度很快,训练次数都未超过 10 次即达到期望误差。

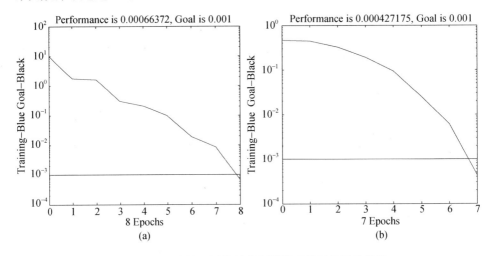

图 5 – 29　两个神经网络趋势预测模型的训练误差曲线

确立了神经网络趋势预测模型之后,就可以对发动机剩余寿命进行预测。在这里的神经网络趋势预测中,先用距所预测发动机使用期最近的插值点数据及其前面的一段时间数据序列值预测,得到下一个时间间隔点的预测值。在预测未来一步的值时,将这一个预测值视为已知的历史数据加入到下一步预测的输入数据序列中作为最后一个数据值,并去除数据序列的第一个数据值,以保持用作预测的数据长度不变,依次一步步进行仿真运算,直到输出数据达到极限值为止,此时记录的仿真步数乘上时间间隔数即为该发动机的剩余寿命。

发动机使用中前期技术状况一般都处于良好状态,没有必要进行寿命预测,只需对技术状况中和差的发动机进行预测,因此选择表 5 – 16 中序号为 9、10、11、12、13 的发动机(发动机使用期分别为 300h、320h、350h、390h、450h)通过神经网络仿真进行剩余寿命预测。

图 5 – 30、图 5 – 31 是对表 5 – 16 中序号为 11(使用期为 350h)的发动机,分别使用基于主成分 X 和基于主成分 Y 的两个神经网络趋势,预测模型预测至极限值时的预测结果,其中前者预测的剩余寿命是 220 摩托小时,后者预测的剩余

寿命是 200 摩托小时,因此通过加权平均,即该发动机的剩余寿命还有 210 摩托小时。

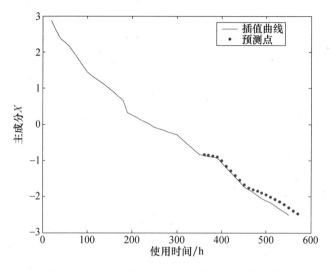

图 5 - 30　主成分 X 的神经网络模型预测结果

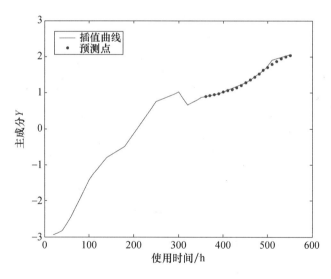

图 5 - 31　主成分 Y 的神经网络模型预测结果

对表 5 - 16 中序号为 9、10、12、13 的发动机,用上述相同的方法进行仿真,计算其剩余寿命,如表 5 - 23 所列为预测结果,表中的剩余寿命组合结果为最终结果,预测全寿命为预计的大修寿命。从表 5 - 23 中数据可知,剩余寿命预测结果与实际使用情况是基本一致的。

表 5 - 23   剩余寿命预测结果

序号	车号	使用期/h	剩余寿命/h			预测全寿命/h
			预测结果一	预测结果二	组合结果	
9	209	300	270	250	260	560
10	304	320	250	240	245	565
11	601	350	220	200	210	560
12	505	390	180	170	175	565
13	404	450	110	110	110	560

神经网络趋势预测方法的优点是数据处理过程缜密,预测结果准确,在确定了极限技术状态之后,便能预测实际工作条件下的发动机剩余寿命;缺点是数据处理过程比较复杂。

5.4 基于多种预测模型的发动机状态评估

5.4.1   预测理论与方法评价

1. 预测原理与过程

预测遵循的基本原理包括可知性原理、连续性原理和可类推原理。

可知性原理是一切预测的理论基础。根据科学试验和实践经验,可以获得预测对象发展规律的影响因素,通过总结可以推测未来的变化趋势和规律。

连续性原理是时序关系预测的理论基础。预测对象的发展是连续过程,现在状态是过去状态的演变结果,未来状态是现在状态的演变。可以根据事物发展的惯性推测其未来发展趋势。

可类推原理是因果关系预测的理论基础。预测对象必然存在某种结构,若已知两事件间的相互制约关系,则可利用一个事件的发展规律类推另一个。

预测过程通常由预测目标确定、预测信息获取、预测模型建立、预测结果输出四个部分组成如图 5 - 32 所示。

(1)预测目标确定。明确研究对象,以及预测的性质和内容,分析预测的关联因素,进行相关信息收集准备工作。

(2)预测信息获取。准确全面的信息收集是进行预测的基础,直接影响预测结果的准确性和可信度。应充分利用各种信息获取的渠道和方式,收集预测对象的现状信息、历史信息,以及其他相关信息。对于获取的信息,应进行客观处理和分析,筛选和甄别出预测的有效信息。

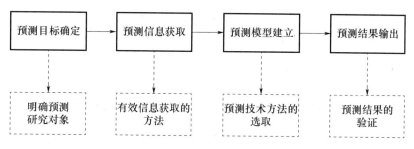

图 5 - 32　预测过程示意图

（3）预测模型建立。分析并选择合适的预测方法,构建预测模型。预测方法的选择是预测过程的关键环节,应根据预测对象、信息资料、预测目标等确定合适的预测方法。模型预测的实质是将获取的信息数据作为模型已知条件,确定预测模型参数值,通过运算和分析,获得模型预测结果。

（4）模型结果输出。预测结果是在预测模型运算的基础上,提出的预测对象发展趋势、程度等规律性结论。可采用预测值与历史值对比的方法,对预测结果进行检验,确定预测结果与实际结果之间的误差,若误差较大,则应检查获取的信息数据是否准确,构建的预测模型是否合理,把误差降低到预测允许的范围内。

2. 预测方法分析与评价

预测可分为定性预测和定量预测,定性预测主观因素较强,多用于定性分析;定量预测按照预测机理可分为时序关系预测和因果关系预测。时序关系预测是用变量把事物发展的惯性趋势在时间轴上的变化规律表示出来,用变量把过去纵向统计信息外推进行的预测方法,主要用于预测对象内在发展趋势已知的情况,需要收集纵向统计信息。因果关系预测是以事物变化的因果关系为基础,通过收集预测所需的因果信息,将事物的发展趋势用近似的函数关系表示出来,适用于事物因果关系清晰且具备全面的横向统计资料。定量预测常用方法包括回归分析预测法、时间序列预测法、马尔可夫预测法、灰色关联分析预测法、贝叶斯网络预测法、神经网络预测法、粗糙集预测法、相似系统理论预测法等。

各种预测方法有其特点和适用范围,应根据预测对象的性质类别和已知条件,选取合适的预测方法,如表 5 - 24 所列。

表 5 - 24　各种预测方法比较

序号	预测方法名称	适应性	准确性	计算量	样本要求
1	回归分析预测法	多元线性	一般	较大	较高
2	时间序列预测法	多元线性	较高	较大	较高
3	马尔可夫预测法	随机离散	较高	较大	较高
4	灰色关联分析预测法	多元非线性	较高	较小	一般
5	贝叶斯网络预测法	多元非线性	较高	较大	一般
6	神经网络预测法	多元非线性	较高	较小	一般
7	粗糙集预测法	多元非线性	一般	较大	较高
8	相似系统理论预测法	多元非线性	较高	较小	一般

由于预测对象是地面突击装备发动机使用状态,影响因素较多,为非线性关系,并且难以获得大量全面的统计样本,因此,根据表 5 - 24 预测方法比较结果,选择对样本要求较低、计算量相对较小的灰色关联分析预测法、神经网络预测法,以及相似系统理论预测法,对地面突击装备发动机使用状态进行评估,综合预测其剩余使用寿命。

5.4.2　地面突击装备发动机使用影响因素指标体系构建

地面突击装备发动机是地面突击装备的动力源,使用环境恶劣、复杂多变。发动机在使用过程中,其性能、可靠性、寿命,以及维护保养规范,受使用条件的影响也不同。本节在分析地面突击装备发动机工作状态特点的基础上,构建发动机使用影响因素指标体系,应用相关性分析方法进行指标优化约简;采用 AHP 方法定量确定使用影响因素指标权重,为发动机技术状态及使用寿命的综合评估研究奠定基础。

1. 地面突击装备发动机工作状态分析

以输出轴转速、控制机构的位置、热的状况和运转的环境条件所表征的发动机状态,称为发动机工作状态,可分为稳定工作状态和不稳定工作状态,与发动机牵引特性、行驶的外界条件,以及行驶过程中驾驶员对路面情况的处理及其驾驶水平等因素有关。在使用转速下发动机产生的扭矩与外界阻力矩平衡,称发动机在该转速下达到稳定工作状态。在某转速下发动机产生的扭矩与外界阻力矩不平衡时,发动机处于不稳定工作状态。

经验表明,发动机的工作过程,可用稳定工况和制动工况相互转换的特殊循环进行模拟。该循环可看作驾驶员对发动机的使用操作,循环次数在 1km 行程总计约为 10~15 次,取决于路面情况和驾驶员驾驶水平。统计表明,地面突击装备发动机以最大负荷、部分负荷,以及在制动工况下,累计相对工作时间比例分别为 20%、60%、20%。

2. 地面突击装备发动机使用影响因素分析

地面突击装备发动机使用影响因素是指影响地面突击装备发动机工况及使用寿命的因素,包括机内因素与环境因素,其中环境因素主要包括气候环境因素、地理环境因素和人机环境因素三个部分。

1)气候环境因素分析

气候环境对地面突击装备发动机工况及使用寿命的影响因素主要有气温、空气密度、气压、湿度等。

在低温情况下,发动机启动困难,功率下降,燃料消耗率增加,磨损加剧,故障增多。在高温情况下,发动机容易过热,功率下降,燃料消耗率增加。

空气密度随温度升高而减小,随相对湿度增大而减小。空气温度高,空气密度下降,进入发动机汽缸内的空气量减少,导致燃料燃烧情况变坏,发动机功率下降,并使燃料消耗率增加。

2)地理环境因素分析

地理环境对地面突击装备发动机工况及使用寿命的影响因素主要有海拔、空气含尘量以及道路状况等。

随海拔的增加,气温、气压和空气密度下降,导致发动机燃料燃烧不完全,功率下降,燃料消耗率增加;同时,由于后燃严重,排气温度增高,易造成发动机过热。

当发动机运转时,尘土随空气进入发动机会造成不同程度的磨损和损坏,尘土对柴油发动机的损坏机理是造成运动件磨损,包括活塞环、活塞和缸套,导致汽缸压缩压力急剧下降,发动机功率降低,润滑油消耗率剧增;尘土进入曲轴箱中会污染润滑油,破坏润滑系工作。

地面突击装备在行驶过程中,不同路面上的行驶阻力和附着力存在较大差异,导致发动机的负荷和功率消耗程度不同,行驶阻力越大,发动机负荷越重,附着力越小,发动机功率消耗也越大。

3)人机环境因素分析

人机环境对地面突击装备发动机工况及使用寿命的影响因素主要有驾驶水平、维护保养程度等。

地面突击装备发动机工况很大程度上受驾驶员驾驶水平的影响,驾驶员对路面情况处理不准,操作熟练程度差,使得发动机负荷急剧变化或超负荷运转

147

等,都会影响发动机的正常使用寿命。

地面突击装备维护保养制度严格落实,发动机能够及时得到维护保养,有利于发动机性能的充分发挥。

4) 机内因素分析

影响地面突击装备发动机使用状况的机内因素主要包括发动机负荷、机油压力、机油质量、油水温度等。

发动机负荷的变化与驾驶员驾驶水平、道路状况有关,发动机长时间负荷过重,会导致发动机磨损严重,使用寿命缩短。

油压是关系发动机使用寿命的一项关键指标,油压过低或过高都对发动机的使用寿命造成直接影响。机油压力过低,润滑油不能充分到达各摩擦表面,会加剧发动机磨损;机油压力过高:一方面发动机活塞与汽缸壁间的润滑油过多,会导致润滑油窜入燃烧室形成大量积炭,加剧磨损;另一方面会导致油管破裂漏油,损坏发动机。

机油质量是发动机良好运转和减少磨损的重要保证。机油质量变质、混有杂质等会造成发动机早期磨损,应根据发动机运行状况及时更换润滑油。

根据以上分析,地面突击装备发动机使用影响因素,如图5-33所示。

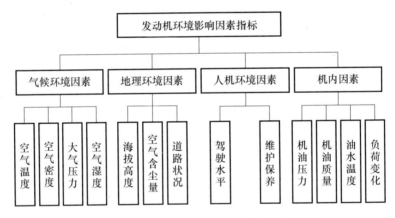

图5-33　地面突击装备发动机使用影响因素

3. 影响因素约简及指标体系构建

图5-33中,地面突击装备发动机使用影响因素包括四类13个因素,指标数量过多容易造成定量评估模型维数高、求解困难的问题,因此,需要对影响因素进行优化和约简,剔除冗余影响因素。约简方法主要有相关性分析法、灰色关联度法、粗糙集属性约简法,以及PCA方法等,各种方法具有不同的特点和适用性,如表5-25所列。

表 5 - 25　约简方法比较分析

序号	方法名称	数据依赖程度	计算量	多指标适应性	约简指标可信性	性质	约简指标物理意义
1	相关性分析法	一般	较小	较强	较强	定性定量结合	有
2	灰色关联度法	较强	较大	较强	一般	定量	有
3	粗糙集属性约简法	较强	较大	较弱	一般	定性定量结合	有
4	PCA 方法	较强	较大	较弱	一般	定量	无

通过表 5 - 25 分析可知,灰色关联度法、粗糙集属性约简法、PCA 方法对指标样本数据的依赖性较强,数据计算工作量较大,由于地面突击装备发动机使用影响因素指标样本数据量少、部分因素之间具有一定关联性,可采用相关性分析法对影响因素进行优化和约简。地面突击装备发动机使用影响因素相关关系如图 5 - 34 所示。

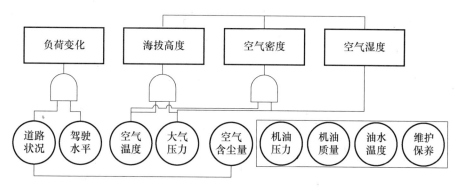

图 5 - 34　地面突击装备发动机使用影响因素相关关系

（1）负荷变化因素可由道路状况和驾驶水平两个因素决定,如在道路状况（主要指地形状况）复杂、驾驶水平较低的情况下,发动机负荷变化剧烈,磨损加重。

（2）海拔高度因素对发动机的影响可由空气温度和大气压力两个因素表示,空气温度和大气压力随海拔高度的升高而下降,导致发动机功率和燃油经济性下降。

（3）空气密度因素可由空气温度和大气压力以及空气湿度三个因素决定,空气密度随温度升高而减小,随空气湿度的增大而减小。空气密度下降会导致发动机功率下降,燃料消耗率增加。

（4）空气湿度因素对发动机的影响主要体现在空气密度和大气压力两个方面。

（5）空气含尘量因素与道路状况的路面质量、土壤成分有关，在道路状况因素只考虑地形状况的情况下，可作为独立影响因素。空气含尘量高会导致发动机磨料磨损加剧，影响发动机使用寿命。

（6）机油压力、机油质量、油水温度和维护保养等因素为独立影响因素。其中，机油压力或油水温度过低，以及机油质量差、杂质较多，会导致发动机磨损加剧，使用寿命缩短。

根据地面突击装备发动机使用影响因素相关关系分析，保留相对独立的因素，约简冗余因素，优化后发动机使用影响因素指标体系如图 5 - 35 所示。

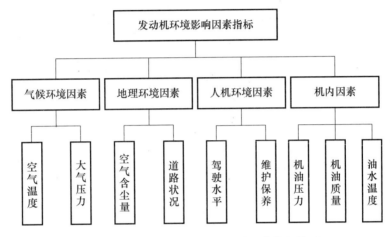

图 5 - 35　约简后发动机使用影响因素指标体系

4. 影响因素指标权重计算

约简后地面突击装备发动机使用影响因素指标有 9 个，可采用 AHP 法确定指标权重，采用综合加权专家打分法，对比各影响因素指标重要程度，建立两两比较判断矩阵，即

$$D = \begin{bmatrix} 1 & 2 & 1 & 1/2 & 1/2 & 3 & 1/3 & 1/2 & 1/3 \\ 1/2 & 1 & 1/2 & 1/4 & 1/4 & 2 & 1/6 & 1/4 & 1/6 \\ 1 & 2 & 1 & 1/2 & 1/2 & 3 & 1/3 & 1/2 & 1/3 \\ 2 & 4 & 2 & 1 & 1 & 5 & 1/2 & 1 & 1/2 \\ 2 & 4 & 2 & 1 & 1 & 5 & 1/2 & 1 & 1/2 \\ 1/3 & 1/2 & 1/3 & 1/5 & 1/5 & 1 & 1/9 & 1/5 & 1/9 \\ 3 & 6 & 3 & 2 & 2 & 9 & 1 & 2 & 1 \\ 2 & 4 & 2 & 1 & 1 & 5 & 1/2 & 1 & 1/2 \\ 3 & 6 & 3 & 2 & 2 & 9 & 1 & 2 & 1 \end{bmatrix}$$

计算判断矩阵 $\boldsymbol{D}$ 的排序权向量,可得

$$\boldsymbol{w}_D = \begin{bmatrix} 0.07 & 0.04 & 0.07 & 0.12 & 0.12 & 0.02 & 0.22 & 0.12 & 0.22 \end{bmatrix}^T$$

对判断矩阵 $\boldsymbol{D}$ 进行一致性检验,特征根 $p = 9.034$,一致性指标 CI = 0.004。

查表得,平均随机一致性指标 RI = 1.46,一致性比例 CR = 0.003 < 0.1,判断矩阵的一致性可以接受。

地面突击装备发动机使用影响因素指标权重,如表 5 - 26 所列。

表 5 - 26 地面突击装备发动机使用影响因素指标权重值

序号	指标名称	指标性质	权重值
1	空气温度	气候环境	0.07
2	大气压力	气候环境	0.04
3	空气含尘量	地理环境	0.07
4	道路状况	地理环境	0.12
5	驾驶水平	人机环境	0.12
6	维护保养	人机环境	0.02
7	机油压力	机内因素	0.22
8	机油质量	机内因素	0.12
9	油水温度	机内因素	0.22

5.4.3 基于权重灰色关联分析的发动机使用状态评价

1. 权重灰色关联分析方法

灰色关联分析是灰色系统分析和预测的基础,用来定量表征比较系统特征参量序列与参照系统之间的相关程度,是一种相对性排序分析,实质是对曲线几何形状的分析比较,包括绝对值关联度和速率关联度等分析方法,其中绝对值关联度分析方法最为常用。权重灰色关联分析方法是将赋权算法(如 AHP 方法)与灰色关联分析方法相结合的一种系统分析方法,是在传统灰色关联分析方法的基础上,应用赋权算法计算系统各特征参数权值,能够更准确的定量研究系统间的关联程度。

定义设系统各因素参考序列和比较序列分别为

$$\begin{cases} x_0(t_k) = \{x_0(t_1), x_0(t_2), \cdots, x_0(t_n)\}, k = 1, 2, \cdots, n \\ x_j(t_k) = \{x_j(t_1), x_j(t_2), \cdots, x_j(t_n)\}, j = 1, 2, \cdots, I \end{cases}$$

x_0 与 x_j 关于系统评价指标 t_k 的关联系数为

$$\xi_{0j}(t_k) = \frac{\Delta_{\min} + \zeta\Delta_{\max}}{\Delta_{0j}(t_k) + \zeta\Delta_{\max}}, \zeta = \text{const} \quad (5-17)$$

其中

$$\Delta_{\min} = \min_I \min_n |x_0(t_k) - x_j(t_k)|, k = 1, 2, \cdots, n; j = 1, 2, \cdots, I \quad (5-18)$$

$$\Delta_{\max} = \max_I \max_n |x_0(t_k) - x_j(t_k)|, k = 1, 2, \cdots, n; j = 1, 2, \cdots, I \quad (5-19)$$

$$\Delta_{0j}(t_k) = |x_0(t_k) - x_j(t_k)|, k = 1, 2, \cdots, n; j = 1, 2, \cdots, I \quad (5-20)$$

（1）当序列 $x_0(t_k)$ 与 $x_j(t_k)$ 中的各指标值量纲或比例尺不同时，需要对序列数据进行无量纲处理。

（2）关联系数 $\xi_{0j}(t_k)$ 受 $\Delta_{\min}$ 与 $\Delta_{\max}$ 的影响，同一个比较序列单独与参考序列比较与多个比较序列共同比较的关联系数计算结果是不同的，因此，可以分别单独计算不同比较序列与参考序列的关联系数。

参考序列与比较序列的绝对值关联度为

$$r_{0j} = \frac{1}{n}\sum_{k=1}^{n} \xi_{0j}(t_k) \quad (5-21)$$

上式计算的绝对值关联度是各关联系数的算术平均值，即认为系统各指标的权重相等。在考虑系统各指标权重影响的情况下，可由 AHP 方法确定各指标综合权重 $w(t_k)(k = 1, 2, \cdots, n)$，对应的绝对值关联度为

$$r'_{0j} = \sum_{k=1}^{n} \xi_{0j}(t_k)w(t_k) \quad (5-22)$$

2. 地面突击装备发动机使用状态评价

1）地面突击装备发动机标准使用状态

地面突击装备发动机在不同使用条件下的使用状态不同，定义发动机使用条件修正系数为 $a(a \geq 1)$，发动机消耗摩托小时当量为 T，发动机运转时间为 T_r，则 $T = aT_r$。地面突击装备发动机标准使用状态是指发动机在使用过程中，各种使用影响因素（包括气候因素、地理因素、人机因素和机内因素）均处于相对理想的状态，有利于发动机使用性能的充分发挥。定义发动机在标准使用状态下运转时，其使用条件修正系数 $a_s = 1$，即发动机在标准使用状态下运转 1 小时，相对于消耗 1 摩托小时当量。地面突击装备发动机标准使用状态参数指标，如表 5-28 所列。

表 5-28　地面突击装备发动机标准使用状态参数指标值

序号	指标	指标值/范围	单位
1	空气温度	10~25	℃
2	大气压力	1	atm

（续）

序号	指标	指标值/范围	单位
3	空气含尘量	≤0.001	g/m³
4	道路状况	较好	—
5	驾驶水平	优秀	—
6	维护保养	良好	—
7	机油压力	0.6～1	MPa
8	机油质量	良好	—
9	油水温度	70～90	℃

注：1 atm = 101.322 Pa

2）地面突击装备发动机使用状态评价应用

某地面突击装备发动机运转过程中的使用状态参数指标值，如表 5-29 所列，下面应用权重灰色关联分析方法对其使用状态进行评价计算。

表 5-29 某地面突击装备发动机实际使用状态参数指标值

序号	指标	指标值/范围	单位
1	空气温度	5	℃
2	大气压力	0.8	atm
3	空气含尘量	0.6	g/m³
4	道路状况	较差	—
5	驾驶水平	优秀	—
6	维护保养	良好	—
7	机油压力	0.6	MPa
8	机油质量	良好	—
9	油水温度	80	℃

（1）指标值无量化处理。常用的指标值无量化处理方法有初值化处理、均值化处理、规格化处理，这些方法对于处理数值是可行的，但缺乏实际物理意义。根据 5.4.2 节地面突击装备发动机使用影响因素分析，可采用专家打分法对各影响因素指标进行分级定量化，进行指标值无量化处理，如表 5-30 所列，表中评价值越高表示对应的影响因素指标越有利于发动机运转。

表 5－30　地面突击装备发动机使用影响指标无量化处理

序号	指标	指标值/范围	单位	评价值
1	空气温度	10 ~ 25	℃	4
		5 ~ 10 或 ≤25		3
		－15 ~ 5		2
		≤ －15		1
2	大气压力	1	atm	4
		0.8 ~ 1		3
		0.6 ~ 0.8		2
		<0.6		1
		≤0.5		5
3	空气含尘量	0.5 ~ 1	g/m³	4
		1 ~ 3		3
		3 ~ 5		2
		5 ~ 10		1
4	道路状况	较好	—	3
		一般		2
		较差		1
5	驾驶水平	优秀	—	3
		良好		2
		较差		1
6	维护保养	良好	—	3
		一般		2
		较差		1
7	机油压力	0.6 ~ 1.0	MPa	3
		0.2 ~ 0.6		2
		<0.2 或 >1.0		1
8	机油质量	良好	—	3
		一般		2
		较差		1
9	油水温度	70 ~ 90	℃	3
		≤70		2
		90 ≤		1

根据 5.4.2 节对发动机工作状态的表述,可用稳定工况和制动工况转换循环数分别对驾驶水平和道路状况进行评价。评价驾驶水平时,按照一般路面行驶 1km 行程,循环次数在 10～15 次为良好,小于 10 次为优秀,大于 15 次为较差;评价道路状况时,按照良好水平驾驶,循环次数在 10～15 次为一般道路,小于 10 次为较好,大于 15 次为较差。

(2)构建参考序列与比较序列。根据表 5－28～表 5－30 比较可得,标准使用状态与实际用状态影响因素指标评价值,如表 5－31 所列。

表 5－31　标准使用状态与实际使用状态指标评价值

序号	指标	标准使用状态	实际使用状态
1	空气温度	4	3
2	大气压力	4	3
3	空气含尘量	5	4
4	道路状况	3	1
5	驾驶水平	3	3
6	维护保养	3	3
7	机油压力	3	3
8	机油质量	3	3
9	油水温度	3	3

根据表 5－31,构建参考序列与比较序列:

$$\begin{cases} x_0(t_k) = \{4,4,5,3,3,3,3,3,3\}, k = 1,2,\cdots,9 \\ x_1(t_k) = \{3,3,4,1,3,3,3,3,3\} \end{cases}$$

(3)计算参考序列与比较序列的绝对差值及关联系数。由式(5－17)～式(5－22)(分辨系数 $\zeta = 0.5$)计算 $x_0(t_k)$ 与 $x_1(t_k)$ 的绝对差值及关联系数,如表 5－32 所列。

表 5－32　$x_0(t_k)$ 与 $x_1(t_k)$ 的绝对差值及关联系数

序号 参数	1	2	3	4	5	6	7	8	9
$x_0(t_k)$	4	4	5	3	3	3	3	3	3
$x_1(t_k)$	3	3	4	1	3	3	3	3	3
$\Delta_{01}(t_k)$	1	1	1	2	0	0	0	0	0
$\xi_{01}(t_k)$	1/2	1/2	1/2	1/3	1	1	1	1	1

(4)计算绝对值关联度。将表5－32计算结果及表5－27中各指标权重值，代入式(5－22)，计算 $x_0(t_k)$ 与 $x_1(t_k)$ 的绝对值关联度 $r'_{0j}=0.83$。

(5)计算结果分析。发动机使用条件修正系数 $a=1/r'_{0j}=1.20$，即地面突击装备在该使用条件下运转1h，消耗的摩托小时数当量为1.20。

5.4.4 基于相似系统理论的发动机使用状态评价

1. 相似系统理论与方法

事物客观存在一定的特性，当事物间存在共有特性，而刻画其特征值可能有差别时，称事物间共有的特性为相似特性。当系统间存在相似特性时，称系统间存在相似性，其实质是系统间客观存在的属性和特征的相似。相似系统理论能够基于系统特征值对系统相似性进行定量分析，其一般分析方法如下。

(1)识别系统的组成元素及相互关系等特性。

(2)识别相似特性，具有相似特性的元素为相似元素，构成相似元 u_i。

(3)提取元素特征数目及特征值，反映元素相似程度。

(4)计算系统 A 与系统 B 间相似度 $Q(0 \leqslant Q \leqslant 1)$，$Q=1$ 表示系统 A 与 B 特性相同，$Q=0$，表示一切特性不同，相似度 Q 是系统 A、B 中组成元素数量 K、L，系统间相似元素数量 n，以及相似元相似度 $q(u_i)$ 的多元函数，即

$$Q=f(K,L,n,q(u_i)) \tag{5-23}$$

相似系统度量即系统相似度 Q 的求解过程，系统相似度 Q 可用系统间相似元数量函数 Q_n 与相似元相似度函数 Q_c 表示，即

$$Q=Q_nQ_c \tag{5-24}$$

$$Q_n=n/K+L-n \tag{5-25}$$

$$Q_c=\sum_{i=1}^{n}\omega_i q(u_i) \tag{5-26}$$

式(5－26)中，ω_i 为相似元相似度 $q(u_i)$ 的权重值，设系统 A 与系统 B 的相似元素 a_i 与 b_i 构成相似元 u_i，a_i 与 b_i 的特征值分别为 $u(a_i)$ 与 $u(b_i)$，则

$$q(u_i)=\min(u(a_i),u(b_i))/\max(u(a_i),u(b_i)) \tag{5-27}$$

2. 发动机使用状态评价

将地面突击装备发动机的不同使用条件作为相似系统，使用影响因素作为系统相似元，应用相似系统理论对其使用状态进行评价计算。

(1)指标值无量化处理。为保持一致性，将表5－29中发动机实际使用状态参数指标值，用表5－30进行使用影响因素无量化处理。

（2）构建相似系统相似元素特征值序列：
$$A_0 = \{4,4,5,3,3,3,3,3,3\}, A_1 = \{3,3,4,1,3,3,3,3,3\}$$

（3）系统相似度计算：

由式（5 − 24）～ 式（5 − 27）及表 5 − 31，计算 A_0 与 A_1 的相似度 Q：

$$K = L = n = 9$$
$$Q_n = n/K + L - n = 1$$
$$Q = Q_c = 0.8785$$

（4）发动机使用状态定量计算。发动机使用条件修正系数 $a = 1/Q = 1.14$，即地面突击装备在该使用条件下运转 1h，消耗的摩托小时数当量为 1.14。

5.4.5　基于组合预测的发动机使用状态评价

1. 组合预测方法

由于地面突击装备发动机使用状态受多种因素影响，具有不确定性，采用单一预测方法的预测的随机性较大。因此，可采用组合预测的方法提高预测的稳定性和准确度，降低随机性。组合预测方法主要包括两类。

（1）利用不同建模机制进行优势互补，产生新的预测模型，称为模型组合法。在 5.4.3 节中，将 PCA 法和灰色关联分析相结合，形成权重灰色关联分析法。此外，模型组合法还包括灰色马尔可夫预测模型、灰色线性回归预测模型、ARIMA 神经网络混合预测模型等。

（2）对多种预测方法得到的预测结果进行加权综合，作为最终预测结果，称为结果组合法，结果组合预测可分为线性组合预测和非线性组合预测。线性组合基本原理如下。

设第 i 种单项预测方法的预测值为 x_i，对应的权系数为 $w_i(i = 1,2,\cdots,m)$，则线性组合预测模型预测值为

$$x = \sum_{i=1}^{m} w_i x_i \qquad (5-28)$$

线性组合预测的关键是找到合理的加权系数，使组合预测值具有更高的预测精度。加权系数的计算方法包括最优方法和非最优方法。

2. 非最优组合加权方法

1）算术平均加权方法

令各预测方法结果的加权系数相等，即

$$w_i = \frac{1}{m}, \sum_{i=1}^{m} w_i = 1, i = 1,2,\cdots,m \qquad (5-29)$$

算术平均加权方法一般用于各单项预测值具有相近的误差方差,但不确定各单项预测模型的具体预测精度的情况。

2)误差平方和倒数法

预测误差平方和是反映预测精度的指标,误差平方和越大,预测精度越低,应赋予该单项预测结果的加权系数越小。

加权系数为

$$w_i = \frac{E_i^{-1}}{\sum\limits_{i=1}^{m} E_i^{-1}}, i = 1, 2, \cdots, m \tag{5-30}$$

E_i 为第 i 种单项预测模型的预测误差平方和:

$$E_i = \sum_{t=1}^{N} (x_t - \widehat{x}_t^{(i)})^2 \tag{5-31}$$

式中:$\widehat{x}_t^{(i)}$ 为第 i 种单项方法在第 t 时刻的预测值;x_t 为预测指标在第 t 时刻的观测值。也可用误差标准差倒数方法进行加权系数的计算:

$$w_i = \frac{E_i^{-1/2}}{\sum\limits_{i=1}^{m} E_i^{-1/2}}, i = 1, 2, \cdots, m \tag{5-32}$$

3. 最优组合加权方法

最优组合加权方法是构建描述预测误差的目标函数,通过求解目标函数极小值的方法确定最优权重。设 e_t 为组合预测在第 t 时刻的预测误差:

$$e_t = x_t - \widehat{x}_t = \sum_{i=1}^{m} w_i e_t^{(i)} \tag{5-33}$$

求解目标函数 Q,可以确定最优权重:

$$\begin{cases} \min Q = f(e_1, e_2, \cdots, e_N) \\ \text{s. t. } \sum\limits_{i=1}^{m} w_i = 1 \end{cases} \tag{5-34}$$

式中:函数 f 包括误差平方和、绝对(相对)误差、最大误差绝对值等多种形式。

最优组合加权方法中的误差均为过去时间内的误差(样本已知误差),实际是对未来时间(未知误差)的预测,在样本内数据的泛化性较好的情况下,可以得到比较精确的预测结果。

4. 基于神经网络的加权方法

基于神经网络的加权方法是将各单项预测模型的预测结果作为神经网络输入,以实际观测值作为网络期望输出,用神经网络建立各单项预测结果和实际观测值之间的非线性映射关系,其本质是通过神经网络的学习训练,生成各单项预测结果的权重,避免大量的权重计算过程,输出结果即组合预测值。

5. 发动机使用状态组合预测

根据不同组合预测方法的特点和适用范围,采用算术平均加权方法组合预测地面突击装备发动机使用状况,设权重灰色关联分析预测、相似系统理论预测、BP 神经网络预测三种单项预测方法权重分别为

$$w_1 = 1/3, w_2 = 1/3, w_3 = 1/3$$

将表 5 – 29 中发动机实际使用状态参数指标值,用表 5 – 30 进行使用影响因素无量化处理,作为网络输入,可以通过 BP 神经网络运算,得预测输出值 1. 19。

由 5. 4. 3 节和 5. 4. 4 节可知,权重灰色关联分析预测、相似系统理论预测、BP 神经网络预测的单项预测值分别为

$$\hat{x}_1 = 1.20, \hat{x}_2 = 1.14, \hat{x}_3 = 1.19$$

因此,组合预测结果为

$$\hat{x} = \sum_{i=1}^{3} w_i \hat{x}_i = 1.18$$

第6章
自主式保障维修策略和决策技术

　　自主式保障维修的核心问题是在状态评估与寿命预测的基础上,根据维修决策模型,针对具体装备选择合理的维修策略,并通过一定的机制安排维修计划并付诸实施。装备的自主式保障维修策略,不能以基于状态的维修(Condition Based Maintenance,CBM)完全取代现有的维修方式,而是在现行定期维修为主的维修体制基础上,逐步增大实施 CBM 的比重。维修决策和策略的内容涉及维修方式选择、视情维修决策等,本章以地面突击装备为例,对装备自主式保障维修策略和决策展开论述。

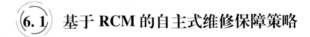 基于 RCM 的自主式维修保障策略

6.1.1　装备维修保障策略分析

　　保障策略是指为恢复和保持装备战术技术性能,在一定保障约束条件下,按照一定保障原则,采取相应的保障方式或方法。保障策略的先进程度与保障关键技术水平密切相关。装备的传统维修保障策略是以定期预防性维修(Time - Based Maintenance,TBM)和事后修复性维修(Corrective Maintenance,CM)为主的被动式保障,这种保障策略具有很大的局限性,主要表现在:保障规模的不断增大使寿命周期费用显著增长,容易造成"维修不足"和"维修过剩"的现象。随着故障诊断和信息技术水平的不断提高,CBM 逐渐发展起来,这种维修方式通过装备监测数据对装备的技术状态进行实时评估,预测装备的剩余寿命或功能故障,视情确定维修的范围和最佳的维修时机,提高维修效益,但需要以先进的诊断系统和维修技术为技术支撑。

　　通过对装备(设备)状态的客观分析和在维修过程中采用动态控制和管理,

CBM 能够有效地减少维修活动中的不确定性,但并不是所有装备(设备)都适合开展 CBM 工作。在实际的装备(设备)管理工作中,根据装备(设备)的重要程度、优先等级和故障模式的特征,往往应采取不同的维修策略。某些设备作为装备系统的重要组成部分,它们的运行状态直接影响到装备系统的整个运行过程,停机或失效会造成任务的终止。因此,对于这些设备必须采用实时在线的手段对它们进行机械保护和状态监测管理。

对于装备的自主式保障并不是所有部件都能采取 CBM 策略,应该综合考虑技术可行性、部件故障特性、经济承受性等要素,对维修策略进行选择。也就是说,装备自主维修保障应该以最低的资源消耗实现最大的保障效益为原则,采取以 CBM 为主,TBM、CM 多样化维修方式并存发展的维修保障策略。例如,对于地面突击装备,其传统保障与主动式保障策略示意图如图 6-1 所示。

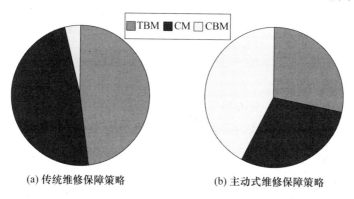

(a) 传统维修保障策略　　　　　　　(b) 主动式维修保障策略

图 6-1　地面突击装备传统保障与主动式保障策略示意图

装备自主式维修保障针对不同功能部件的故障模式,采取不同的维修方式。因此,应用以可靠性为中心的维修(Reliability Centered Maintenance,RCM)理论和 AHP 方法,计算不同功能部件对应维修方式的组合权重,从而确定合理的维修方式。

6.1.2　基于 RCM 理论和 AHP 的维修方式评价决策

1. RCM 基本理论

RCM 是按照以最少的资源消耗保持装备固有可靠性和安全性的原则,应用逻辑决断的方法确定装备预防性维修要求的过程或方法。RCM 的基本观点主要有以下四点。

(1)装备的固有可靠性与安全性是由其设计制造决定的,有效的维修只能保持装备的性能,维修次数越多,不一定会使装备越可靠、越安全,应以最小的经济代价保持和恢复装备的固有可靠性与安全性。

（2）对于不同故障后果的产品，以故障后果的严重性为重要依据，采取对应的维修策略。对于复杂装备的重要功能产品（系统），应从保证安全性、任务成功性等方面考虑维修方式的选择；对于非重要功能产品（系统），可以从维修的经济性方面加以权衡。

（3）对于不同故障规律的产品，应采取不同的维修方式和时机。如定时拆修或更换适用于耗损性故障规律的产品；检查、监控、视情维修，适用于无耗损故障规律的产品。

（4）不同维修方式的资源消耗、费用、技术难度等是不同的，应根据需要选择有效适用的维修方式。

根据 RCM 理论，以地面突击装备为例，选取发动机、液压助力系统、主离合器为重要功能部件，并对其进行故障危害度评估。

2. 故障严酷度与发生概率分类

严酷度类别是装备故障造成的最坏潜在后果的量度表示，严酷度一般分为以下四类。

Ⅰ类（灾难故障）：造成人员死亡或装备系统毁坏的故障。

Ⅱ类（致命故障）：导致人员严重受伤，装备系统严重损坏的故障。

Ⅲ类（严重故障）：使人员受伤，装备系统性能下降或轻度损坏的故障。

Ⅳ类（轻度故障）：不足以导致上述三类后果的故障，但需要进行维修。

装备故障严酷度分类及其量化值，如表 6 - 1 所列。

表 6 - 1　装备故障严酷度分类及量化值

序号 项目	类　　别	故障后果描述	量化值
1	灾难故障	造成人员死亡或系统毁坏	4
2	致命故障	导致人员重伤或系统严重损坏	3
3	严重故障	导致人员轻度受伤或系统轻度损坏	2
4	轻度故障	不足以导致上述三类后果	1

装备故障发生概率可用于评价故障的危害性，划分为以下四个等级。

A 级（经常发生）：在装备工作期间，发生故障的概率很高，即一种故障模式出现的概率大于总故障概率的 20%。

B 级（很可能发生）：在装备工作期间，发生故障的概率中等，即一种故障模式出现的概率为总故障概率的 10% ~ 20%。

C 级(偶然发生):在装备工作期间发生故障是偶然的,即一种故障模式出现的概率为总故障概率的 1% ~10%。

D 级(很少发生):在装备工作期间发生故障是很少的,即一种故障模式出现的概率为总故障概率的 0.1% ~1%。

装备故障发生概率等级及其量化值,如表 6 - 2 所列。

表 6 - 2　装备故障发生概率等级及量化值

序号＼项目	类　别	概率等级描述	量化值
1	经常发生	发生概率大于总故障概率的 20%	4
2	很可能发生	发生概率占总故障概率的 10% ~20%	3
3	偶然发生	发生概率占总故障概率的 1% ~10%	2
4	很少发生	发生概率占总故障概率的 0.1% ~1%	1

3. 重要功能部件故障危害度评估

故障危害度是综合考虑故障严酷度和故障发生概率的量化指标。根据表 6 - 1 和表 6 - 2 中的量化值,可用矩阵表示各种故障严酷度和发生概率下的故障危害度计算值:

$$C = \begin{bmatrix} 4 & 8 & 12 & 16 \\ 3 & 6 & 9 & 12 \\ 2 & 4 & 6 & 8 \\ 1 & 2 & 3 & 4 \end{bmatrix}$$

根据故障危害度矩阵 C,可以确定装备各分系统、部件的故障危害度,这里选取地面突击装备底盘系统不同类型重要功能部件(发动机、液压助力系统、主离合器)为例进行计算。根据某部队地面突击装备故障数据统计,地面突击装备发动机、液压助力系统、主离合器的故障危害度评估值如表 6 - 3 所列。

表 6 - 3　重要功能部件故障危害度评估值

序号＼项目	重要功能部件	故障严酷度	占总故障比重/%	危害度
1	发动机	致命故障	50	12
2	液压助力系统	轻度故障	10	2
3	主离合器	严重故障	11	6

4. AHP 方法

AHP 方法是一种定性与定量相结合的决策分析方法,主要包括四个基本步骤。

(1) 建立递阶层次结构。把复杂问题分解为各元素组成的若干层次,最顶层是分析问题的预定目标,称为目标层;中间层是影响目标层的各种因素组合,称为准则层(子准则层);最底层是各决策对象,称为方案层,如图 6 - 2 所示。

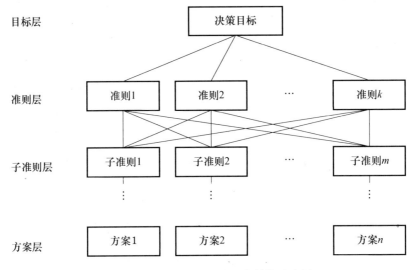

图 6 - 2　典型 AHP 递阶层次结构示意图

(2) 构造两两比较判断矩阵。设递阶层次结构同一层次的各元素 $A_1, A_2, \cdots,$ A_n 以相邻上一层次元素 C_k 作为准则,根据 $A_1, A_2, \cdots, A_n$ 重要性,采取 1 ~ 9 标度的两两比较方法构造判断矩阵,如表 6 - 4 所列。

表 6 - 4　两两比较数量标度的含义

数量标度	定义	说　明
1	同等重要	两个元素对某一属性具有同样重要性
3	稍微重要	两个元素相比较,一元素比另一元素稍微重要
5	明显重要	两个元素相比较,一元素比另一元素明显重要
7	重要得多	两个元素相比较,一元素占主导地位
9	极为重要	两个元素相比较,一元素占绝对优势

(3)计算单一准则的元素相对权重。

① 将判断矩阵元素按列归一化;

② 将按列归一化后判断矩阵按行相加；

③ 将所得到向量归一化得到排序权向量，即单一准则下元素的相对权重；

④ 对判断矩阵进行一致性检验。

（4）计算各层元素组合权重。为得到递阶层次结构中各层次所有元素相对于总目标的相对权重，要将单一准则下元素相对权重进行组合，进行总一致性检验，该过程自上而下逐层进行。

5. 维修方式评价指标

通过分析定期预防性维修、事后维修、基于状态维修三种维修方式的特点，得到维修方式评价指标。

（1）有效性，反映维修工作满足装备安全性和任务性要求的程度。

（2）经济性，反映维修工作消耗保障资源的程度。

（3）技术性，反映实施维修工作所需的技术支持程度。

按照 RCM 理论，应在保证安全性和任务性的前提下，选择资源消耗较低的维修方式以提高保障效益。因此，对于具有不同故障危害度的重要功能部件，各维修方式评价指标所占的权重也不相同，即各评价指标的权重值并不是固定的，而是由部件故障危害度决定，采用专家打分法，各评价指标的权重值如表6－5所列。

表6－5　维修方式评价指标权重值

项目 序号	重要功能部件	危害度	有效性指标	经济性指标	技术性指标
1	发动机	12	5	1	3
2	液压助力系统	2	1	5	3
3	主离合器	6	3	1	5

6. 维修方式定量评价

建立重要功能部件维修方式评价的 AHP 层次结构模型，如图6－3所示。

由图6－3得到方案层各元素在准则层各准则下的比较判断矩阵：

$$\boldsymbol{B}_1 = \begin{bmatrix} 1 & 1/5 & 1/3 \\ 5 & 1 & 3 \\ 3 & 1/3 & 1 \end{bmatrix}, \boldsymbol{B}_2 = \begin{bmatrix} 1 & 3 & 1/3 \\ 1/3 & 1 & 1/5 \\ 3 & 5 & 1 \end{bmatrix}, \boldsymbol{B}_3 = \begin{bmatrix} 1 & 1 & 3 \\ 1 & 1 & 3 \\ 1/3 & 1/3 & 1 \end{bmatrix}$$

建立各部件准则层准则对目标层的比较判断矩阵：

$$\boldsymbol{D}_1 = \begin{bmatrix} 1 & 1/5 & 1/3 \\ 5 & 1 & 3 \\ 3 & 1/3 & 1 \end{bmatrix}, \boldsymbol{D}_2 = \begin{bmatrix} 1 & 5 & 3 \\ 1/5 & 1 & 1/3 \\ 1/3 & 3 & 1 \end{bmatrix}, \boldsymbol{D}_3 = \begin{bmatrix} 1 & 1/3 & 1/5 \\ 3 & 1 & 1/3 \\ 5 & 3 & 1 \end{bmatrix}$$

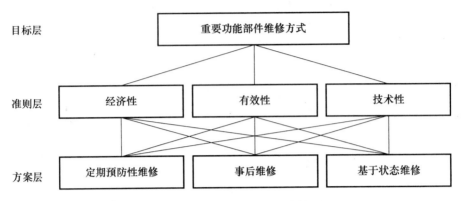

目标层 　重要功能部件维修方式

准则层 　经济性　有效性　技术性

方案层 　定期预防性维修　事后维修　基于状态维修

图 6 – 3　维修方式评价层次结构图

应用和积法计算各比较判断矩阵对应的排序权向量：

$$
\boldsymbol{w}_{B_1} = \begin{bmatrix} 0.11 \\ 0.63 \\ 0.26 \end{bmatrix}, \boldsymbol{w}_{B_2} = \begin{bmatrix} 0.43 \\ 0.14 \\ 0.43 \end{bmatrix}, \boldsymbol{w}_{B_3} = \begin{bmatrix} 0.43 \\ 0.43 \\ 0.14 \end{bmatrix},
$$

$$
\boldsymbol{w}_{D_1} = \begin{bmatrix} 0.11 \\ 0.63 \\ 0.26 \end{bmatrix}, \boldsymbol{w}_{D_2} = \begin{bmatrix} 0.63 \\ 0.11 \\ 0.26 \end{bmatrix}, \boldsymbol{w}_{D_3} = \begin{bmatrix} 0.11 \\ 0.26 \\ 0.63 \end{bmatrix}
$$

通过一致性检验，认为判断矩阵的一致性是可以接受的。方案层维修方式 θ_1、θ_2、θ_3 相对于目标层重要功能部件维修方式的组合权重，如表 6 – 6 所列。

表 6 – 6　重要功能部件维修方式的组合权重计算

项目 序号	权重值		θ_1	θ_2	θ_3
1	0.11	0.63	0.11	0.63	0.26
2	0.63	0.11	0.26	0.11	0.63
3	0.26	0.26	0.63	0.43	0.14
4	组合权重值		0.288	0.250	0.462
			0.210	0.521	0.269
			0.351	0.368	0.281

由表 6 – 6 可知，发动机维修对应的维修方式权重集为 {0.288, 0.250, 0.462}；液压助力系统维修对应的维修方式权重集为 {0.210, 0.521, 0.269}；主离合器维修对应的维修方式权重集为 {0.351, 0.368, 0.281}；因此，对于地面突击装备自主式维修保障策略如下。

（1）发动机采取基于状态维修为主，预防性维修为辅的维修方式。

（2）液压助力系统可采用事后维修为主，基于状态维修为辅的维修方式。

（3）主离合器应采用定期预防性维修与事后维修相结合的维修方式。

7. 维修策略评价分析

（1）对于大型复杂装备的维修，采用单一的维修方式往往不能达到最佳的维修效益，应针对不同分系统（部件），应用先进的维修理论和科学的分析方法进行定量决策，采用合理的维修方式。

（2）地面突击装备发动机故障的严酷度高、发生概率较大，应当采取基于状态维修为主、预防性维修为辅的维修方式；液压助力系统故障的严酷度低、发生概率不大，可以采取事后维修为主、基于状态维修为辅的维修方式；主离合器故障的严酷度和发生概率适中，可以采取定期预防性维修和事后维修相结合的方式。

6.1.3　基于 RCM 的维修方式逻辑决策

RCM 的维修理论与技术，其核心实质是解决装备维修和管理中的决策问题，包括装备状态评估、维修时机、维修项目、维修资源配置和维修任务调度等。CBM 规定只在对象有明显需求迹象时才进行维修，RCM 则是以最少费用来维持系统或设备的固有可靠性为出发点，确定适用而且有效的维修工作类型与方法，也就是说 RCM 提供 CBM 所遵循的规则。

目前，装备维修过程中大量采用了定期预防性维修的策略，虽说这样不能充分发挥零部件的寿命，但是可以起到预防故障的作用，技术上也较为容易实现。如果在装备的预防性维修中，没有合适的主动性维修对策，而且故障的后果对装备的安全性、任务性及经济性影响不大，故障后修理时间也不长，就可以考虑实施无预定维修策略，即事后修理，这样不仅不影响装备的可用度，还可以节省大量的人力、物力和时间。由此可见，对复杂系统的维修并不是采用单一的维修策略，而是采用多种策略相结合的方法，对于不同的子系统或部件，采用不同的维修策略。既然维修采用多种策略，就必然引起应用中怎样选择的问题，而影响维修策略决策的因素又很多。因此，要综合多种因素，依据一定的目标，进行逻辑的判断，根据判断结果确定维修策略。

根据地面突击装备的实际情况和特点，结合 RCM 理论，从部件（分系统）的重要性、技术可行性、故障后果和经济性方面综合考虑，提出了地面突击装备自主式保障的维修方式逻辑决策模型，如图 6 - 4 所示。

根据地面突击装备 FMECA 分析表中各部件（或分系统）的故障影响、故障后果以及风险优先数（RPN）分析，将其分为关键部件（或分系统）、主要部件

(或分系统)和次要部件(或分系统)。关键部件,主要是指重要功能部件,其故障后果分为安全性后果、任务性后果和经济性后果三种,即关键部件的故障后果会造成严重的安全问题、影响任务的完成或重大的财产损失,如发动机;主要部件,出现故障不会造成大的安全问题。但是,可能会造成任务延期或部分功能中止等问题,如电台、空气滤清器等;次要设备,主要是指一些辅助性的设备,好与坏都不会造成明显的影响和破坏,对任务和安全的影响甚微,如指示灯,扶手架等。

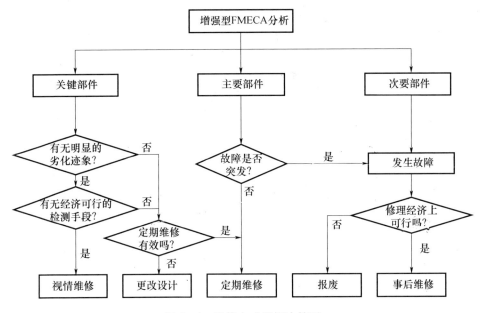

图6-4 维修方式逻辑决策图

对于关键部件,由于其运行状态直接影响到整个系统的运行过程,因此必须确定有效的预防性工作。在技术可行和经济可行等条件满足的前提下,首选采用CBM策略,不可行时也必须采取定期维修策略,否则,必须更改设计;对于主要部件,在掌握其耗损规律并有耗损期(故障非突发)的情况下都应采用定期维修策略,反之,故障突发的情况下维修策略的选择同次要部件;对于次要部件,由于其故障对整个系统影响甚微,在经济上可行的条件下采用事后维修,否则应该报废,直接更换新件。

因此,地面突击装备自主式保障的维修策略就是根据不同部件的重要性、测试性、经济性等因素,通过RCM分析,科学合理地选择不同的维修方式,包含一系列经过严格定义的维修任务,形成一套融事后维修、定期维修、CBM(状态维修)等为一体的、优化的综合维修方式,以提高装备可靠性,降低维修成本。

6.2 基于比例危险模型的视情维修决策

CBM 是一种建立在对装备状态实时或周期性评估基础上的先进维修方式。最初的 CBM 决策仅仅是检测一些基本的状态信号如磨损量,然后根据经验设定这些信号的阈值或进行简单的趋势检验。当检测值超过阈值或趋势发生剧烈变化时,则进行维修。这种方法简单易行,但是对一些复杂的设备,则显得较为粗糙,而且很难反应多种影响因素的综合效应。因此,CBM 的关键是将装备状态参数与装备技术状态之间建立较为精确的联系。解决此问题的一种办法就是建立参数回归模型,在这方面已经有一些研究工作,如采用神经网络模型、小波分析等工具,但是这些模型的建立需要大量的训练数据。比例危险模型能够将设备运行信号与故障率联系起来,而且作为一种统计模型,可应用小样本统计分析方法处理较少的数据,适合用于 CBM。

6.2.1 比例危险模型

为更好地研究运行状态对装备可靠性或故障率的影响,COX 在 1972 年首先提出了比例危险模型(Proportional Hazards Model,PHM),也称为比例风险模型或比例故障率模型。由于比例危险模型的危险函数(故障率函数)不需要作特别的假设,该模型首先在医学试验得到应用,近年来在可靠性领域也越来越受到重视。

比例危险模型中引入一个或多个设备状态参数,如发动机的振动、汽缸压缩压力等参数数据,称为协变量或者回归变量,反映设备的状态信息。比例危险模型具有如下性质:不同个体的危险函数成比例。两个回归向量 X_1 和 X_2 下危险函数之比 $\lambda(t, X_1(t))/\lambda(t, X_2(t))$ 不随时间 t 变化而变化,比例危险函数可以写为

$$\lambda(t, X(t)) = \lambda_0(t) g(X(t)) \qquad (6-1)$$

式中:λ_0 和 g 都可能含位置参数;$\lambda_0(t)$ 可以理解为 $g(X(t)) = 1$ 下的标准危险函数(故障率函数)。

$g(X(t))$ 可以使用各种形式的函数,最常用的是 $g(X(t)) = \exp(\beta X(t)) = e^{\beta X(t)}$,此时比例危险函数变为

$$\lambda(t, X(t)) = \lambda_0(t) e^{\beta X(t)} \qquad (6-2)$$

式中:$\beta X(t) = \beta_1 x_1(t) + \cdots + \beta_p x_p(t)$,$x_i(t)$ 为 t 时刻第 i 个状态参数(回归变量)的检测数据,β_i 为未知回归系数,表示回归变量对危险函数的影响,β 为行向量,

$\boldsymbol{X}(\mathrm{t})$ 为列向量；$\lambda_0(t)$ 为仅与时间相关的基本故障率，模型对 $\lambda_0(t)$ 的形式没有特别的要求，应用中可以根据实际系统取常用的可靠性参数分布，其中最常用的是指数分布、威布尔分布等。应用比例危险模型的关键就是根据状态参数的样本数据求出回归系数 β_i 的估计值。

6.2.2 指数比例危险模型

指数分布除了适应于具有恒定故障率的部件外，还适用于在耗损故障前进行定时维修的部件以及使用寿命期内出现的故障为弱耗损型的部件，很多机械产品最终发生故障主要是由于磨损、疲劳等造成的。在正常使用期内故障呈弱耗损性，此时指数回归模型（即指数比例危险模型）是适当的。指数回归模型的密度函数为

$$f(t, \boldsymbol{X}(t)) = \theta_{\boldsymbol{X}(t)}^{-1} \exp(-t/\theta_{\boldsymbol{X}(t)}), t > 0 \tag{6-3}$$

式中：$\boldsymbol{X}(t)$ 为回归向量；$\theta_{\boldsymbol{X}(t)} = E(T | \boldsymbol{X}(T))$。

如 6.2.1 节所述，$\theta_{\boldsymbol{X}(t)}$ 取最常用的函数形式，即

$$\theta_{\boldsymbol{X}(t)} = \exp(\boldsymbol{\beta X}(t)) = \mathrm{e}^{\boldsymbol{\beta X}(t)} \tag{6-4}$$

式中：$\boldsymbol{\beta}$ 为回归参数向量，$\boldsymbol{\beta} = (\beta_1, \beta_2, \cdots, \beta_p)$；$\boldsymbol{X}(t)$ 为回归向量，$\boldsymbol{X}(t) = (x_1(t), \cdots, x_p(t))'$。

式（6-3）是指数比例危险模型，同时它也可以看作对数寿命 $Y = \lg T$ 的位置 – 尺度模型，即当 T 服从指数分布且有密度函数式（6-3）时，$Y = \lg T$ 就服从极值分布，Y 的密度函数和可靠度函数分别为

$$f(y, \boldsymbol{X}(t)) = \exp[(y - \boldsymbol{\beta X}(t)) - \exp(y - \boldsymbol{\beta X}(t))] \tag{6-5}$$

$$S(y, \boldsymbol{X}(t)) = \exp[-\exp(y - \boldsymbol{\beta X}(t))] \tag{6-6}$$

求解回归参数的过程都将根据式（6-5）和式（6-6）进行分析计算，并且可毫无困难地回复到指数形式。

6.2.3 回归参数的极大似然估计

在很多统计问题中，都用到极大似然估计（Maximum Likelihood Eatimation，MLE.）方法求解参数。设产品的检测时间为 $t_i(i = 1, \cdots, n)$，t_i 可能是产品的寿命时间或截尾时间，t_i 时刻对应的产品回归向量为 $\boldsymbol{X}(t_i) = (x_1(t_i), \cdots, x_p(t_i))'$，$p$ 为回归变量的个数，$i \in D$ 和 $i \in C$ 分别表示 t_i 为寿命时间的检测数据和截尾时间的检测数据。经常使用对数时间 $y_i = \lg t_i$ 的极值分布求解回归参数的极大似然估计。

所有产品共有 n 个回归向量样本数据，则对数寿命的极大似然函数为

$$
\begin{aligned}
L(\boldsymbol{\beta}) &= \prod_{i \in D} f(y_i, \boldsymbol{X}(t_i)) \prod_{i \in C} S(y_i, \boldsymbol{X}(t_i))] \\
&= \prod_{i \in D} \exp[(y_i - \boldsymbol{\beta X}(t_i)) - \exp(y_i - \boldsymbol{\beta X}(t_i))] \prod_{i \in C} \exp[-\exp(y_i - \boldsymbol{\beta X}(t_i))]
\end{aligned}
$$

则

$$
\lg L(\boldsymbol{\beta}) = \sum_{i \in D}(y_i - \boldsymbol{\beta X}(t_i)) - \sum_{i=1}^{n} \exp(y_i - \boldsymbol{\beta X}(t_i)) \qquad (6-7)
$$

$\lg L(\boldsymbol{\beta})$ 的一、二阶导数为

$$
\frac{\partial \lg L(\boldsymbol{\beta})}{\partial \beta_r} = -\sum_{i \in D} x_r(t_i) + \sum_{i=1}^{n} x_r(t_i) \exp(y_i - \boldsymbol{\beta X}(t_i)), \quad r = 1, \cdots, p \qquad (6-8)
$$

$$
\frac{\partial^2 \lg L(\boldsymbol{\beta})}{\partial \beta_r \partial \beta_s} = -\sum_{i=1}^{n} x_r(t_i) x_s(t_i) \exp(y_i - \boldsymbol{\beta X}(t_i)), \quad r, s = 1, \cdots, p \qquad (6-9)
$$

对似然方程 $\partial \lg L(\boldsymbol{\beta})/\partial \beta_r = 0$，利用 Newton – Raphson 方法容易求得 $\boldsymbol{\beta}$ 的极大似然估计 $\hat{\beta}$。若模型中有一常数项，即 $\boldsymbol{\beta X}(t) = \alpha + \beta_2 x_2(t) + \cdots + \beta_p x_p(t)$，可设 $\beta_1 = \alpha, x_1(t) = 1$，则 $\boldsymbol{\beta X}(t) = \beta_1 x_1(t) + \beta_2 x_2(t) + \cdots + \beta_p x_p(t) = \beta_1 x_1(t) + \cdots + \beta_p x_p(t)$ 求解方法同上。

6.2.4　维修决策

对于一旦出现故障可能造成安全性或任务性等严重后果的设备，如发动机，不能采用费用作为优化目标，应该以可靠度或故障率等为目标函数进行维修决策。在实际应用中，可通过设定设备运行的可靠度阈值来保证系统的高可靠性，根据要求或是专家经验设定一个可靠度阈值 R_0，在对设备进行状态监测的过程中，保证任意时刻设备的可靠度都大于该阈值，否则要进行维修或报废。

下面，以某型地面突击装备柴油发动机为研究对象说明指数比例危险模型在维修决策中的应用。地面突击装备发动机是以机械零部件为主的复杂系统，不考虑随机故障的因素，其可靠度的下降主要是由随使用时间增加发生的疲劳、磨损等耗损性故障造成的，因此发动机在其正常使用期内故障率变化不大，呈现弱耗损性，可靠度维持在较高的水平，这符合指数比例危险模型的思想，此时发动机选择该模型是合理的。当使用期达到耗损故障期时，发动机各个系统、部件均达到或接近使用的极限状态，可靠度迅速下降。

有 4 台某型地面突击装备柴油发动机的历史检测数据(见 5.3.1 节)选取汽缸压缩压力峰值 $\hat{p}_{\max}$、加速时间 $\hat{t}_i$、减速时间 $\hat{t}_d$、供油提前角 $\hat{\theta}_{fd}$、振动能量 $\hat{V}_p$ 和空负荷燃油消耗量 $\hat{B}_m$ 6 个特征量的不同时刻的数据样本进行风险决策分析。如果

将 6 个特征量全部作为比例危险模型的回归变量,计算量巨大,甚至可能得不到误差允许范围内的理想结果。因此,为了充分反映发动机的技术状况同时又能减少回归变量的数量,可以根据 5.3.1 节的 PCA 方法,将 6 个特征量简化为两个综合特征量:主成分 X 和主成分 Y,如表 6 - 7 所列,为发动机的主成分样本数据。考虑到发动机大修周期中前期技术状况一般处于良好状态,表 6 - 7 中只选取了发动机中后期的数据,寿命截尾时刻根据 5.3.3 节中确定的主成分极限值确定。

表 6 - 7 发动机主成分样本数据

	使用时间 t/h	350	390	430	470	510	550 *
发动机 1	主成分 X	- 0.8339	- 0.9294	- 1.4588	- 1.8857	- 2.1625	- 2.5100
	主成分 Y	0.8692	0.9723	1.1760	1.4485	1.9085	2.0624
	使用时间 t/h	360	400	440	480	520	560 *
发动机 2	主成分 X	- 0.8578	- 1.0618	- 1.5912	- 1.9668	- 2.2493	- 2.5732
	主成分 Y	0.8950	1.0232	1.2270	1.533	1.9470	2.1025
	使用时间 t/h	370	410	450	490	530	570 *
发动机 3	主成分 X	- 0.8817	- 1.1941	- 1.7235	- 2.0478	- 2.3362	- 2.6074
	主成分 Y	0.9208	1.0742	1.2779	1.6191	1.9855	2.1368
	使用时间 t/h	340	380	420	460	500	540
发动机 4	主成分 X	- 0.7284	- 0.9055	- 1.3264	- 1.8046	- 2.1141	- 2.4231
	主成分 Y	0.7989	0.9465	1.1251	1.3632	1.7443	2.0239

注:带" * "的时间数据表示寿命截尾时刻

将两个主成分分别作为指数比例危险模型的回归变量,使 $x_1(t) = 1, x_2(t) = X, x_3(t) = Y$。

由 5.3.3 节可知,$\boldsymbol{\beta X}(t) = \alpha + \beta_2 X + \beta_3 Y = \beta_1 x_1(t) + \beta_2 x_2(t) + \beta_3 x_3(t)$。根据 Newton - Raphson 方法和所给数据,利用 MATLAB 编程可求出各回归参数的值:

$$\alpha = \beta_1 = 31.8325, \beta_2 = 25.4334, \beta_3 = 18.9721$$

则

$$\theta_{X(t)} = \exp(\boldsymbol{\beta X}(t)) = \exp(31.8325 + 25.4334 x_2(t) + 18.9721 x_3(t)) \quad (6 - 10)$$

指数危险比例模型的可靠度函数为

$$R(t, \boldsymbol{X}(t)) = \exp(-t/\theta_{X(t)})$$
$$= \exp\{-t/\exp[31.8325 + 25.4334X_2(t) + 18.9721X_3(t)]\} \quad (6-11)$$

根据专家经验设定一个可靠度阈值 $R_0 = 0.9$，要求发动机的可靠度始终大于 0.9，否则就要进行维修，即

$$R(t, \boldsymbol{X}(t)) = \exp(-t/\theta_{X(t)}) > 0.9 \quad (6-12)$$

经过变换可得

$$\theta_{X(t)} = \exp(31.8325 + 25.4334x_2(t) + 18.9721x_3(t)) > 9.4912t \quad (6-13)$$

即

$$\boldsymbol{\beta X}(t) = 31.8325 + 25.4334x_2(t) + 18.9721x_3(t) > \lg(9.4912t) \quad (6-14)$$

令 $g(t) = \lg(9.4912t)$，做出 $g(t)$ 关于发动机运行时间的曲线图，即为动态维修决策图，如图 6-5 所示。测出某一时刻 t 的对应回归变量 $x_2(t)$ 和 $x_3(t)$ 值，计算 $\boldsymbol{\beta X}(t)$，若 $\boldsymbol{\beta X}(t)$ 处于曲线上方，则应继续运行；若 $\boldsymbol{\beta X}(t)$ 处于曲线下方，则应进行维修。

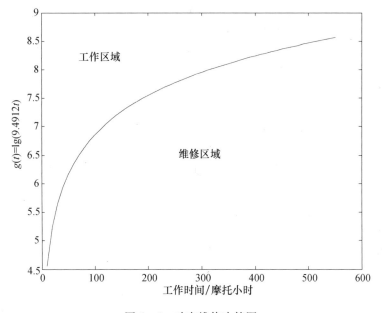

图 6-5　动态维修决策图

为了考察一下该模型的有效性，将表 6-7 中数据代入式(6-10)，计算出各个时刻的可靠度，并绘出可靠度曲线，如图 6-6 所示。由图可知，在约 540 摩托小时之前发动机处于偶然故障期，其可靠度基本恒定且保持在较高的位置（接近于 1），当到达 540~560 摩托小时之间时，发动机达到耗损故障期，可靠度迅速下降。该曲线的规律符合指数比例危险模型的思想，且与实际应用的经验

基本相符,说明了指数比例危险模型在本文中的应用是合适的。

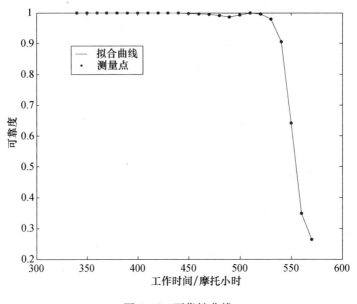

图 6-6 可靠性曲线

第三篇

评价仿真篇

第 7 章
装备自主式保障系统保障能力生成模式评价

陆军主战装备自主式保障模式较传统保障模式的优势在于,凭借其强大的信息及预测功能,实现保障资源在时间上的预先启动、空间上的优化调度、数量上的精确配置,缩短保障响应时间,提高保障效益,降低保障成本,有效解决保障过程中的"维修过剩"和"维修不足"等问题。对自主式保障系统与传统装备保障系统的保障能力生成模式进行对比评价,可以验证自主式保障的先进性,也是发掘传统装备保障薄弱环节的有效途径。

7.1　保障能力生成模式组成要素

7.1.1　能力目标及其要求的提出

能力目标是指陆军主战装备自主式保障系统为适应信息化战争所必须具备的装备保障能力的指标。以完成陆军主战装备管修供训的装备保障任务、满足陆军主战装备作战训练对装备保障的要求为出发点,提出陆军主战装备自主式保障系统的保障能力目标,包括状态监测能力、信息保障能力、指挥决策能力、资源管理能力和保障作业能力等。

1. 状态监测能力

状态监测能力是指陆军主战装备自主式保障系统必须具备的、通过采取一系列状态监测技术手段获取装备技术状况的能力。具体体现在状态监测所需时长、监测的实时性、准确度、覆盖率以及持续工作时间等方面。对状态监测能力的要求包括:一是要借助传感器技术、计算机技术、数据挖掘技术等,实时监控装备技术状况;二是综合历史信息、预测模型和推理模块,自动完成装备的故障诊断、剩余寿命预测。

2. 信息保障能力

信息保障能力是指陆军主战装备自主式保障系统通过各种手段获取各种保障信息,并进行信息处理、分发和传输的能力。具体体现在信息的内容、格式、信息分发传送的容量、速度和信息利用的共享程度等方面,直接影响到装备保障的反应时间和决策的准确性。对信息保障能力的要求包括:一是及时了解作战态势、训练环境和保障需求,实时掌控装备保障机构的指挥控制、保障资源的调度供应等态势;二是充分运用信息化手段,对获取的信息进行筛选、融合、分析处理。

3. 指挥决策能力

指挥决策能力是指陆军主战装备自主式保障系统为实现有针对性的、及时高效的保障所必须具备的指挥、决策、协调和控制等能力的总称。具体体现在综合分析、辅助决策、组织指挥和反馈协调等方面。对指挥决策能力的要求包括:一是要实时了解装备保障需求,准确掌控保障态势,利用高效的信息处理和智能化辅助决策手段,及时高效地指挥控制保障行动;二是要简化内部协调环节,理顺内部指挥关系,合理运用保障力量,适时调控各类保障要素,实现装备保障在时间、空间、数量和质量上的精确化,最大限度地提高保障的效率。

4. 资源管理能力

资源管理能力是指陆军主战装备自主式保障系统中,指挥控制机构和资源管理机构必须具备的对保障人员、设备设施、维修器材等保障资源的筹措与管理的能力。具体体现在资源管理的机制、法规建设,以及保障资源的筹措、储备、运输、补给和管理等方面。对资源管理能力的要求包括:一是合理筹划保障资源的筹措、储备和配置,尽可能地减小保障规模,提高保障效益;二是依托先进信息系统平台,实现保障资源管理的网络化、可视化,并能提前预计保障需求,提前进行资源调度,缩短或消除维修器材延误时间;三是依靠自身运力,实现保障人员和保障物资的迅速投送。

5. 维修作业能力

维修作业能力是指保障人员必须具备的、通过采取一系列技术手段或措施保持或恢复装备完好技术状态的能力。具体体现在维修作业体制、制度、修理范围、数量、质量、时间和保障成本等方面。对维修作业能力的要求包括:一是要按照适应信息化要求的维修作业体制,依托智能化、信息化保障手段和方法,完成装备的维护保养和修理任务,恢复和提高装备完好率;二是要有针对性地加强保障指挥、专业作业等保障训练,提高保障人员技能水平。

7.1.2 保障能力生成模式组成要素

为了实现上述能力及其要求,提出自主式保障系统保障能力生成模式组成要素,包括保障信息支持、健康管理、指挥决策、任务管理、维修作业、保障资源管理、保障训练和数据库管理,这8个组成要素是自主式保障系统生成保障能力的基础。

1. 保障信息支持

保障信息支持是自主式保障系统保障能力生成模式的核心组成要素之一,其主要功能是在装备平台、使用分队、保障机构、军工厂和各级器材仓库之间实现实时的全资可视、全事件可视和全部信息共享。该要素包括分布于装备平台、部队级、战区级和总部级的各种嵌入式计算机设备和数据库,充分利用现有指挥决策、通信、计算机和情报设备设施,采用开放式体系结构,将现有的各类信息系统连接起来,安全地实现各个分布式军事系统之间的互联互通。其业务范围包括:收集、整理和共享各类保障信息;为各要素提供通信服务、数据服务和开放式接口服务,管理各信息模块的工程流程。

2. 健康管理

健康管理不是为了直接消除故障,而是从传统的基于传感器诊断向基于智能系统预测的一种转变。健康管理的主要功能是采用先进状态监测技术,借助各类算法和智能模型监控、诊断、预测和管理装备的工作状态,以期在准确的时间对准确的部位采取正确的维修活动,缩短故障修理时间、缩小保障规模、提高装备使用可用度,进而提高装备战备完好性和任务成功性。其业务范围包括:实时采集、处理重要功能部件的状态数据,实施状态监测、智能推理决策、故障诊断定位和剩余寿命预测,辅助确定故障对任务的影响,并与保障信息支持要素实现信息实时互联、互通。

3. 指挥决策

指挥决策的主要功能是利用保障信息支持要素把整个作战空间的保障力量、保障任务、保障资源连为一体,通过对整个保障行动的决策、计划、组织、协调、控制及指导,实现快速化精确化的装备保障。其业务范围包括:综合并分析所有保障信息,提供装备健康状态分析结果和保障任务形势分析结果,自动生成维修辅助决策,制定维修方案和资源重组方案,向任务管理发出保障指示,为数据库提供实时更新数据。

4. 任务管理

任务管理的主要功能是依据指挥决策子系统制定的保障决策,将保障任务分配给维修作业、资源管理和保障训练,并进行全过程管理,保证保障任务的按时顺利完成。其业务范围包括:任务分析规划、组织协调、进度管理、任务报告和安全通信等。

5. 维修作业

维修作业的主要功能是依据维修方案,采取适当的修理方法,迅速高效地组织维修作业人员对待修装备实施维修作业,加强对修前准备、修理工艺、维修过程的管理,以期达到尽快恢复装备的战术技术性能的目的。同时,维修作业还为数据库管理提供修理工作数据、维修资源消耗数据、维修作业人员技能水平等数据。其业务范围包括待修装备修理、维修管理和维修信息反馈等。

6. 保障资源管理

保障资源管理的主要功能是对各种保障资源进行全面管理,与保障信息支持、指挥决策密切配合,对各项保障活动给予资源支持,保证各项保障活动得到及时充足的资源供应。其业务范围包括:保障人员管理、维修器材管理、保障设备管理、保障设施管理、技术资料管理、筹措供应管理,以及对各种保障资源的品种、数量、状态、配置、储存、调派、运输和补充等进行全面管理。

7. 保障训练

保障训练的主要功能是对保障人员(包括维修作业人员、指挥人员、信息处理人员和器材保障人员等)进行按需保障训练(包括共同训练、专业技术训练、专业勤务训练、保障指挥训练和保障防卫训练)、一体化训练和网络化训练等专业训练,用于提高保障人员的业务水平。除此之外,保障训练还根据故障预测的结果,有针对性地对维修作业人员进行专项修理技能训练,以期提高保障训练的针对性。其业务范围包括制定训练规划、实施训练保障、督管训练过程和更新训练数据(包括人员训练水平、装备训练水平、资源消耗情况和训练装备技术状况等)等。

8. 数据库管理

数据库管理的核心功能是为系统的各组成要素提供装备使用与维修、保障机构及人员的各类信息,保证数据的及时更新,为所有保障活动提供数据支持。其业务范围包括收集、储存、管理、更新与各类保障信息,通过保障信息支持要素与各组成要素实现数据交流,与装备研制部门、生产厂商进行数据库互访,为装备改进和系统整体优化提供数据支撑。数据库管理所存储和管理的数据主要包括:装备的设计图纸、分析数据、试验数据、五性(可靠性、维修性、保障性、安全性、测试性等)数据、使用记录数据、故障数据、维修工作数据、保障资源数据和PHM 系统数据等。

7.1.3 组成要素间相互关系分析

陆军主战装备自主式保障系统时刻处于动态运行之中,其各组成要素相互联系,既独立发挥各自功用,又共同作用支撑系统整体功能的发挥。下面,从两个角度对自主式保障系统保障能力生成模式组成要素的相互关系进行分析,以期加深对组成要素间相互关系及其本质的理解。

1. 基于任务流程的组成要素相互关系分析

陆军主战装备自主式保障是利用填埋在装备各处的状态监测设备不间断地获取系统重要功能部件(或子系统)的技术状态数据,由智能化计算机实时地对装备重要功能部件的故障、剩余寿命进行预测,通过保障信息系统将信息共享给保障系统任一功能模块,并自动生成辅助保障决策、调度保障资源,最终通过维修作业达成保障目的的一种装备保障模式。

陆军主战装备自主式保障的实质是智能化的 PHM 分系统、网络化的 JDIS 分系统以及传统的陆军主战装备装备保障系统的有机整合。基于任务流程的组成要素相互关系图,如图 7-1 所示。

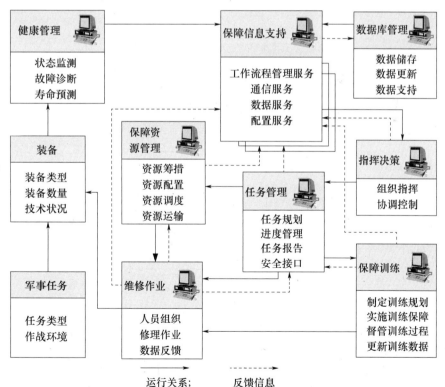

图 7-1 基于任务流程的组成要素相互关系图

上述运行过程可概括为三个首尾相连的环节:决策、实施、反馈与控制。

(1) 决策,是指指挥决策要素通过保障信息支持要素,全方位掌握装备保障需求、保障力量编成、保障资源配置情况、保障训练情况以及历史数据等信息,首先由指挥决策要素合理制定维修决策、生成维修方案;然后由任务管理要素规划、分配保障任务,正确部署保障力量,调度保障资源。

(2) 实施,是指根据任务管理要素分配的保障任务,保障资源管理要素进行资源调度和供应,保障训练要素对保障力量进行修理技能训练,维修作业要素运用保障力量和保障资源对待修装备实施修理,恢复装备战术技术性能。

(3) 反馈与控制,是指挥决策要素、任务管理要素、保障资源管理要素、保障训练要素与维修作业要素之间,以及各要素内部之间进行的信息反向传递。各个要素根据反馈信息,对所面临的新情况、新问题进行新一轮判断分析决策,并采取措施予以解决。

2. 基于控制论的组成要素相互关系分析

运用系统控制论的原理,从系统输入、系统过程、系统输出、系统的限制以及系统的逆向作用等方面,构建基于控制论的组成要素相互关系图,如图 7 - 2 所示。

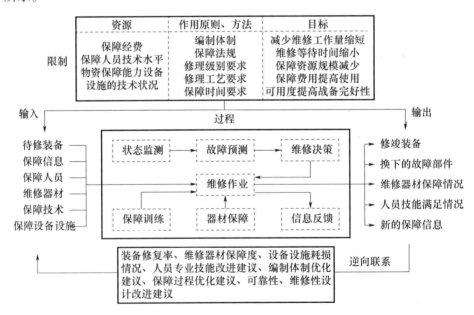

图 7 - 2 基于控制论的组成要素相互关系图

1) 输入

系统的输入是指维修作业对象,以及维修作业所需的物质、能源、劳动力、资金和其他资源。具体来说主要包括两个部分:第一部分是待修装备,它提出了保障需求;第二部分包括保障力量、保障信息支持要素提供的各类保障信息、资源管理要素提供的保障资源和保障技术等,用于支持各项维修作业的顺利展开。

系统输入是的陆军主战装备自主式保障系统正常运行、形成和发挥保障能力,完成保障任务的根本基础。

2) 过程

系统的过程是指系统所有的输入部分在系统工作中所经历的全部转换、变化。这些转换和变化包括:通过健康管理要素实现的状态监测、故障诊断和寿命预测,通过指挥决策要素实现的维修决策和指挥控制协调,通过任务管理要素实现的任务规划、进度管理和任务报告,通过保障训练要素实现的指挥训练和修理训练,通过保障资源要素实现的资源筹集、配置和供应,通过维修作业要素实现的待修装备修理,通过保障信息支持实现的实时信息交流共享,以及通过数据库管理要素实现的数据储存、管理与更新。

系统的过程展现了陆军主战装备自主式保障系统工作的主要环节和功能,自主式保障就是通过系统过程发挥保障能力,达到修复待修装备、提高装备使用可用度和战备完好性的目的。

3) 输出

系统的输出首先是指通过系统过程所达到的保障目标;然后还包括未耗尽的资源。最重要的输出是修竣的装备,其他的输出还包括换下的故障部件、剩余的保障物资、维修人员专业技能满足情况、设备保障率、器材满足率和用于反馈的保障信息等。

4) 限制

系统运行的限制包括:陆军主战装备自主式保障系统运行所需各种资源的限制、系统运行发挥作用的原则方法以及期望目标的要求。目标要求明确了装备保障系统追求的方向,作用原则方法规范了系统功能实现的运行依据,资源的限制指明了保障能力的提升途径。

5) 逆向联系

逆向联系作为陆军主战装备自主式保障系统的重要组成部分。首先,它反映了装备保障系统输入与输出的成分变化,这些变化是自主式保障系统发挥作用的结果;其次,逆向联系通过保障信息支持要素将各类信息反馈到各个子系统,数据库管理要素对各类数据进行更新,保障训练要素调整训练方法及内容,资源管理要素重新调整资源配置布局,指挥决策要素对系统实际输出和理想输出(目标)进行比较,分析产生偏差的原因并制定解决方案,从而实现对装备保障系统的反馈调节。

对比上述两种要素关系的分析方式,其相同点在于:都是对陆军主战装备自主式保障系统保障能力生成模式组成要素间相互关系的描述,是对自主式保障系统功能的解读。其不同点在于:基于任务流程的组成要素相互关系分析,侧重于从信息流的流动与反馈反映系统的运行流程,是自主式保障系统运行的微观表现;基于控制论的组成要素相互关系分析,侧重于反映系统输出与输入的差异,及系统限制与逆向作用,是自主式保障系统运行模式的宏观表现。

(7.2) 保障能力生成模式评价指标体系

将保障过程划分为:故障诊断环节、资源保障环节和维修作业环节三个主要环节,前两个环节为第三个环节服务。

从保障效果的角度,构建保障能力生成模式评价指标体系,如图 7 - 3 所示。

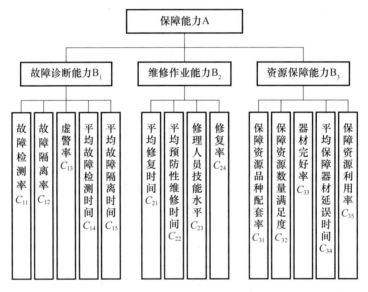

图 7 - 3　保障能力生成模式评价指标体系

7.2.1　故障诊断能力评价指标

在陆军主战装备的使用过程中,故障诊断处于整个保障活动的开端,通过事后诊断或故障预测、状态监测等触发保障活动。故障诊断能力的高低直接影响着所需维修工时的多少、维修停机时间的长短。

传统装备保障系统的故障诊断工作始于故障发生后,测试手段落后,无法摆脱对维修人员经验的依赖,且故障定位隔离困难,误诊率高,所需工时长,并经常导致不正确的维修活动。自主式保障能够依靠车载 PHM 实时预测重要功能部件的剩余寿命,自动进行故障诊断和定位隔离,误诊率低。

1. 故障检测率

故障检测率是指在规定时间内发生的所有故障,保障系统在规定条件下用规定方法能够正确检测出百分比,反映故障检测的准确程度,其计算公式为

$$r_{\mathrm{FD}} = \frac{N_{\mathrm{D}}}{N_{\mathrm{T}}} \times 100\% \tag{7-1}$$

式中:r_{FD} 为故障检测率;N_{D} 为在规定时间内用规定方法能够正确检测出的故障数;N_{T} 为在规定时间内发生的全部故障数。

2. 故障隔离率

故障隔离率是指在规定时间内、规定条件下、用规定方法能正确隔离到规定可更换单元数以内的故障数占被正确检测出的全部故障数的百分比,反映故障隔离的准确程度,其计算公式为

$$r_{\mathrm{FI}} = \frac{N_{L}}{N_{\mathrm{D}}} \times 100\% \tag{7-2}$$

式中:r_{FI} 为故障隔离率;N_{L} 为在规定条件下采用规定方法能正确隔离到 L 个可更换单元以内的故障数;N_{D} 为在规定条件下采用规定方法能够正确检测出的故障总数。

3. 虚警率

虚警率指在规定时间内发生的虚警数占故障指示总次数的百分比。虚警率反映故障诊断的可靠性水平,虚警率越低,无用功就越少,其计算公式为

$$r_{\mathrm{FA}} = \frac{N_{\mathrm{FA}}}{N_{\mathrm{F}} + N_{\mathrm{FA}}} \times 100\% \tag{7-3}$$

式中:r_{FA} 为虚警率;N_{FA} 为虚警次数;N_{F} 为真实故障指示次数。

4. 平均故障检测时间

平均故障检测时间是指从开始故障到检测出故障并给出指示所经过的时间。其计算公式如下。

当系统由 n 个项目组成时,有

$$T_{\mathrm{FD}} = \frac{\sum_{i=1}^{n} N_{i} T_{\mathrm{FD}i}}{\sum_{i=1}^{n} N_{i}} \tag{7-4}$$

式中:T_{FD} 为平均故障检测时间;N_{i} 为第 i 项目被检出故障的次数;$T_{\mathrm{FD}i}$ 为第 i 项目

的平均故障检测时间。

5. 平均故障隔离时间

平均故障隔离时间是指从检测出故障到完成隔离程序指示要更换的故障单元所经过的时间。

当系统由 n 个项目组成时,有

$$T_{\text{FI}} = \frac{\sum\limits_{i=1}^{n} N_i T_{\text{FI}i}}{\sum\limits_{i=1}^{n} N_i} \qquad (7-5)$$

式中:T_{FI} 为平均故障隔离时间;N_i 为第 i 项目被故障隔离的次数;$T_{\text{FI}i}$ 为第 i 项目的平均故障隔离时间。

7.2.2 维修作业能力评价指标

维修作业的依据是维修方案,采取适用的修理方法,迅速组织维修作业人员对待修装备实施维修作业,并加强对修前准备、修理工艺和维修过程的管理,以期达到高效恢复装备战术技术性能的目的,是保障活动的核心环节。

传统维修作业受事后维修的影响,装备停机维修时间长、所需维修工时多、对维修人员技能水平要求高,而且常出现"维修不足或维修过剩"的不正确维修活动。自主式保障能够通过进行剩余寿命实时预测,将维修工作的开始时间提前到了潜在功能故障期,使得修前准备时间大大缩短,减少了装备停机时间,提高了装备的使用可用度;故障诊断和定位隔离自动进行,大大减少了维修所需工时,降低了对维修人员技能水平的要求,最大程度地减少了不正确的维修活动。

1. 平均修复时间

平均修复时间是在规定的条件下和规定的时间内,产品在任意规定维修级别上,修复性维修总时间与在该级别上被修复产品的故障总数之比,即排除故障所需实际修复时间的平均值。

当系统由 n 个项目组成时,有

$$\overline{M}_{\text{ct}} = \frac{\sum\limits_{i=1}^{n} \lambda_i \overline{M}_{\text{ct}i}}{\sum\limits_{i=1}^{n} \lambda_i} \qquad (7-6)$$

式中:$\overline{M}_{\text{ct}}$ 为平均修复时间,它只考虑实际的修复时间,包括准备、检测诊断、换件、调校、检验或原件修复等时间,而不计及保障与管理延误时间;λ_i 为第 i 项目的故障率;$\overline{M}_{\text{ct}i}$ 为第 i 项目的平均修复时间。

2. 平均预防性维修时间

平均预防性维修时间是装备每项或某个维修级别一次预防性维修所需时间的平均值,其计算公式为

$$\overline{M}_{\mathrm{pt}} = \frac{\sum\limits_{j=1}^{n} f_{pj}\overline{M}_{ptj}}{\sum\limits_{j=1}^{n} f_{pj}} \tag{7-7}$$

式中:$\overline{M}_{\mathrm{pt}}$ 为平均预防性维修时间,它不包括在装备运行的同时所进行的预防性维修活动的时间,也不包括保障与管理延误时间;f_{pj} 为第 j 项预防性维修工作的频率,指日维护、周维护、季维护、年预防性维修,或装备的大、中、小修及保养等工作的频率;$\overline{M}_{ptj}$ 为第 j 项预防性维修工作所需的平均时间。

3. 修理人员技术水平

修理人员技术水平表达了各专业修理人员完成本职工作的能力,与装备维修停机时间和维修工时密切相关,用分类考评合格率来衡量,其计算公式为

$$f_{\mathrm{JN}} = \frac{1}{n}\sum_{i}^{n} \frac{N_{\mathrm{KP}i}}{N_{\mathrm{CP}i}} \tag{7-8}$$

式中:f_{JN} 为分类考评合格率;n 为维修人员分类总数;$N_{\mathrm{KP}i}$ 为第 i 分类考评合格人数,$N_{\mathrm{CP}i}$ 为第 i 分类参评人数。

4. 修复率

修复率直接反映各级保障机构在规定时间内修理能力的高低,其计算公式为

$$n_{\mathrm{X}} = \frac{N_{\mathrm{X}}}{N_{\mathrm{D}}} \times 100\% \tag{7-9}$$

式中:n_{X} 为某级保障机构在规定时间内的修复率;N_{X} 为该级保障机构在规定时间内修复装备的台数;N_{D} 为该级保障机构在规定时间内待修装备的台数。

7.2.3 资源保障能力评价指标

资源保障涉及对各种保障资源(主要包括维修器材、设施设备、机工具和油料等)的品种、数量、状态、配置、储存、调派、运输和补充等进行全面管理,合理及时的资源保障既能够保证装备维修工作的顺利开展,又可以降低保障费用、提高保障效益。

传统保障必须等到装备停机后,才开始启动修理工作,确定和准备所需要的维修器材和设备,当本单位保障资源不足时,还需花费较长时间进行资源调度或筹措。自主式保障则能够在装备停机前即开展维修器材调度、设施设备准备等

修前准备工作,大幅度缩短保障延迟时间,能够缩小保障规模,从而降低保障费用。

1. 保障资源品种配套率

保障资源品种配套率反映了保障机构的实际保障资源在种类上满足标准要求的程度,其计算公式为

$$f_{PT} = \frac{N_S}{N_Y} \times 100\% \tag{7-10}$$

式中:f_{PT}为保障资源的种类配套率;N_S为实有保障资源种类数;N_Y为应有保障资源种类数。

2. 保障资源数量满足度

保障资源数量满足度反映了保障机构的实际保障资源在数量上满足标准要求的程度,直接关系到总换件修理所需时间的长短,其计算公式为

$$f_{MZ} = \frac{1}{n} \sum_{i}^{n} \frac{N_{Gi}}{N_{Xi}} \tag{7-11}$$

式中:f_{MZ}为保障资源的数量满足度;n为保障资源的种类数;N_{Gi}为第i类保障资源实际供应量;N_{Xi}为第i类保障资源的实际需求量。

3. 维修器材完好率

维修器材完好率反映了保障系统供应的维修器材能够满足维修任务对维修器材技术性能要求的程度,其计算公式为

$$f_{WH} = \frac{N_W}{N_S} \times 100\% \tag{7-12}$$

式中:f_{WH}为维修器材完好率;N_W为性能符合要求的维修器材数量;N_S为供应的维修器材总数。

4. 平均维修器材延误时间

平均维修器材延误时间(单位:h)反映了某级保障机构因维修器材储备不足,需要筹措、调度、运输、供应,对保障效能的影响程度,其计算公式为

$$T_{YW} = \frac{1}{n} \sum_{i=1}^{n} t_{YWi} \tag{7-13}$$

式中:T_{YW}为某级保障机构的年平均维修器材延误时间;n为一年内某级保障机构因维修器材缺乏而推迟维修工作开始时刻的总次数;t_{YWi}为一年内该级保障机构的第i次维修保障延误时间。

5. 保障资源利用率

保障资源利用率反映了保障效益的高低,资源利用率越高,说明资源配置越合理,保障效益就越好,其计算公式为

$$f_{LY} = \frac{1}{n} \sum_{i}^{n} \frac{N_{Li}}{N_{Ci}} \qquad (7-14)$$

式中：f_{LY} 为保障资源利用率；n 为保障资源种类数；N_{Li} 为利用了的第 i 类保障资源的数量；N_{Ci} 为储备的第 i 类保障资源的数量。

 7.3　基于 GAHP – CT 的保障能力生成模式评价

7.3.1　模型选择依据

1. 选择云理论(Cloud Theory,CT)的依据

装备保障系统作为一个复杂系统,其评价指标普遍存在随机不确定性和模糊不确定性两大特征。若机械地认为定量数值的评价结果优于定性语言值,强行使用定量评价,则往往导致指标的随机信息和模糊信息的丢失,使得评价结果失真严重。

云理论(Cloud Theory,CT)充分考虑了不确定性概念的模糊性和随机性,采用定性与定量相结合的方法,针对不同的指标,可以采用不同评价标准,摆脱了传统评价中对因素集的评价一味采用同一种评价标准的缺陷,能够实现不确定性语言值与定量数值之间的自然转换,获得较高可信度的评价结果。

2. 选择群层次分析法的依据

评价指标赋权时,群层次分析法(Group Analytic Hierarchy Process,GAHP)简单实用、易于操作。保障能力评价涉及多准则、多因素,经典 AHP 采用单一专家决策,权力过于集中、可信度低,采用 GAHP 可以弱化单一专家主观认识上的随机性和模糊性对评价结果的影响。针对不同专家对同一个问题的决策各不相同的情况,坚持少数服从多数,准确优于模糊的原则。以基于多数原则的聚类赋权为主体,辅以根据判断矩阵一致性程度的赋权,使决策方案相近、共识度较好的专家群体拥有类别间相对较高的权重;在同一个共识度的专家群体中,思维严密逻辑清晰的专家个体拥有类别内相对较高的权重。

综上所述,将 CT 和 GAHP 结合起来,对保障能力生成模式进行评价,是可行而且有利于提高评价结果可信度的。

7.3.2　云理论的基本描述

为了解决随机性与模糊性的问题,基于传统模糊集理论与概率统计理论,李德毅院士提出了定量定性转换的不确定性模型——云模型。

1. 云的定义及其数字特征

1）云的定义

定义 设 U 是一个用精确数值量表示的定量论域，C 是 U 上的定性概念，若定量值 $x \in U$，而且 x 是定性概念 C 的一次随机实现，x 对 C 的确定度 $\mu(x) \in [0,1]$ 是具有稳定倾向的随机数：

$$\mu: U \to [0,1], \forall x \in U, x \to \mu(x)$$

则 x 在论域 U 上的分布称为云（Cloud），每一个 x 称为一个云滴。

2）云的数字特征

云的数字特征用期望 Ex（Expected Value）、熵 En（Entropy）和超熵 He（Hyper Entropy）表征，反映了定性概念整体上的定量特征，如图 7-4 所示。

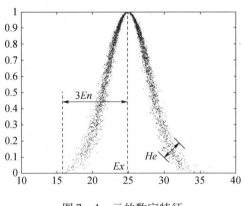

图 7-4 云的数字特征

（1）期望 Ex：是定性概念的中心值，反映了数域空间中最能够代表定性概念的点。

（2）熵 En：既反映了云滴的离散程度，又反映了云滴的取值范围，揭示了模糊性和随机性的关联性。

（3）超熵 He：是熵的不确定度量，即熵的熵，其大小间接地表示了云的离散程度和厚度。

2. 正态云及其发生器

1）正态云

正态云以正态分布为基础，是一种最基本、最关键、应用最为广泛的云模型。

定义 设 U 是一个用精确数值量表示的定量论域，C 是 U 上的定性概念，若定量值 $x \in U$，而且 x 是定性概念 C 的一次随机实现，若 x 满足 $x \sim N(Ex, En'^2)$，其中，$En' \sim N(En, He^2)$，而且 x 对 C 的确定度满足 $\mu = e^{\frac{-(x_i - Ex)^2}{2(En')^2}}$，则 x 在论

域 U 上的分布称为正态云。

2）正态云发生器

正向云发生器（Forward Cloud Generator）是以云的数字特征 Ex、En 和 He 作为输入、以云滴 $\mathrm{drop}(x_i,y_i)$ 作为输出的算法，可以实现从定性到定量的映射，如图 7-5 所示。

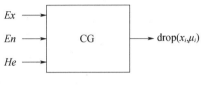

图 7-5 正向云发生器

正向云发生器生成的算法步骤如下：

（1）生成以 En 为期望值，以 He^2 为方差的正态随机数 $En_i = \mathrm{Norm}(En, He^2)$；

（2）生成以 Ex 为期望值，以 En_i^2 为方差的一个正态随机数 $x_i = \mathrm{Norm}(Ex, En_i^2)$；

（3）计算 $\mu_i = \mathrm{e}^{-\frac{(x_i - Ex)^2}{2En_i^2}}$；

（4）生成一个云滴 $\mathrm{drop}(x_i,\mu_i)$；

（5）重复步骤（1）~（4），直到产生要求的 N 个云滴。

逆向云发生器（Back Cloud Generator，CG^{-1}）是以由一定数量的精确数据转化而来的 $\mathrm{drop}(x_i,y_i)$ 作为输入，获取云数字特征的算法，是实现从定量值到定性概念的转换模型，如图 7-6 所示。

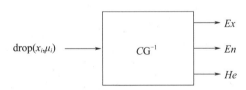

图 7-6 逆向云发生器

逆向云发生器生成的算法步骤如下：

（1）计算 x_i 的平均值 $Ex = \mathrm{mean}(x_i)$，求出期望 E_x；

（2）计算 x_i 的方差 $En = \mathrm{stdev}(x_i)$，求出熵 E_n 为期望值；

（3）针对每一个 (x_i, y_i)，计算 $En_i' = \sqrt{\dfrac{-(x_i - E_x)^2}{2\mathrm{ln}y_i}}$；

（4）计算 En_i' 的方差 $He = \text{stdev}(En_i')$，求得超熵 He。

3. 云算术运算规则

设给定论域上云 $C_1(Ex_1, En_1, He_1)$ 和 $C_2(Ex_2, En_2, He_2)$，其算术运算的结果为 $C(Ex, En, He)$，云算术运算的规则如表 7 -1 所列。

表 7 -1　云算术运算规则

运算规则	Ex	En	He
+	$Ex_1 + Ex_2$	$\sqrt{En_1^2 + En_2^2}$	$\sqrt{He_1^2 + He_2^2}$
−	$Ex_1 - Ex_2$	$\sqrt{En_1^2 + En_2^2}$	$\sqrt{He_1^2 + He_2^2}$
×	$Ex_1 \times Ex_2$	$\lvert Ex_1 Ex_2 \rvert \times \sqrt{\left(\dfrac{En_1}{Ex_1}\right)^2 + \left(\dfrac{En_2}{Ex_2}\right)^2}$	$\lvert Ex_1 Ex_2 \rvert \times \sqrt{\left(\dfrac{He_1}{Ex_1}\right)^2 + \left(\dfrac{He_2}{Ex_2}\right)^2}$
÷	$\dfrac{Ex_1}{Ex_2}$	$\left\lvert \dfrac{Ex_1}{Ex_2}\right\rvert \times \sqrt{\left(\dfrac{En_1}{Ex_1}\right)^2 + \left(\dfrac{En_2}{Ex_2}\right)^2}$	$\left\lvert \dfrac{Ex_1}{Ex_2}\right\rvert \times \sqrt{\left(\dfrac{He_1}{Ex_1}\right)^2 + \left(\dfrac{He_2}{Ex_2}\right)^2}$

7.3.3　基于 GAHP 的指标权重确定模型构建

基于改进型群 AHP 的指标权重的确定流程如图 7 -7 所示。

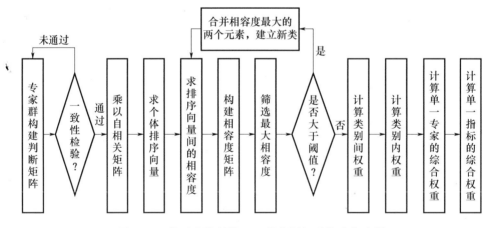

图 7 -7　基于改进型群 AHP 的指标权重的确定流程

1. 基于专家个体的指标权重确定

m 个专家依据保障能力生成模式评价的任意准则对相应 n 个指标进行评价，第 $i(i = 1, 2, \cdots, m)$ 个专家给出判断矩阵 A_i 并进行一致性检验，由 MATLAB 计算 A_i 的最大特征值 λ_{imax} 及其对应的特征向量 $U_i = (u_{i1}, u_{i2}, \cdots, u_{in})^{\mathrm{T}}$。考虑到指标间可能存在的相关性,对 U_i 右乘一个自相关矩阵 $\boldsymbol{R}_i = (r_{ij})_{n\times n}(r_{ij}(1\leqslant i,j\leqslant 9)$ 为 R_c 的任意元素,$r_{ij} = \begin{cases} 1, i=j \\ k(0\leqslant k<1), i\neq j \end{cases}, (r_{ij}=r_{ji})$,得到每个专家对每一个保障能力生成模式评价指标赋予的权重 W_{0i},即

$$W_{0i} = U_i R_i \tag{7-15}$$

归一化后可得 $\boldsymbol{W}_i = (w_{i1}, w_{i2}, \cdots, w_{in})^{\mathrm{T}}$。

2. 基于聚类分析的专家权重确定

1）聚类分析

定义 1　对于判断矩阵 $\boldsymbol{A} = (a_{ij})_{n\times n}$,对 $\forall i,j \in H$,若（1）$a_{ij} > 0$;（2）$a_{ji} = \dfrac{1}{a_{ij}}$;（3）$a_{ii} = 1$,则 $\boldsymbol{A} = (a_{ij})_{n\times n}$ 称为正互反判断矩阵。

定义 2　对 $\forall \boldsymbol{A}_x = (a^x_{ij})_{n\times n}, \boldsymbol{A}_y = (a^y_{ij})_{n\times n} \in \boldsymbol{Q}_{R_n^+}$,若对 $\forall i,j \in H$,均有 $a^x_{ij} = a^y_{ij}$,则 $\boldsymbol{A}_x$ 和 $\boldsymbol{A}_y$ 完全相容。

定义 3　对 $\forall \boldsymbol{A}_x = (a^x_{ij})_{n\times n}, \boldsymbol{A}_y = (a^y_{ij})_{n\times n} \in \boldsymbol{Q}_{R_n^+}$,$\boldsymbol{W}_x = (w_{x1}, w_{x2}, \cdots, w_{xn})^{\mathrm{T}}$ 和 $\boldsymbol{W}_y = (w_{y1}, w_{y2}, \cdots, w_{yn})^{\mathrm{T}}$ 分别为由 $\boldsymbol{A}_x$ 和 $\boldsymbol{A}_y$ 求得的保障能力生成模式评价的指标权重向量,则把 $\boldsymbol{A}_x$ 和 $\boldsymbol{A}_y$ 之间的夹角余弦定义为 $\boldsymbol{A}_x$ 和 $\boldsymbol{A}_y$ 之间的相容度,用 $c(x,y)$ 表示:

$$c(x,y) = \frac{\sum_{k=1}^{n} w_{xk} \cdot w_{yk}}{\sqrt{\left(\sum_{k=1}^{n} w_{xk}^2\right) \cdot \left(\sum_{k=1}^{n} w_{yk}^2\right)}} \tag{7-16}$$

而且 $c(x,y)$ 满足以下条件。

（1）当 $c(x,y) = 1$,说明第 x 个专家和第 y 个专家的评价指标权重向量完全相容。

（2）$c(x,y)$ 具有对称性,即 $c(x,y) = c(y,x)$。

（3）$c(x,y)$ 具有自反性,即 $c(x,x) = 1$。

（4）$\forall x,y \leqslant m$,均有 $c(x,y) \leqslant 1$。

在某一个确定评价准则下,由 m 个专家给出的 m 个保障能力生成模式评价指标权重向量,以及第 x 个专家和第 y 个专家给出的保障能力生成模式评价指标权重向量的相容度 $c(x,y)$,可以建立相容度矩阵 $\boldsymbol{E} = (c(x,y))_{m\times m}$,并进行聚类。

聚类的具体步骤如下。

步骤 1:在指标权重的相容度矩阵 $\boldsymbol{E} = (c(x,y))_{m\times m}$ 中,找出非对角线上最大元素,将最大相容度涉及的两名专家 p,q 聚为一个新类,记为 U_r,此时 $U_r = \{p,q\}$。

步骤 2:查验次最大相容度与阈值之间的关系,若大于阈值,则进行步骤 3,否则停止聚类,输出分类结果。

步骤 3:重构相容度矩阵:①剔除所有与专家 p、q 排序向量相关的相容度;②增加新类 U_r、U_r 与其他任意一位专家 k 排序微量之间的相容度用 $c(r,k)$ 表示,而且 $c(r,k) = \max\{c(p,k),c(q,k)\}$。

2) 类别间权重与类别内权重的确定

在保障能力生成模式评价的某一个准则下,m 个保障领域专家经聚类共分为 s 类,第 i 位专家所在类包含 $\rho_i(\rho_i \leq m)$ 个专家,其构建的判断矩阵的一致性比例为 CR_i。

类别间专家权重的计算公式为

$$e_j = \frac{\rho_i^2}{\sum\limits_{j=1}^{s} \rho_j^2}, j = 1,2,\cdots,s \qquad (7-17)$$

类别内专家权重的计算公式为

$$a_i = \frac{\dfrac{1}{1 + b \cdot \mathrm{CR}_i}}{\sum\limits_{j=1}^{\rho_i} \dfrac{1}{1 + b \cdot \mathrm{CR}_j}}, i = 1,2,\cdots,m \qquad (7-18)$$

式中:CR_j 为 ρ_i 所在分类中的一致性比例;参数 b 起调节作用,在实际应用中,一般令 $b = 10$。

第 i 位专家的综合权重:

$$\phi_i = e_i \cdot a_i, i = 1,2,\cdots,m; j = 1,2,\cdots,s \qquad (7-19)$$

3. 单一指标综合权重的确定

在某一个确定评价准则下,保障能力生成模式评价的每一个指标的综合权重 η,由 m 个专家赋予的 m 个初始权重向量,以及 m 个专家的各自权重共同确定:

$$\eta = \sum_{i=1}^{m} \phi_i \cdot W_i = (\eta_1, \eta_2, \cdots, \eta_n) \qquad (7-20)$$

式中:n 为该准□□□□□□□□□□量。

同理,可□□□□□□□□□□则下的各个保障能力生成模式评价指标的综合权重。

7.3.4 □□□ 的评价模型构建

□□ CT 的保障能力生成模式评价主要包含以下步骤:评语云概念化、指标状态值的获取与云模型化、指标云模型的聚合和评价结果的确定。

1. 评语云概念化

首先将保障能力生成模式评价的评语定义为"优、良、中、较差、差"5级。然后,聘请专家组对这5级评语进行评价。为了简便有效地求出5种评语的云模型特征值 Ex、En 和 He,采用基于区间数的逆向云发生器算法。

具体评价步骤如下。

步骤1:第 i 位专家判断给出第 j 级评语的可能取值区间 $R_j^i = (R_{j\max}^i, R_{j\min}^i)$,其中 $i=1,2,\cdots,n,j=1,2,\cdots,5,n$ 表示评价专家的数量。

步骤2:计算第 i 位专家对第 j 级评语的云模型特征值:

$$\begin{cases} E_{xij} = \dfrac{R_{j\min}^i + R_{j\max}^i}{2} \\ E_{nij} = \dfrac{R_{j\max}^i - R_{j\min}^i}{6} \\ H_{eij} = k \end{cases} \qquad (7-21)$$

式中:k 为常数,可以根据评语本身的模糊程度具体调整。

步骤3:计算 n 位专家对第 j 级评语的综合云模型特征值。由于各位专家对保障能力生成模式评价评语的判断与个人研究方向、经验等关系不大,这里约定各位专家的权重相同。综合云模型特征值的计算公式为

$$\begin{cases} E_{xj} = \dfrac{E_{x1j}E_{n1j} + E_{x2j}E_{n2j} + \cdots + E_{xnj}E_{nnj}}{E_{n1j} + E_{n2j} + \cdots + E_{nnj}} \\ E_{nj} = E_{n1j} + E_{n2j} + \cdots + E_{nnj} \\ H_{ej} = \dfrac{H_{e1j}E_{n1j} + H_{e2j}E_{n2j} + \cdots + H_{enj}E_{nnj}}{E_{n1j} + E_{n2j} + \cdots + E_{nnj}} \end{cases} \qquad (7-22)$$

最后,通过正向云发生器将保障能力生成模式评价的5级评语添加到连续的语言值标尺上。

2. 指标状态值的获取与云模型化

保障能力生成模式评价指标状态值通过专家评判获取。首先,由 m 个专家组成的专家群体对保障能力生成模式评价的每一个指标进行个体决策,得到 m 种状态值;然后,依据云概念化后的各种评语的云模型特征值 Ex、En 和 He,将 $m \cdot N$(N 为最底层指标的总个数)个状态值云模型化。

3. 指标云模型的聚合

具体聚合步骤如下。

步骤1:单一指标云模型的平行聚合。利用虚拟云中的浮动云算法,将不同专家对保障能力生成模式评价的单一指标进行聚合,得到单一指标的云模型特征值 Ex、En 和 He,其计算公式为

$$\begin{cases} Ex = \dfrac{Ex_1 \cdot \phi_1 + Ex_2 \cdot \phi_2 + \cdots + Ex_m \cdot \phi_m}{\phi_1 + \phi_2 + \cdots + \phi_m} \\[3mm] En = \dfrac{\phi_1^2}{\phi_1^2 + \phi_2^2 + \cdots + \phi_m^2} \cdot En_1 + \dfrac{\phi_2^2}{\phi_1^2 + \phi_2^2 + \cdots + \phi_m^2} \cdot En_2 + \cdots + \dfrac{\phi_m^2}{\phi_1^2 + \phi_2^2 + \cdots + \phi_m^2} \cdot En_m \\[3mm] He = \dfrac{\phi_1^2}{\phi_1^2 + \phi_2^2 + \cdots + \phi_m^2} \cdot He_1 + \dfrac{\phi_2^2}{\phi_1^2 + \phi_2^2 + \cdots + \phi_m^2} \cdot He_2 + \cdots + \dfrac{\phi_m^2}{\phi_1^2 + \phi_2^2 + \cdots + \phi_m^2} \cdot He_m \end{cases}$$

$$(7-23)$$

式中：$\phi_i (i = 1, 2, \cdots, m)$ 为某一个准则下各专家所占权重；m 为专家数量。

步骤 2：多指标云模型的向上聚合。利用虚拟云理论中的综合云算法，将保障能力生成模式评价的底层指标逐层向上聚合，得到保障能力生成模式评价的上层指标的云模型特征值 Ex、En 和 He，其计算公式为

$$\begin{cases} Ex = \dfrac{Ex_1 \cdot En_1 \cdot \eta_1 + Ex_2 \cdot En_2 \cdot \eta_2 + \cdots + Ex_n \cdot En_n \cdot \eta_n}{En_1 \cdot \eta_1 + En_2 \cdot \eta_2 + \cdots + En_n \cdot \eta_n} \\[3mm] En = En_1 \cdot \eta_1 + En_2 \cdot \eta_2 + \cdots + En_n \cdot \eta_n \\[3mm] He = \dfrac{He_1 \cdot En_1 \cdot \eta_1 + He_2 \cdot En_2 \cdot \eta_2 + \cdots + He_n \cdot En_n \cdot \eta_n}{En_1 \cdot \eta_1 + En_2 \cdot \eta_2 + \cdots + En_n \cdot \eta_n} \end{cases}$$

$$(7-24)$$

式中：$\eta_i (i = 1, 2, \cdots, n)$ 为某一个确定评价准则下的各评价指标的权重；n 为该评价准则下的指标数量。

步骤 3：判断是否已经得到保障效能顶层指标的云模型特征值，如果"是"，则终止计算，否则重复步骤 2，继续逐层向上聚合。

4. 评价结果的确定

通过正向云发生器将求得的保障能力顶层指标的云模型特征值 Ex、En 和 He 添加到评语云图中，得到一个直观形象的云滴占有率分布图，根据云滴分布情况即可确定系统保障能力的评价结果。

两种模式下保障能力生成模式对比评价实例

7.4.1 对比评价

1. 基于改进型群 AHP 的指标权重

1）基于专家个体的指标权重的确定

选取两名从事装备保障研究的教授、两名从事装备保障研究的研究员、以及两名部队高级工程师组成专家组，独立对基于自主式保障的保障能力指标进行评估。

下面以评估准则 A(保障能力)为例,进行介绍。

6 名专家对故障诊断能力、维修作业能力和资源保障能力三个指标进行评价。采取 1~9 标度,第 i 位专家给出的两两比较判断矩阵 $\boldsymbol{A}^i$,第 i 位专家给出的自相关矩阵 $\boldsymbol{R}^i$、各个判断矩阵的最大特征值 $\lambda_{\max}$、一致性比例 CR、第 i 位专家赋予三个指标的自相关矩阵的权重向量 $\boldsymbol{W}_i$,如表 7 - 2 和表 7 - 3 所列。

表 7 - 2　比较判断矩阵 $\boldsymbol{A}$

比较判断矩阵 $\boldsymbol{A}_1$					比较判断矩阵 $\boldsymbol{A}_2$					比较判断矩阵 $\boldsymbol{A}_3$			
	B_1	B_2	B_3	U		B_1	B_2	B_3	U		B_1	B_2	B_3	U
B_1	1	5	2	08711	B_1	1	3	5	0.9161	B_1	1	2	4	0.8527
B_2	1/5		1/3	0.1640	B_2	1/3	1	3	0.315	B_2	1/2	1	3	0.4881
B_3	1/2	3	1	0.4629	B_3	1/5	1/	1	0.1506	B_3	1/4	1/3	1	0.182
$\lambda_{man}=3.0037$　CR = 0.0032					$\lambda_{man}=3.0385$　CR = 0.0332					$\lambda_{man}=3.0183$　CR = 0.0158				
比较判断矩阵 $\boldsymbol{A}_4$					比较判断矩阵 $\boldsymbol{A}_5$					比较判断矩阵 $\boldsymbol{A}_6$			
	B_1	B_2	B_3	U		B_1	B_2	B_3	U		B_1	B_2	B_3	U
B_1	1	2	5	0.8540	B_1	1	1/3	1/2	0.2215	B_1	1	1/4	1/2	0.1999
B_2	1/2	1	4	04994	B_2	3	1	4	0.9214	B_2	4	1	3	0.9154
B_3	1/5	1/4	1	0.1460	B_3	2	1/4	1	0.194	B_3	2	1/3	1	0.3493
$\lambda_{man}=30246$　CR = 0.0212					$\lambda_{man}=3.1078$　CR = 0.0930					$\lambda_{man}=3.0183$　CR = 0.0158				

表 7 - 3　自相关矩阵 $\boldsymbol{R}$

自相关矩阵 $\boldsymbol{R}_1$				自相关矩阵 $\boldsymbol{R}_2$				自相关矩阵 $\boldsymbol{R}_3$			
	B_1	B_2	B_3		B_1	B_2	B_3		B_1	B_2	B_3
B_1	1	0.3	0.2	B_1	1	0.3	0.1	B_1	1	0.2	0.1
B_2	0.3	1	0.3	B_2	0.3	1	0.4	B_2	0.2	1	0.1
B_3	0.2	0.3	1	B_3	0.1	0.4	1	B_3	0.1	0.1	1
$\boldsymbol{W}_1 = (0.4475,0.2493,0.3032)$				$\boldsymbol{W}_3 = (0.4872,0.3302,0.1826)$				$\boldsymbol{W}_4 = (0.4927,0.3444,0.1629)$			
自相关矩阵 $\boldsymbol{R}_4$				自相关矩阵 $\boldsymbol{R}_5$				自相关矩阵 $\boldsymbol{R}_6$			
	B_1	B_2	B_3		B_1	B_2	B_3		B_1	B_2	B_3
B_1	1	0.3	0.2	B_1	1	0.2	0	B_1	1	0.1	0.05
B_2	0.3	1	0.3	B_2	0.2	1	0.3	B_2	01	1	0.2
B_3	0.2	0.3	1	B_3	0	0.3	1	B_3	0.05	0.2	1
$\boldsymbol{W}_4 = (0.4493,0.3477,0.2030)$				$\boldsymbol{W}_5 = (0.1967,0.5145,0.2888)$				$\boldsymbol{W}_6 = (0.1664,0.5415,0.2921)$			

2) 基于聚类分析的专家权重的确定

下面,以评价准则 A(保障能力)为例,介绍聚类分析的专家权重。

由式(7-16),经计算建立相容度矩阵 $E = (c(x,y))_{m \times m}$:

$$E = (c(x,y))_{6 \times 6} = \begin{bmatrix} 1 & 0.9697 & 0.9595 & 0.9726 & 0.8207 & 0.7855 \\ 0.9897 & 1 & 0.9992 & 0.9973 & 0.8309 & 0.7975 \\ 0.9595 & 0.992 & 1 & 0.9958 & 0.8291 & 0.7962 \\ 0.9426 & 0.9973 & 0.9958 & 1 & 0.8686 & 0.8383 \\ 0.8207 & 0.8309 & 0.8291 & 0.8686 & 1 & 0.9982 \\ 0.7855 & 0.7975 & 0.7962 & 0.8383 & 0.9982 & 1 \end{bmatrix}$$

令阈值为 0.9970,根据聚类规则进行专家聚类。

经计算,6 位专家共分为三类:$\{1\}$、$\{2、3、4\}$、$\{5、6\}$。

由式(7-17),类别间专家权重:$e_1 = 0.0714$,$e_2 = 0.6429$,$e_3 = 0.2857$

由式(7-18),类别内专家权重:

对于类$\{1\}$,$a_1 = 1$

对于类$\{2、3、4\}$,$a_1 = 0.3078$,$a_2 = 0.3540$,$a_3 = 0.3382$

对于类$\{5、6\}$,$a_1 = 0.3750$,$a_2 = 0.6250$

由式(7-19),可求得评价准则 A 下 6 位专家的综合权重:

$\phi = (0.0714, 0.1979, 0.2276, 0.2174, 0.1071, 0.1786)$

3) 指标综合权重的确定

下面,以评估准则 A(保障能力)为例,介绍指标综合权重。

由式(7-20),可以求得顶层指标"保障能力"下辖的三个指标(故障诊断能力、维修作业能力和资源保障能力)的综合权重向量 $\eta = (0.3891, 0.3889, 0.2220)$。

4) 其他指标综合权重的确定

以 B_1(故障诊断能力)为评价准则时,有

6 位专家的权重 $\phi = (0.1813, 0.2032, 0.2169, 0.1000, 0.1968, 0.1000)$;

5 个底层指标的综合权重向量 $\eta = (0.1488, 0.1623, 0.1769, 0.2492, 0.2628)$。

以 B_2(维修作业能力)为评价准则时,有

6 位专家的权重 $\phi = (0.1986, 0.2097, 0.2346, 0.1481, 0.0714, 0.1376)$;

4 个底层指标的综合权重向量 $\eta = (0.2365, 0.2681, 0.1987, 0.2967)$。

以 B_3(资源保障能力)为评价准则时,有

6 位专家的权重 $\phi = (0.2098, 0.1375, 0.0714, 0.1483, 0.2042, 0.2289)$

5 个底层指标的综合权重向量 $\eta = (0.1630, 0.2072, 0.2125, 0.2464, 0.1709)$。

2. 评语云概念化

依据基于区间数的逆向云发生器算法,专家组给出保障能力生成模式评价各评语的评估值,如表 7 - 4 所列。

表 7 - 4　保障能力生成模式评价 5 级评语的区间评估值

序号	优	良	中	较差	差
1	(0.85,0.95)	(0.70,0.85)	(0.60,0.70)	(0.45,0.60)	(0.30,0.45)
2	(0.80,0.94)	(0.70,0.80)	(0.60,0.70)	(0.45,0.60)	(0.25,0.45)
3	(0.82,0.95)	(0.68,0.82)	(0.58,0.68)	(0.48,0.58)	(0.25,0.48)
4	(0.82,0.96)	(0.70,0.82)	(0.60,0.70)	(0.40,0.60)	(0.25,0.40)
5	(0.82,0.92)	(0.70,0.82)	(0.60,0.70)	(0.45,0.60)	(0.30,0.45)
6	(0.82,0.94)	(0.70,0.82)	(0.62,0.70)	(0.50,0.62)	(0.30,0.50)

按照基于区间数的逆向云发生器算法,由式(7 - 21)和式(7 - 22),求得保障能力生成模式评价的 5 级评语的云模型特征值,如表 7 - 5 所列。

表 7 - 5　保障能力生成模式评价 5 级评语的云模型特征值

特征值	优	良	中	较差	差
Ex	0.8823	0.7598	0.6479	0.5247	0.3659
En	0.0501	0.0515	0.0396	0.0605	0.0746
Hn	0.0068	0.0064	0.0057	0.0073	0.0081

通过正向云发生器将表 7 - 5 中的 5 级评语添加到连续的语言值标尺上,得到保障能力生成模式评价评语云图,如图 7 - 8 所示。

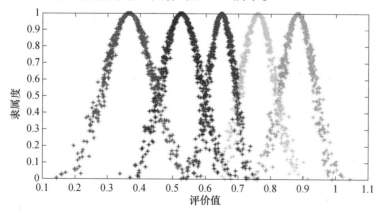

图 7 - 8　保障能力生成模式评价评语云图

199

7.4.2 自主式保障系统保障能力生成模式评价

1. 指标状态值的获取

6名专家组成员对自主式保障系统保障能力生成模式评价指标进行独立评估,得出保障能力各评价指标状态值,如表7-6所列。

表7-6 自主式保障系统保障能力生成模式评价指标状态值表

指标	1	2	3	4	5	6	理想值
C_{11}	良	优	良	良	良	优	优
C_{12}	优	良	良	良	良	优	优
C_{13}	中	中	良	较差	中	良	优
C_{14}	良	良	优	优	良	良	优
C_{15}	良	良	优	良	良	优	优
C_{21}	中	良	良	良	中	良	优
C_{22}	优	优	良	优	良	优	优
C_{23}	良	良	良	中	良	良	优
C_{24}	优	良	优	良	优	良	优
C_{31}	良	中	优	良	良	良	优
C_{32}	良	中	良	优	优	良	优
C_{33}	良	中	良	中	良	良	优
C_{34}	优	优	良	优	良	良	优
C_{35}	良	良	中	中	优	良	优

根据表7-6,将自主式保障系统保障能力生成模式评价指标状态值云模型化,得到相应评价指标状态值的期望 Ex、熵 En 和超熵 He,其中,期望 Ex 如表7-7所列。

表7-7 自主式保障系统保障能力生成模式评价指标状态值的 Ex

指标	1	2	3	4	5	6	理想值
C_{11}	0.7598	0.8823	0.7598	0.7598	0.7598	0.8823	0.8823
C_{12}	0.8823	0.7598	0.7598	0.7598	0.7598	0.8823	0.8823
C_{13}	0.6479	0.6479	0.7598	0.5247	0.6479	0.7598	0.8823
C_{14}	0.7598	0.7598	0.8823	0.8823	0.7598	0.7598	0.8823
C_{15}	0.7598	0.7598	0.8823	0.7598	0.7598	0.8823	0.8823
C_{21}	0.6479	0.7598	0.7598	0.7598	0.6479	0.7598	0.8823
C_{22}	0.8823	0.8823	0.7598	0.8823	0.7598	0.8823	0.8823
C_{23}	0.7598	0.7598	0.7598	0.6479	0.7598	0.7598	0.8823

（续）

指标	1	2	3	4	5	6	理想值
C_{24}	0.8823	0.7598	0.8823	0.7598	0.8823	0.7598	0.8823
C_{31}	0.7598	0.6479	0.8823	0.7598	0.7598	0.7598	0.8823
C_{32}	0.7598	0.6479	0.7598	0.8823	0.8823	0.7598	0.8823
C_{33}	0.7598	0.6479	0.7598	0.6479	0.7598	0.7598	0.8823
C_{34}	0.8823	0.8823	0.7598	0.8823	0.7598	0.7598	0.8823
C_{35}	0.7598	0.7598	0.6479	0.6479	0.8823	0.7598	0.8823

由于自主式保障系统的保障能力生成模式评价指标状态值的 En 值表和 He 值表，极易经转化得到，且所占篇幅很大，此处不再给出。

2. 指标云模型的聚合

1）单一指标云模型的平行聚合

以故障检测率 C_{11} 为例。将 6 位专家对 C_{11} 的评估值（0.7598，0.8823，0.7598，0.7598，0.7598，0.8823），及通过式（7 - 15）～式（7 - 20）计算得出的 6 位专家的权重（0.1813，0.2032，0.2169，0.1000，0.1968，0.1000）代入式（7 - 23），解得（Ex，En，He）=（0.7956，0.0511，0.0065）。

同理，可求得其他底层指标的三个云模型特征值，如表 7 - 8 所列。

表 7 - 8 自主式保障系统保障能力生成模式评价底层指标的云模型特征值表

指标	Ex	En	He
C_{11}	0.7956	0.0511	0.0065
C_{12}	0.7929	0.0512	0.0065
C_{13}	0.6699	0.0445	0.0060
C_{14}	0.7973	0.0510	0.0065
C_{15}	0.7973	0.0510	0.0065
C_{21}	0.7296	0.0486	0.0062
C_{22}	0.8448	0.0506	0.0067
C_{23}	0.7432	0.0501	0.0063
C_{24}	0.8216	0.0508	0.0066
C_{31}	0.7532	0.0502	0.0063
C_{32}	0.7877	0.0498	0.0065
C_{33}	0.7279	0.0489	0.0062
C_{34}	0.8206	0.0509	0.0066
C_{35}	0.7603	0.0494	0.0064

2)多指标云模型的向上聚合

（1）三级指标向二级指标聚合。将故障诊断能力（准则 B1）的下层 5 个指标向上聚合，由式(7-24)可得云模型特征值。

故障诊断能力的云模型特征值 $(Ex, En, He) = (0.7762, 0.0499, 0.0064)$。

同理，可求得云模型特征值。

维修作业能力的云模型特征值 $(Ex, En, He) = (0.7912, 0.0501, 0.0065)$；

资源保障能力的云模型特征值 $(Ex, En, He) = (0.7732, 0.0499, 0.0064)$。

（2）二级指标向一级指标聚合。一级指标"保障能力"的云模型特征值 $(Ex, En, He) = (0.7814, 0.0500, 0.0064)$。

3. 评估结果的确定

将"保障能力"的云模型特征值 $(0.7814, 0.0500, 0.0064)$ 通过正向云发生器添加到自主式保障系统保障能力生成模式评价的评语云图中，得到如图 7-9 中黑色分布的云滴。

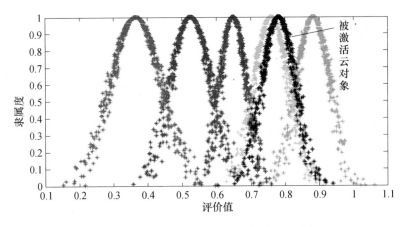

图 7-9　自主式保障系统保障能力生成模式评价结果云图

结合图 7-8 和图 7-9 可知，对于自主式保障系统保障能力生成模式，被激活的云对象包括"中"、"良"和"优"，云滴绝大部分落在"良"的区间内，激活"良"的程度远远大于"优"和"中"，而且激活"优"的程度大于"中"。

7.4.3　传统装备保障系统保障能力生成模式评价

1. 指标状态值的获取

专家组 6 名成员对传统装备保障系统保障能力生成模式进行独立评价，得到各评价指标状态值，如表 7-9 所列。

表7-9 传统装备保障系统保障能力生成模式评价指标状态值表

指标	1	2	3	4	5	6	理想值
C_{11}	中	良	中	较差	中	良	优
C_{12}	中	中	中	较差	中	良	优
C_{13}	良	良	良	良	良	优	优
C_{14}	中	中	良	中	中	中	优
C_{15}	中	良	中	中	中	中	优
C_{21}	较差	中	中	中	中	中	优
C_{22}	优	优	优	优	优	优	优
C_{23}	良	中	良	中	中	良	优
C_{24}	良	中	良	中	中	中	优
C_{31}	良	中	优	良	良	良	优
C_{32}	中	较差	中	中	良	中	优
C_{33}	良	中	良	中	良	良	优
C_{34}	中	中	较差	中	中	中	优
C_{35}	中	中	中	中	良	中	优

依据表7-5和表7-9,将传统保障系统保障能力生成模式评价指标状态值云模型化,得到相应的状态值,如表7-10所列。

表7-10 传统装备保障系统保障能力生成模式评价指标状态值 Ex 表

指标	1	2	3	4	5	6	理想值
C_{11}	0.6479	0.7598	0.6479	0.5247	0.6479	0.7598	0.8823
C_{12}	0.6479	0.6479	0.6479	0.5247	0.6479	0.7598	0.8823
C_{13}	0.7598	0.7598	0.7598	0.7598	0.7598	0.8823	0.8823
C_{14}	0.6479	0.6479	0.7598	0.6479	0.6479	0.6479	0.8823
C_{15}	0.6479	0.7598	0.6479	0.6479	0.6479	0.6479	0.8823
C_{21}	0.5247	0.6479	0.6479	0.6479	0.6479	0.6479	0.8823
C_{22}	0.8823	0.8823	0.8823	0.8823	0.8823	0.8823	0.8823
C_{23}	0.7598	0.6479	0.7598	0.6479	0.6479	0.7598	0.8823
C_{24}	0.7598	0.6479	0.7598	0.6479	0.6479	0.6479	0.8823
C_{31}	0.7598	0.6479	0.8823	0.7598	0.7598	0.7598	0.8823
C_{32}	0.6479	0.5247	0.6479	0.6479	0.7598	0.6479	0.8823

（续）

指标	1	2	3	4	5	6	理想值
C_{33}	0.7598	0.6479	0.7598	0.6479	0.7598	0.7598	0.8823
C_{34}	0.6479	0.6479	0.5247	0.6479	0.6479	0.6479	0.8823
C_{35}	0.6479	0.6479	0.6479	0.6479	0.7598	0.6479	0.8823

同理，可以得到其他指标状态值的 En 值表和 He 值表，此处不再给出。

2. 指标云模型的聚合

1）单一指标云模型的平行聚合

以故障检测率 C_{11} 为例介绍云模型的平行聚合。

将 6 位专家对 C_{11} 的评估值（0.6479，0.7598，0.6479，0.5247，0.6479，0.7598），及 6 位专家的权重（0.1813，0.2032，0.2169，0.1000，0.1968，0.1000）代入式（7 - 23），解得特征值 $(Ex, En, He) = (0.6683, 0.0442, 0.0060)$。

同理，可求得其他底层指标的三个云模型特征值，如表 7 - 11 所列。

表 7 - 11　传统装备保障系统保障能力生成模式评价

底层指标的云模型特征值表

指标	Ex	En	He
C_{11}	0.6683	0.0442	0.0060
C_{12}	0.6456	0.0414	0.0058
C_{13}	0.7707	0.0514	0.0064
C_{14}	0.6710	0.0427	0.0059
C_{15}	0.6695	0.0423	0.0059
C_{21}	0.6234	0.0441	0.0060
C_{22}	0.8823	0.0501	0.0068
C_{23}	0.7118	0.0469	0.0061
C_{24}	0.6964	0.0457	0.0061
C_{31}	0.7532	0.0502	0.0063
C_{32}	0.6539	0.0444	0.0060
C_{33}	0.7279	0.0489	0.0062
C_{34}	0.6392	0.0402	0.0057
C_{35}	0.6708	0.0423	0.0059

2）多指标云模型的向上聚合

（1）三级指标向二级指标聚合。将故障诊断能力（准则 B1）的下层 5 个指标向上聚合，由式（7－24）可得云模型特征值。

故障诊断能力的云模型特征值 $(Ex, En, He) = (0.6869, 0.0441, 0.0060)$。

同理，可求得云模型特征值。

维修作业能力的云模型特征值 $(Ex, En, He) = (0.7366, 0.0467, 0.0063)$；

资源保障能力的云模型特征值 $(Ex, En, He) = (0.6886, 0.0449, 0.0060)$。

（2）二级指标向一级指标聚合。一级指标"保障能力"的云模型特征值 $(Ex, En, He) = (0.7072, 0.0453, 0.0061)$。

3. 评估结果的确定

将传统装备保障系统保障能力的云模型特征值 $(0.7072, 0.0453, 0.0061)$ 通过正向云发生器添加到评语云图中，得到如图 7－10 中黑色分布的云滴。

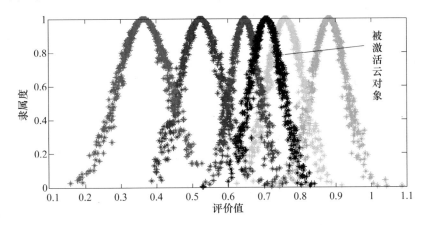

图 7－10　传统装备保障系统保障能力生成模式评价结果云图

结合图 7－8 和图 7－10 可知：对于传统装备保障系统保障能力生成模式，被激活云对象包括"差""中""良""优"，云滴绝大部分落在"中"和"良"的区间内，居于两者的中间位置。

7.4.4　对比分析

通过对自主式保障系统和传统装备保障系统的保障能力生成模式评价指标综合权重计算、评价指标云模型特征值的计算结果，以及评价结果云图的综合分析，结合自主式保障的自身特点，可以得出以下几点结论。

（1）从系统的整体角度看，自主式保障系统保障能力的云滴主要散落在"良"与"优"之间，而传统装备保障系统保障能力的云滴则主要散落在"中"与

"良"的中间位置(图7-11),相差一个评价等级,说明了就整体保障能力而言,自主式保障系统优于传统装备保障系统,能够更好地完成陆军主战装备的保障任务,保持和恢复作战部(分)队的战斗力。

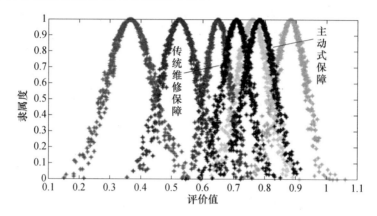

图7-11 保障能力生成模式评价结果对比云图

(2)故障诊断处于主战装备保障的开端,为维修作业和资源保障提供需求。故障诊断能力评价结果对比云图如图7-12所示,由图可以看出,自主式保障系统的故障诊断能力明显优于传统装备保障系统。

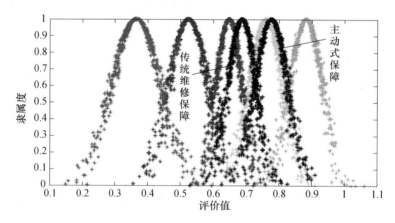

图7-12 故障诊断能力评价结果对比云图

上述两种系统差别的主要原因:一是自主式保障依靠 PHM 对重要功能部件进行剩余寿命实时预测,维修工作的开始时间提前到潜在功能故障期,在装备停机前就自主进行故障诊断和定位隔离,维修人员仅需完成简单的拆卸、更换、调试等工作,最大程度地减少了不正确的维修活动;二是自主式保障的系统信息全域实时共享,维修决策自动生成。自主式保障系统能够通过联合分布式信息分系统使各子系统间实现信息实时共享,通过指挥决策分系统自动生成维修决策,减少了人为因素影响,畅通了指挥协作渠道,提高了系统工作效率。

（3）从完成系统任务的角度区分,维修作业属于主要环节,故障诊断属于辅助环节,资源保障属于保障环节,三个环节共同支撑装备保障系统功能的发挥。保障能力的高低,最终需要通过装备出动率、使用可用度、任务完成率表现出来。维修作业能力高,则故障的主战装备能够得到及时修复,出动率和使用可用度就高,使提高任务完成率成为可能。在实际保障过程中,可能出现"故障装备等维修备件""库存的器材大多无用,急需的器材储存不足"的情况,导致装备停机时间长、使用可用度低、保障效益低下。

维修作业能力评价结果与资源保障能力评价结果对比云图,如图 7 - 13 和图 7 - 14 所示。

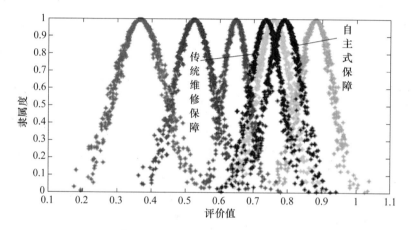

图 7 - 13　维修作业能力评价结果对比云图

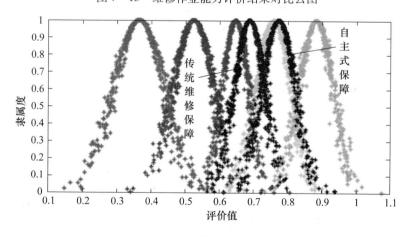

图 7 - 14　资源保障能力评价结果对比云图

通过计算结果及图7-13、图7-14可知,自主式保障系统的维修作业能力和资源保障能力,均优于传统装备保障系统,而且资源保障能力的优势更大。其主要原因:一是自主式保障能够实现剩余寿命实时预测,在装备故障停机前收拢保障人员,有针对性开展保障训练,有助于提高维修人员的在位率和提前开展针对性维修训练,有助于缩短修前准备时间、提高维修人员技能水平;二是自主式保障系统在装备停机前即开展维修器材调度、保障设备准备等修前准备工作,大幅缩短保障延迟时间,提高故障装备修复率和维修器材数量满足度,进而为提升装备的战备完好率和任务完成率提供了可能。与此同时,还可以提高保障资源的利用率,降低保障资源数量规模,减少保障资源的储存和管理费用,提高保障效益。

(4)与传统装备保障系统相比,自主式保障系统也存在薄弱环节,如故障诊断能力中的虚警率(图7-15)。通过评价结果云图7-15可看出,自主式保障的虚警率的云滴主要散落在"中"附近,表现明显逊于传统装备保障系统。其主要原因:PHM系统的功能设计要求其能够进行重要功能部件的健康管理和剩余寿命实时预测,考虑到主战装备的恶劣工作环境及PHM系统目前在装备领域的应用水平,PHM系统的性能、工作的可靠性和可信度都存在一定差距,导致了自主式保障的虚警率偏高,故障预测费用昂贵。

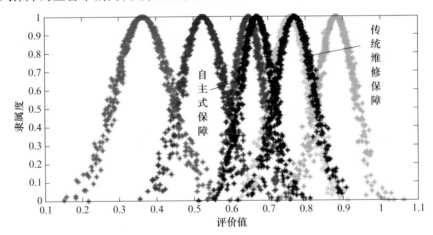

图7-15　虚警率评价结果对比云图

⑺·⑤　自主式保障实现途径及建设

实现自主式保障将带来以下根本性变化:故障诊断自动进行,剩余寿命实时预测,系统信息全域实时共享,辅助维修决策自动生成,保障资源提前调度,保障

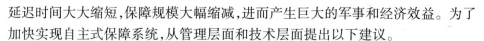

延迟时间大大缩短,保障规模大幅缩减,进而产生巨大的军事和经济效益。为了加快实现自主式保障系统,从管理层面和技术层面提出以下建议。

1. 管理层面

(1)加强领导和顶层设计,搞好系统建设的统筹规划工作:一是建立高度权威的专门领导机构,相应建立总部级、战区级和部队级的各级组织机构,明确职责分工和领导隶属关系,强化统一管理,简化工作环节,提高运行效率;二是通过仿真等先期演示验证手段进行自主式保障系统论证,搞好顶层设计,处理好长远发展与阶段性目标、"硬件"建设与"软件"建设等关系,全盘筹划,突破重点,由上至下分批次、分阶段逐步展开和实施。

(2)加速联合分布式信息系统建设,实现保障信息全域实时共享:一是采用开放式体系结构,最大程度地整合各军兵种现有信息系统,达成通用系统和专用系统之间,软件和硬件之间,武器平台、指挥平台和保障平台之间的互联互通以及信息实时共享;二是统一信息系统及平台的横向技术体制和标准规范,确保整合后的联合分布式信息系统和新研信息系统满足标准化、系列化和通用化的要求。

2. 技术层面

(1)加强装备研制阶段的维修性、保障性设计,将保障特性和维修特性"设计"到装备系统中:一是在论证阶段根据作战使用需求确定维修性、保障性要求,提出能够度量和检验的维修性、保障性指标;二是在研制中采用虚拟维修技术,用以预测和感受未来产品的维修性能水平,缩短研制周期,降低研制费用。

(2)加快PHM技术开发,实现装备技术状态实时管理。广泛发展和应用传感器技术、嵌入式诊断技术、故障诊断预测技术、信息处理技术等高新技术,加快预测与健康管理系统的开发应用,实现对装备状态的实时监测,提高故障诊断、寿命预测的自动化水平,解决"维修不足"和"维修过剩"的问题。

(3)提高供应保障能力,实现保障资源的智能化可视化管理:一是开发应用自动识别技术、电子数据交换技术、地理信息系统技术以及物联网技术,实现对装备及维修器材从军工厂、各级仓库到作战部队的全程可视化管理,提高维修器材筹措、存储、调度和供应的准确性,减小保障规模,提高保障效益;二是发展以标准化、规格化为主要特征的集装单元化运输技术,提高维修器材运输的机械化和自动化水平;三是加大运力建设,发展大型运输装备,提高装备和维修器材的快速投送能力,缩短维修器材保障延误时间。

第8章
装备自主式保障系统仿真

为了验证陆军主战装备自主式保障模式的先进性,构建自主式保障系统仿真演示平台。在保障需求规律预测分析基础上,基于离散系统建模理论,进行陆军主战装备保障过程离散事件系统建模,应用 AnyLogic 系统仿真技术,建立基于离散事件的陆军主战装备保障过程仿真模型,以维修任务成功性、时效性、经济性等指标为准则,对陆军主战装备自主式保障系统保障过程进行定量评价,为自主式保障保障能力生成模式先期演示验证的定量研究提供模型和数据支撑。

(8.1) 自主式保障系统仿真演示平台设计

8.1.1 演示平台的功能

自主式保障系统仿真演示平台提供装备保障科研实验环境,可以支撑装备保障建模与仿真技术领域的基础研究、技术开发和工程应用;可以为陆军装备保障能力生成模式的论证、规划、设计、仿真、推演、评估和优化等工作提供科研与学术平台。

具体来说,自主式保障系统仿真演示平台主要具备以下功能。

(1)保障数据的统计分析与挖掘。能够收集各类装备保障相关数据,具备海量的保障数据存储能力,并且具备功能齐全的数据统计分析工具和强大的数学计算能力,可针对保障数据开展广泛的统计分析和挖掘计算,对装备故障、装备战损、保障资源消耗和装备完好率等规律进行系统分析,发掘保障系统的内在运行规律,为保障系统的规划、设计、仿真、评估与优化等提供数据基础。

(2)保障需求的建模、仿真与预测。能够从装备系统的训练和动用任务出发,通过仿真预计和测算保障任务的规模、持续时间、维修器材耗损与利用率等,预判保障任务和保障模式等对保障需求的潜在影响,为保障系统的设计与优化提供需求基础。

（3）保障系统的建模与仿真运行。通过任务建模、装备故障与战损建模、保障要素建模、业务流程建模与仿真和分布交互式仿真等技术,能够支撑对装备系统及其保障系统进行全要素全过程的分析、建模与仿真的研究,能够实现从单装到装备系统、从任务到保障、从基层到总部的大规模和小粒度的仿真模拟,为开展保障系统分析与研究提供实验条件。

（4）保障业务流程推演验证。基于装备保障信息化环境,面向未来信息化条件下的保障行动和保障业务流程,针对部队的保障模式和业务工作流程,通过建立人在环的保障模式推演验证环境,能够开展信息化条件下的部队保障模式和保障业务流程的演示、推演、验证和评估,为保障模式和保障业务流程的改革与优化提供验证手段。

（5）保障系统评估与优化。基于现代优化方法和仿真优化技术,能够针对保障系统、保障业务流程和保障方案等,以保障系统仿真及推演的数据为输入,通过系统的数据分析与挖掘,借助保障效能和保障能力评估模型等对保障系统的运行效能和效益进行综合评价,从而探究保障系统结构、流程、规则及运行模式中存在的问题,借助现代优化技术及决策技术,可以为装备保障系统的优化提供解决方案。

8.1.2　演示平台的系统构成

自主式保障系统仿真演示平台主要由硬件平台和软件平台构成,如图 8 - 1所示。

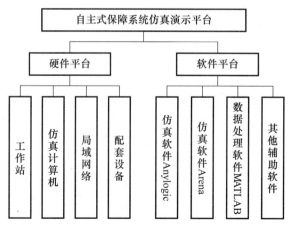

图 8 - 1　自主式保障系统仿真演示平台构成

1. 硬件平台

1）工作站

工作站（Workstation）是具备强大的数据运算与图形、图像处理能力，为满足工程设计、科学研究、信息服务和模拟仿真等专业领域而设计开发的高性能计算机。它有直观的便于人机交换信息的用户接口，具备容量很大的内存储器和外部存储器，较强的信息处理功能和联网功能，可与计算机网相连，在更大的范围内互通信息，共享资源。工作站主要用于建立装备保障仿真模型、运行系统仿真软件、进行数值计算与数据分析，如利用 Anylogic、Arena 和 MATLAB 软件进行装备保障问题的建模、仿真与运算。

2）仿真计算机

仿真计算机主要用于进行对计算性能要求较低的装备保障建模、仿真与运算，为整个装备保障系统的建模、仿真与运算完成基础工作。

3）局域网络

局域网络用于连接工作站、仿真计算机，为各工作节点共享仿真资源提供条件。

4）配套设备

配套设备主要包括稳压电源、路由器等，为平台硬件设备的正常稳定工作提供基础。

2. 软件平台

1）AnyLogic 仿真软件

AnyLogic 仿真软件是一个专业虚拟原型环境，用于设计包括离散、连续和混合行为的复杂系统。能够快速地构建设计系统的仿真模型（虚拟原型）和系统的外围环境，包括物理设备和操作人员。AnyLogic 仿真软件的动态仿真具有独创的结构，用户可以通过模型的层次结构，以模块化的方式快速地构建复杂交互式动态仿真，且动态仿真是 100% Java 语言的，可以通过互联网访问并在 Web 页上显示。AnyLogic 仿真软件提供了多种建模方法：基于 UML 的面向对象的建模方法、基于方图的流程图建模方法、基于 Java 语言的建模等。AnyLogic 仿真软件的模型可以是随机或确定的，其数据库帮助用户收集，显示和分析模型执行过程中的数据，并可与数据库，电子数据表和其他文件协同工作。

2）Arena 仿真软件

Arena 仿真软件能提供可视化通用交互集成模拟环境，很好地解决了计算机模拟与可视化技术的有机集成，兼备高级模拟器易用性和专用模拟语言柔性的优点，并且还可以与通用过程语言，如 VB，Fortran，C/C++ 等编写的程序连接运行。Arena 仿真软件层次化的建模体系保证用户可灵活地进行各个水平上的仿真建模,既可以使用最底层的语言(VB、C/C ++ 等)进行复杂系统建模,也可以根据需要使用高级模板进行模型的开发。Arena 仿真软件提供的分层建模工具(Submodel)允许用户模型从宏观到微观分成若干层次,并通过端口来连接,大大提高了建模效率。Arena 仿真软件基于面向对象的思想和结构化的建模概念,将专用仿真语言的灵活性和仿真器的易用性很好地融合到一起,直接面向实际业务流程构建仿真模型,符合常规的思维习惯。Arena 仿真软件友好稳定,可与其他技术和系统资源进行很好地整合,能与 Microsoft Office 无缝的整合,数据输入/输出以及模型调试等方面具备友好性,模型中不直接使用指针,系统稳定可靠。

3) MATLAB 数据处理软件

MATLAB 作为商业数学软件,用于算法开发、数据可视化、数据分析以及数值计算的高级技术计算语言和交互式环境。它将数值分析、矩阵计算、科学数据可视化以及非线性动态系统的建模和仿真等诸多强大功能集成在一个易于使用的视窗环境中,为科学研究以及数值计算提供了一种全面的解决方案,并在很大程度上摆脱了传统非交互式程序设计语言的编辑模式。MATLAB 高效的数值计算及符号计算功能,能使用户从繁杂的数学运算分析中解脱出来。具有完备的图形处理功能,实现计算结果和编程的可视化;友好的用户界面及接近数学表达式的自然化语言,易于学习和掌握;功能丰富的应用工具箱(如信号处理工具箱、通信工具箱等),为用户提供了大量方便实用的处理工具。

4) 其他辅助软件

其他辅助软件包括 IDEF 系列、VISIO、Super Decisions 和 Venple 等,为装备保障仿真完成辅助工作。

8.1.3　演示平台涉及的关键技术

自主式保障系统仿真演示平台是应用系统工程理论,通过逻辑推断和仿真试验,对主战装备自主式保障系统能力生成进行需求分析、方案规划、实施策略验证和效果评估等一系列定性定量论证和评价的有机体系。该平台可为降低保障能力建设风险,充分发挥体系的整体效能提供科学有效的手段。

自主式保障系统仿真演示平台的构建涉及综合集成方法,以及人工智能、计算机技术和虚拟现实技术等现代仿真建模技术。

1. 综合集成方法

综合集成方法是由钱学森提出的,是适用于解决社会系统、地理系统、人体系统、军事系统等复杂系统的"从定性到定量综合集成方法"。认识综合集成方法的内涵需要把握五点:综合集成是处理复杂系统的科学方法;综合集成是解决复杂技术问题的重要手段和途径;综合集成是以计算机为核心的高度智能化的人机结合体系;综合集成是对各类分系统的有机整合;综合集成目的是发挥综合系统的整体优势。

概括起来综合集成方法具有以下主要特点:①定性与定量相结合;②科学理论与经验知识相结合;③多种学科相综合;④宏观与微观相结合;⑤各类专家与多种计算机智能系统相结合。

综合集成方法应用广泛,在社会系统、经济系统、军事系统和人体等复杂系统的研究上尤为突出,从具体的综合集成内容上可以归纳为以下方面:①方法综合集成;②技术综合集成;③模型综合集成;④仿真综合集成;⑤运算结果综合集成;⑥定量和定性综合集成;⑦评价综合集成;⑧数据综合集成;⑨意见综合集成;⑩信息综合集成;⑪知识综合集成;⑫智慧综合集成。

综合集成过程复杂,不同要素、不同内容综合集成的目的、目标、约束条件、结构、流程、方法和评价等也各不相同,侧重点也不一样,针对具体的复杂问题,可以采用不同的方式进行集成。

综合集成方法的实质是把专家体系、数据和信息体系以及计算机体系结合起来,构成一个高度智能化的人机结合系统,从而发挥系统的综合优势、整体优势和智能优势。综合集成方法充分应用数学科学、系统科学、控制科学、人工智能和以计算机为主的各种信息技术,如系统建模、仿真、分析和优化等,如图 8 - 2 所示。

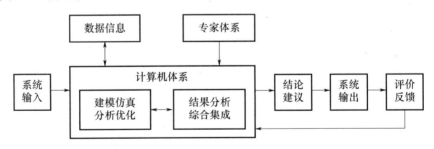

图 8 - 2　综合集成人机结合系统示意图

综合集成研讨厅体系(Hall for Work Shop of Meta – synthetic Engineering, HWSME)是将综合集成法的升华,该体系由三个部分组成:以计算机为核心的现代高新技术的集成与融合构成的机器体系,专家体系,知识体系,其中专家体系和机器体系是知识体系的载体。这三个体系构成高度智能化的人机结合体系,不仅具有知识与信息采集、存储、传递、调用、分析与综合的功能,更具有产生新知识和智慧的功能,既可研究理论问题,又可解决实践问题,如图 8 - 3 所示。

214

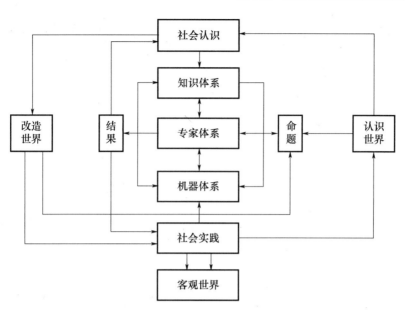

图 8-3 综合集成研讨厅框图

按照分布式交互网络和层次结构组织起来建设研讨厅,就成为一种具有纵深层次、横向分布、交互作用的矩阵式研讨厅体系,为解决开放复杂巨系统问题提供了规范化、结构化形式。

2. 系统建模与仿真技术

1）概念建模

概念模型是对真实系统的第一次抽象,是从真实系统到仿真系统的桥梁,如图 8-4 所示。

图 8-4 从真实系统到仿真系统的建模过程

美国国防部建模与仿真办公室(DMSO)把任务空间概念模型(Conceptual Models of the Missio Space,CMMS)作为建模与仿真技术框架的三大技术标准之一,任务空间概念模型由四个部分组成。

（1）概念模型(Conceptual Models)。主要是建立对真实军事行动的一致性描述。它关注的是军事行动和任务,分别描述试题、指挥员、任务、活动和相关知识等细节,以任务为中心,赋予军事行动以内容,并提供执行这些行动的相关要素。

215

（2）技术框架（Technical Framework）。主要建立用于知识获取的工具、概念模型集成的互操作标准、用于建模的公共语义和语法、数据字典和数据交换格式等。它由用于信息获取、任务描述、模型集成、权威数据源的构造和注册的一系列工具、规则和用户接口组成。技术框架是生成和维护通用知识库，并使用存储在通用知识库中的知识的保证机制。

（3）公共资料档案库（Common Repository）。主要是建立具有注册、存储、管理和发布等功能的模型库管理系统，它提供了对概念模型进行管理的相关服务。

（4）支持及应用工具。

美军的 CMMS 采用以任务为中心，将军事行动分解为：实体（E）、活动（A）、任务（T）和交互（I），运用 IDEF、UML 等可视化手段，通过公共的语义语法（CSS）、数据交换格式（DIF）、CMMS 模型库和一些支撑工具来支持仿真开发人员在美国国防部（DoD）仿真项目中创建、集成和维护概念模型，并进行概念模型的互操作。

概念模型的特点是结构化、形式化和可视化描述系统。概念建模的方法主要包括：基于实体——关系（ER）的概念建模方法、基于面向对象的概念建模方法、基于本题的概念建模方法等。常用的概念建模语言有基于 UML 的概念建模、基于 XML 的概念建模、基于 IDEF 的概念建模等。

2）数学建模

数学建模是系统建模的主要内容，广义的数学模型可分为定性、定量、定性与定量结合三类。其中，定量建模分为理论建模（包括连续系统与离散事件系统建模）和实验建模（包括随机变量模型、人工神经网络和灰色系统理论等建模方法），定性与定量结合建模包括基于系统动力学、AHP 方法、Agent 智能体等建模方法。

（1）连续系统建模。连续系统常用微分方程、传递函数和状态空间等数学模型来描述。系统的微分方程可通过反映具体系统内在运动规律的物理学定理来获得，传递函数是描述线性连续系统输入/输出特性的一种数学模型。

（2）离散事件系统建模。离散事件系统的模型难以用数学方程进行描述，目前常用的建模方法是 Petri 网法。Petri 网中的"变迁"和"库所"可分别用于描述事件及状态，Petri 网系统运行能够体现事件发生和状态变化，即离散事件系统的本质。因此，Petri 网对于具有并发、异步、分布、并行、不确定性或随机性的信息处理系统的描述和分析是十分有效的。

（3）随机变量模型建模。被研究系统是一个随机系统时，在获得相关随机变量概率分布的统计观测数据的基础上,可用随机变量模型建模的方法,对随机系统进行数理统计,确定其概率分布形式和分布参数估计值。这种方法通常用于装备系统可靠性、维修性参数指标的确定过程,其难点是统计观测数据的获取。

(4)基于人工神经网络的建模方法。由于数学解析方法难以求解多输入多输出的非线性问题,人工神经网络能够处理多输入多输出系统问题,以及具有逼近任意非线性函数的能力。因此,在解决多输入多输出非线性系统问题时,常常应用人工神经网络建模方法。

(5)基于灰色系统理论的建模。信息不完全的系统称为灰色系统。灰色系统着重研究概率统计、模糊数学所难以解决的“小样本、贫信息、不确定”问题,并依据信息覆盖,通过序列生成需求现实规律。灰色系统理论着重依据“外延明确,内涵不明确”的系统对象。

(6)定性建模方法。模糊建模方法是定性建模中常用的方法。模糊系统理论是 1965 年美国自动控制专家 L. A. Zadeh 教授创立的,1973 年他提出了用模糊语言进行系统描述的方法,为模糊控制的实施提供了有效手段。目前,模糊系统理论得到了广泛的应用;1974 年,英国学者 E. H. Mamdani 首次应用模糊方法实现了蒸汽发动机的控制试验;1980 年,丹麦的史密斯公司推出了水泥窑模糊控制系统;1987 年,第二届国际模糊系统联合会(IFSA)年会上,日本 T. Yamakawa 博士研究的“Fuzzy Computer”引起强烈反响,模糊控制技术被应用到家电领域,并获得了巨大成功。

(7)基于系统动力学的建模。系统动力学的理论基础是反馈控制理论,采用计算机仿真等技术手段,定量研究复杂系统动态行为。系统动力学采用结构与功能因果关系图式模型描述系统,为构建系统动态模型,利用反馈控制原理对系统行为回路进行设计,对系统信息反馈过程进行计算机仿真模拟和分析,达到深入研究系统结构和动态行为特性的目的。

系统动力学通过对现有系统的多方案仿真运算,获得系统最佳运行模式,其侧重点在于分析系统运行趋势,并不在于给出精确数据。因此,系统动力学是一种定性定量相结合的建模方法。

(8)基于 AHP 方法的建模。AHP 方法的基本思想是按问题要求建立描述系统功能或特征的内部独立的递阶层次结构,通过两两比较元素的相对重要性,给出相应的比例标度,确定上层要素对下层元素的判断矩阵,以给出相关元素对上层要素的权重序列。AHP 方法可用于工程技术、经济管理、社会生活中的决策过程,也可用于分析和预报。目前,AHP 方法发展出多种形式,如群体 AHP 方法、灰色 AHP 方法、模糊 AHP 方法等。

（9）基于 Agent 的建模及 Swarm 仿真。任何控制系统都可以被认为是 A-gent。Agent 具有自主性、社会性和主动性的特征，基于 Agent 的建模技术，能够更准确的描述仿真模型中具有智能的实体。目前，基于 Agent 的建模发展出一系列的衍生技术，如基于 Agent 的软件工程（ABSE）、基于 Agent 的计算（ABC）、面向 Agent 的程序设计（AOP）和 Agent 通信预研（ACL）。目前，在复杂系统研究领域中，广泛推荐和采用的基于 Agent 的建模和开发工具是由 SFI 研制的 Swarm 系统仿真工具。

（10）分布交互仿真。分布式系统定义为：处理工作分布在地理位置不同的、独立的计算机所组成的系统。它具有分布性、蠕动性、自组织性、集中与分布共享性等特点。分布交互仿真（Distributed Interactive Simulations，DIS）是在 SIM-NET（Simulation Network，仿真网络）的基础上产生的，是一种基于计算机及高速通信网络的仿真训练系统。DIS 能够将各种仿真设备进行集成，形成整体，从而进行交互式操作，这些仿真设备的类型、物理位置可以各不相同。

8.2 陆军主战装备保障需求分析与预测

装备保障需求的准确预测是保障资源配置优化的前提和基础，装备保障需求预测的重点是预测装备维修工作量，在此基础上，可以估算保障资源需求。陆军主战装备保障需求包括修复性和预防性维修需求。修复性维修需求主要来源于装备在动用过程中出现的故障、损坏及战斗毁伤（战时）；预防性维修需求主要由陆军主战装备发动机摩托小时消耗确定。

本节以装甲装备为研究对象，对陆军主战装备保障需求分析与预测展开研究。

8.2.1 陆军主战装备故障数学度量方法

陆军主战装备故障可由无故障性指标、故障时间指标和故障强度指标等参数度量。

1. 无故障性指标

装备无故障性指标主要是其可靠度，用 $R(t)$ 表示。装备可靠度是指装备在规定的条件下和规定的时间内，完成规定功能的概率。规定的条件包括装备工作时所处的环境条件、运行条件及维护条件；规定的时间是指装备所经历的寿命时间；规定的功能指在一定的使用条件下，装备维持正常工作而不发生故障，或者装备技术文件中严格规定的技术性能。

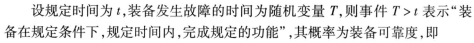

设规定时间为 t,装备发生故障的时间为随机变量 T,则事件 $T > t$ 表示"装备在规定条件下,规定时间内,完成规定的功能",其概率为装备可靠度,即

$$R(t) = P(T > t)$$

事件 $T \leqslant t$ 表示"装备在规定的时间内不能完成规定的功能",这一事件的概率为装备的不可靠度,又称累积故障概率,即

$$F(t) = P(T \leqslant t)$$

对于不可修复装备(或部件),规定时刻 t 的可靠度可用工作到 t 时刻的装备(或部件)完好数 $N_s(t)$ 与投入工作的装备(或部件)总数 N 之比表示,即

$$\hat{R}(t) = N_s(t)/N$$

对于可修复装备(或部件),规定时刻 t 的可靠度可用符合规定值的无故障持续工作时间区间个数 G_t 与全部无故障持续工作时间区间个数 G 之比表示,即

$$\hat{R}(t) = G_t/G$$

2. 故障时间指标

1)平均寿命

对于不可修复装备,平均寿命指装备故障(失效)前工作时间的平均值,称为修复(失效)前平均时间(Mean Time to Failure,MTTF),其度量方法是在规定的条件下和规定的时间内,装备寿命单位总数与故障总数之比,即

$$MTTF = \frac{装备寿命单位总数}{装备故障总数}$$

对于可修复装备,平均寿命指装备在相邻故障间的工作时间平均值,称为平均故障间隔时间(Mean Time Between Failures,MTBF),其度量方法是在规定的条件下和规定的时间内,装备的寿命单位总数与故障总次数之比,即

$$MTBF = \frac{装备寿命单位总数}{装备故障总次数}$$

装备的平均寿命可由平均故障间隔里程(Menn Mileage Between Failures,MMBF)表示,在故障服从指数分布的条件下,在工程上近似用行驶里程 S 与里程内发生故障数 N 的比值表示,即

$$MMBF = \bar{S} = \frac{S}{N}$$

2)寿命方差

装备的寿命方差反映单位装备的寿命与其平均寿命 θ 的偏差程度,用 σ^2 表示。根据故障统计数据可以计算装备的寿命方差估计值 $\hat{\sigma}^2$:

$$\hat{\sigma}^2 = \frac{1}{n} \sum_{i=1}^{n} (t_i - \theta)^2$$

式中:n 为故障总数;t_i 为第 i 个故障与第 $i-1$ 个故障的间隔时间。

3)可靠寿命

装备的可靠寿命是在规定可靠度 γ 下,装备的使用寿命,用 t_γ 表示,$R(t_\gamma) = \gamma$。

3. 故障强度指标

1)装备的故障密度

装备的故障密度表示单位时间内装备的故障数与被试装备总数之比,即累计故障概率 $F(t)$ 对时间 t 的变化率,用 $f(t)$ 表示,$f(t) = F'(t)$。

2)装备的平均故障率

装备的平均故障率是在规定的条件下和规定的时间内,装备的故障总数与其寿命单位总数之比,即

$$\bar{\lambda}(t) = \frac{\Delta N_r(t)}{\overline{N}_S(t) \cdot \Delta t}$$

式中:$\bar{\lambda}(t)$ 为平均故障率;Δt 为规定的时间段;$\Delta N_r(t)$ 为 Δt 内装备(或装备部件)的故障数;$\overline{N}_S(t)$ 为 Δt 内装备(或装备部件)的平均完好总数;$\overline{N}_S(t) \cdot \Delta t$ 为 Δt 内装备(或装备部件)的寿命单位总数。

当装备的故障率为常数时,可用平均故障间隔里程的倒数表示。

8.2.2 集群装备预防性维修工作量测算

1. 集群装备技术状况分析

根据装备技术状况分类标准,将发动机平均储备摩托小时作为衡量集群装备技术状况的指标,给出两种典型装甲机械化部队装备的技术状况数据示例,如图 8-5 所示。

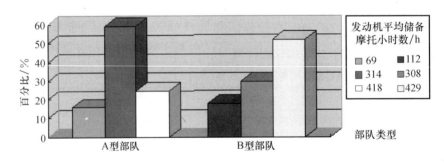

图 8-5　典型装甲机械化部队装备技术状况分布

图 8-5 中 A 型部队的装备列装使用时间较长,发动机平均储备摩托小时数

分别为 69h、314h、418h 的装甲装备分别占在编装备实有数的 16%、59%、25%；B 型部队的装备列装使用时间较短，发动机平均储备摩托小时数分别为 112h、308h、429h 的装甲装备分别占在编装备实有数的 18%、30%、52%。

2. 预防性维修工作量测算模型

装备预防性维修工作量取决于完成任务后产生的需大、中、小修装备数，以及大、中、小修工作量指标。根据装甲装备训练使用的特点，集群装甲装备由动用磨损产生大、中、小修车的数量主要取决于四个因素：动用装备数、使用时间、装备维修间隔期、集群装备技术状况，可建立测算模型进行分析。

1）测量模型参数设定

测量模型参数如下：

N_i——i 种装甲装备的实有编制数（台）；

a_1——i 种装甲装备的参训率；

t——单装消耗摩托小时；

T_{id}——i 种装甲装备的 d 等级维修间隔期，d 取 1、2、3 分别对应大、中、小修间隔期，摩托小时；

M_{ix}——i 种装甲装备的平均发动机储备摩托小时数，变量 x 反映 i 种装甲装备不同的平均储备摩托小时数等级；

N_{ix}——i 种装甲装备的平均发动机储备摩托小时数为 M_{ix} 的装备数量。

2）假设条件

（1）集群装甲装备在训练使用中消耗的摩托小时数近似相等。

（2）平均储备摩托小时数等级相同的一类装备中，单装储备摩托小时分布规律为线性分布。

3）测量模型建立

根据模型参数设定和模型假设条件，集群装甲装备使用磨损产生大、中、小修装备数量的测算模型，如图 8-6 所示。

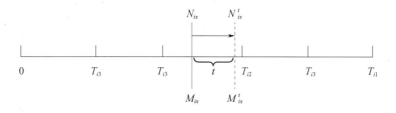

图 8-6　集群装甲装备使用磨损状态图

在图 8-6 中，横坐标表示 i 种装甲装备的技术状态水平（以储备摩托小时数为指标),各坐标点表示装备相应的维修间隔期临界点;蓝色实线表示平均储备摩托小时数 M_{ix} 的 N_{ix} 台装备,梅红色虚线表示平均储备摩托小时数 M'_{ix} 的 N'_{ix} 台装备;由蓝色实线到梅红色虚线的过程表示初始平均储备摩托小时数 M_{ix} 的 N_{ix} 台装备经过 t 时间的使用,其技术状态水平转变为平均储备摩托小时数 M'_{ix} 的 N'_{ix} 台装备。在只考虑装备使用磨损的情况下,认为 $N_{ix} \approx N'_{ix}$。

4) 产生大、中、小修装备数测算

(1) 通过图 8-5 判断集群装甲装备的技术状态,确定所需要的预防性维修类型。

(2) 测算集群装甲装备产生的大、中、小修车辆数 N_Y:

$$N_Y = \frac{t}{2I_{id}}N_{ix}, t \leqslant 2I_{id} \tag{8-1}$$

$$N_Y = N_{ix}, t > 2I_{id} \tag{8-2}$$

式中:I_{id} 为装备临近 d 等级预防性维修的摩托小时数,d 取 1、2、3 分别对应大、中、小修,通过分析装备的使用磨损状态确定 I_{id} 取值。

5) 预防性维修工作量测算

集群装甲装备使用磨损产生的预防性维修工作量 T_Y 由下式计算,即

$$T_Y = N_Y \cdot T_d \tag{8-3}$$

式中:T_d 为 d 等级预防性维修工时定额,d 取 1、2、3 分别对应大、中、小修。

装备保障过程离散事件系统建模

8.3.1 离散事件系统建模与仿真

1. 离散事件系统仿真机制

离散事件系统是由离散事件驱动,按照一定运行规则相互作用的一种动态系统。离散事件系统主要包括实体(包含属性和状态)、活动、事件、进程等基本要素,具有事件安排和时间推进的仿真机制,如图 8-7 所示。

其中,离散事件的仿真时钟包括两种推进方式。

(1) 面向事件的推进方式。仿真时钟按照下一最早发生事件的发生时间推进,即从一个事件发生时间推进到下一个最早发生事件的发生时间上,直到仿真运行满足规定的终止条件为止。

(2) 面向时间间隔的推进方式。仿真时钟以固定的时间间隔等距推进,如图 8-8 所示。

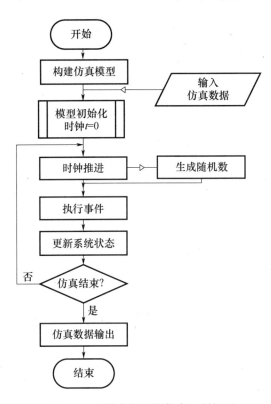

图 8 - 7　离散事件系统仿真机制框图

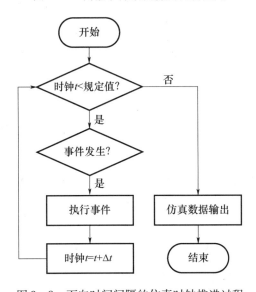

图 8 - 8　面向时间间隔的仿真时钟推进过程

223

2. 离散事件系统仿真步骤

离散事件系统仿真的一般过程主要包括系统建模、仿真算法确定、仿真模型建立、仿真程序设计、仿真程序运行和仿真结果输出及分析等。其步骤主要如下。

（1）系统概念建模。将实际系统抽象为概念模型，确定系统仿真目标，明确系统各个要素和环节，及其相互逻辑和时序关系，离散事件系统模型可以用流程图或网络图的方式表示，如实体流程图、活动周期图、Petri 网等。

（2）系统数学建模。根据系统仿真目标，定量确定系统实体的属性和状态，及其变化规律和约束条件，如随机变量的产生，仿真算法的选取。

（3）系统仿真建模。根据建立的系统数学模型和选取的仿真算法，进行系统仿真，建立系统的计算机仿真模型。定义系统实体及其状态变量，设计计算机仿真程序，并进行调试和运行。

（4）系统仿真结果分析。由于离散事件系统一般由随机事件驱动，仿真运行结果也具有随机性，应采取有效方法降低仿真结果的随机性。通常可采用数理统计方法，多次仿真取均值或长时间仿真取均值，以提高仿真结果的置信度。

8.3.2 保障过程概念建模

装备保障过程是一个典型的离散事件系统，故障装备的产生与到达是随机的，保障延误时间以及维修作业时间等具有随机性。根据离散事件系统建模方法，构建装备传统修复性维修保障过程模型，如图 8-9 所示。

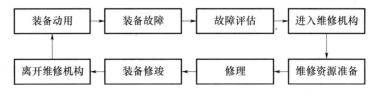

图 8-9　装备传统修复性维修保障流程图

根据图 8-9 得到装备传统修复性维修保障过程主要活动及其时序关系如下：

（1）装备动用，开始执行任务；

（2）装备动用过程中发生故障；

（3）故障诊断与评估，确定维修级别和所需维修资源；

（4）故障装备进入对应的维修机构；

（5）维修保障资源配置与展开；

（6）对故障部件进行修复性维修；

（7）修竣的装备离开维修机构继续执行任务。

构建装备传统预防性维修保障过程模型，如图8－10所示。

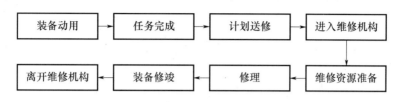

图8－10　装备传统预防性维修保障流程图

根据图8－10得到装备传统预防性维修保障过程主要活动及其时序关系如下：

（1）装备动用，开始执行任务；

（2）任务完成，装备返场；

（3）根据装备履历簿，计划送修；

（4）送修装备进入对应的维修机构；

（5）维修保障资源配置与展开；

（6）对待修装备进行预防性维修；

（7）修竣的装备离开维修机构。

8.3.3　维修保障过程数学建模

1. 数学模型假设条件

为了保持模型参数一致性，根据装备自主式保障 HTPN 模型，对修复性和预防性维修过程进行模型假设。

（1）研究对象为20台某型装备，发动机平均储备摩托小时数为200摩托小时，服从线性分布，初始技术状态如图8－11所示。

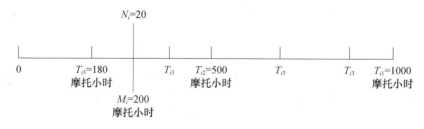

图8－11　某型装备初始技术状态图

在图8－11中，$T_{i3} = 180$摩托小时为小修间隔期，$T_{i2} = 500$摩托小时为中修间隔期，$T_{i1} = 1000$摩托小时大修间隔期；N_i为集群装备发动机平均储备摩托小

225

时数为 M_i 的装备数量。

（2）装备基层级预防性维修主要指小修,保障资源准备时间为 1 天,最大不超过 2 天,工时指标为 350,完成时间为 7 天。

（3）装备故障率 $\lambda(s)$ 为常数,可靠度函数 $R(s)$ 服从指数分布,即

$$\lambda(s) = \lambda = 1/\bar{S} = \text{const} \tag{8-4}$$

$$R(s) = \mathrm{e}^{-\lambda s} = \mathrm{e}^{-s/\bar{S}} \tag{8-5}$$

式中: $\bar{S}$ 为平均故障间隔里程。

（4）故障装备对应的修理机构为基层级,修复性维修方式为换件修理。

（5）装备基层级维修保障延误时间服从指数分布,MTTS = 3h。

（6）将保障资源单元化处理,每台故障装备需要一个保障资源单元进行修理。

2. 数学模型参数计算

1）装备故障率与可靠度函数

根据模型假设条件,某型装备故障率可通过统计数据得到,故障统计数据如表 8-1 所列。

表 8-1　某型装备训练使用中故障统计

序号	项　目	说　明
1	试验样本	随机选取 10 台大修间隔期满的现役装备
2	试验母体	全军现役装备
3	试验坦克行驶里程	总里程 108800km;单车平均行驶里程 10880km
4	试验坦克摩托小时	总摩托小时:10110.2h;单车平均摩托小时:1011.02h
5	试验环境条件	某教练场,场内路面多数为土路起伏地,间或有坚硬土地砂石路面,夏秋两季还会出现泥泞积水地段
6	试验方法	结合部队训练进行
7	故障数	486

根据表 8-1 统计数据及式(8-4)和式(8-5),计算可得某型装甲装备平均故障间隔里程:

$$\bar{S} = 224(\text{km})$$

平均故障率为

$$\lambda(s) = 1/\bar{S} = 4.464 \times 10^{-3}(\text{km}^{-1})$$

可靠度函数为

$$R(s) = \mathrm{e}^{-\lambda s} = \mathrm{e}^{-s/\overline{S}} = \mathrm{e}^{-s/224}$$

某型装备训练使用可靠度曲线如图8-12所示。

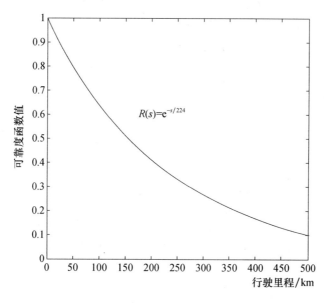

图8-12 某型装备训练使用可靠度曲线

2）基层级换件修理时间分布规律

修理时间分布规律可以通过统计数据给出，某型装备基层级修复性维修时间的统计观测值，如表8-2所列。

表8-2 基层级修复性维修时间统计观测值

序号	时间区间/h	统计观测值 t_i（次数）/h	频数
1	0~4	0.10(1),0.17(2),0.20(3),0.25(1),0.30(2),0.33(3),0.40(1), 0.50(65),0.60(2),0.70(2),0.75(1),0.80(1),1.00(64),1.20(1), 1.30(2),1.5(38),1.60(3),2.00(64),2.50(8),2.80(1),2.98(1), 3.00(35),3.20(1),3.5(8),3.60(1),3.70(1),4.00(28)	340
2	4~8	4.20(1),4.50(1),5.00(18),5.50(7),6.00(21),6.50(1),7.00(9), 7.4(1),7.50(4),8.00(18)	81
3	8~12	8.50(2),9.00(1),9.50(4),10.00(6),10.50(2),11.00(4),11.50(1), 11.70(1),12.00(4)	25
4	12~16	12.50(1),12.60(1),13.00(3),14.00(2),15.00(2),15.50(2),16.00(3)	14
5	16~20	17.40(1),17.50(1),18.00(1),19.00(2)	5

（续）

序号	时间区间/h	统计观测值 t_i（次数）/h	频数
6	20~24	21.00(3),21.50(1),22.00(1),22.50(1),22.87(1),23.00(1)	8
7	24~28	24.24(1),24.50(1),25.00(2),27.00(1),27.50(1),28.00(1)	7
8	28~32	32.00(2)	2
9	32~36	33.90(1),34.50(1),35.00(1),36.00(1)	4
合计		2204.82	486

由表 8 – 2 可以得到基层级修复性维修时间频数直方图，如图 8 – 13 所示。

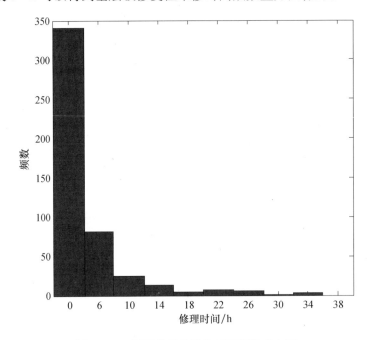

图 8 – 13　层级修复性维修时间频数直方图

直方图外廓曲线接近于随机变量总体概率密度曲线，通过对图 8 – 13 的观察可知，其外廓曲线接近于指数分布。

应用 χ^2 拟合优度检验法作出假设 H_0：总体 T 服从指数分布（$\alpha = 0.05$），并由表 8 – 2 对其分布参数 θ 进行点估计，可得

$$\hat{E}(T) = \hat{\theta} = \bar{t} = \frac{1}{n}\sum_{i=1}^{n} t_i = 2204.82/486 = 4.54$$

原假设即为总体 T 服从参数为 $\theta = 4.54$ 的指数分布（$\alpha = 0.05$），计算每个时间区间的理论概率值 $\hat{p}_{i0}$，进行假设检验，计算结果如表 8 – 3 所列。

表 8 – 3 原假设 H_0 的 χ^2 拟合优度检验计算结果

时间区间/h	频数 n_i	$\hat{p}_{i0}$	$n\hat{p}_{i0}$	$n_i - n\hat{p}_{i0}$	$(n_i - n\hat{p}_{i0})^2$	$\dfrac{(n_i - n\hat{p}_{i0})^2}{n\hat{p}_{i0}}$
0 ~ 7	398	0.786	382.0	16	256	0.67
7 ~ 10	36	0.104	50.5	– 14.5	210.25	4.16
10 ~ ∞	52	0.110	53.5	– 1.5	2.25	0.04
合计	486	1.000	486	—	—	4.87

 装备保障过程仿真及评价

本节通过面向任务的装备保障过程仿真,分别对装备自主式保障模式、传统保障模式下的修复性维修和预防性维修过程进行仿真测算;根据仿真结果,构建评价指标体系,对自主式保障模式进行定量评价。

8.4.1 面向任务的保障需求测算

1. 任务参数

装备任务参数由装备训练或作战使用计划确定,包括装备基本参数、装备动用参数、装备环境参数等。

1）装备基本参数

为保持参数数据一致性,装备基本参数如表 8 – 4 所列。

表 8 – 4 某型装备训练任务基础参数

序号	参 数	量 值
1	参训装备数量	20 台
2	装备摩托小时储备数	平均 200 摩托小时
3	平均故障间隔里程	224km
4	装备小修间隔期	180 摩托小时
5	装备中修间隔期	500 摩托小时
6	小修准备工作时间	1 天
7	修理资源平均准备时间	3h
8	平均换件修理时间	4.54h
9	装备小修工时定额	350 工时

2）装备动用参数

某型装备动用参数如表8-5所列。

表8-5　某型装备动用参数

序　号	项　目	量　值
1	总训练时间	10 天
2	每天训练时间	4 摩托小时
3	每天可工作时间	8h
4	平均时速	10km/h

3）装备环境参数

由组合预测方法测算装备发动机使用条件修正系数为1.18，即发动机每运转1h，实际摩托小时消耗为1.18摩托小时。

2. 保障需求测算

根据装备任务参数值，装备预防性和修复性维修保障需求测算结果，如表8-6所列。

表8-6　某型装备预防性和修复性维修保障需求

序　号	项　目	量　值
1	装备动用总时间	800 摩托小时
2	装备行驶总里程	8000km
3	装备平均动用时间	40 摩托小时
4	装备平均行驶里程	400km
5	预计产生小修装备总数	10 台
6	预计产生故障装备总数	17 台次
7	最大预防性维修准备工作时间	<2 天

8.4.2　AnyLogic 仿真软件

选取 AnyLogic 仿真软件作为装备保障过程离散事件系统建模仿真平台。AnyLogic 仿真软件是一款以 UML、Java、微分方程等建模技术为基础，适用于离散系统、连续系统和混合系统的建模仿真工具，它具有功能强大、界面友好、开发灵活的特点，支持面向对象仿真、基于 Agent 的仿真以及系统动力学仿真，能够进行模块化及层次化开发，快速构建目标系统的仿真模型及其外部环境，创建真实动态的可视化仿真模型。AnyLogic 仿真建模要素包括随机模型输入条件、仿真输出结果分析和处理、参数变化机制、数据库接口、电子数据表、数据存储、工具箱等。

　　AnyLogic 仿真软件离散建模逻辑关系可用状态图、事件、时钟及信息等描述,其结构包括对象间通讯层信息传递机制、状态图和位于对象内部行为层的各种基本数据单元(如时钟和事件)。AnyLogic 仿真软件提供了 5 类组件约 40 种控件用于离散事件建模,编辑界面如图 8 - 14 所示。

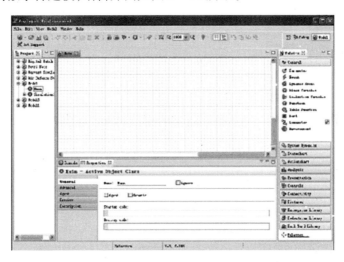

图 8 - 14　AnyLogic 仿真软件离散事件仿真模型编辑界面

8.4.3　仿真模型构建及运行

1. 仿真模型构建

　　根据装备保障过程离散事件概念模型和数学模型,应用 AnyLogic6.4 版本仿真软件构建基于离散事件(Discrete Event Network - Dased,DEND)仿真模型,如图 8 - 15 所示。

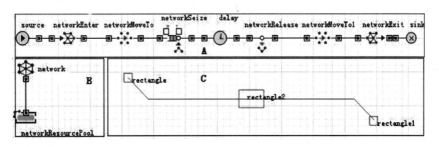

图 8 - 15　基于离散事件的装备保障过程仿真模型

在图 8 - 15 中, A 部分表示离散事件过程仿真, 故障装备由"source"控件按照已知故障率产生, 经由"network Enter"控件和"network Move To"控件到达维修网络"network Seize"控件按照先到先修的排队规则进行修理, 保障延误时间及修理时间由"delay"控件给出。在修理完毕后, 修竣装备经由"network Release"控件和"network Move To 1"控件至"network Exit"离开网络; 最后通过"sink"控件过程结束; B 部分表示"network"网络控件(保障系统)与"network Resource Pool"控件(保障资源库)相连, 可以通过设定"network Resource Pool"控件的参数值确定保障资源单元数; C 部分为仿真过程动画演示区, 故障装备从"rectangle"矩形控件出发, 按照一定的路线到达装备维修区"rectangle 2"矩形控件进行修理。在修理完毕后, 到达"rectangle 1"矩形区离开。各仿真控件的名称及功能, 如表 8 - 7 所列。

表 8 - 7　离散事件建模常用控件的名称及功能

序号	控件名称	控件图标	功　能
1	source		随机生成实体,包含多种实体生成机制
2	network enter		网络入口,实体进入工作网
3	network move to		实体在网络中的移动
4	network seize		工作网获取实体,包含排队机制
5	delay		时间延迟,可按照多种机制进行延迟
6	network release		工作网完成对实体操作后释放实体
7	network exit		工作网出口,实体经过工作网后离开网络

（续）

序号	控件名称	控件图标	功　能
8	sink		实体活动结束节点,模型流程的终点
9	network		工作网控件,实现对实体状态的操作
10	resource pool		网络资源库,工作网中包含的资源数量
11	rectangle		可作为实体运行起点、中间站、终点
12	path		实体按一定速度的运行路径

2. 装备修复性维修仿真

根据装备保障数学模型假设条件和已知参数,设定修复性维修仿真模型各控件参数值,如表 8－8 所列。

表 8－8　装备修复性维修仿真模型控件主要参数设定

序号	控件名称	主要参数	量值
1	source	Arrival rate	0. 89
		Entities per arrival	1
2	networkenter	Entry node	rectangle
3	networkmove to	Node	rectangle2
4	networkrelease	Queue capacity	100
5	delay	Delay time	exponential(t^{-1})
6	networkmove to 1	Destination node	rectangle1
7	network resource pool	capacity	n

在表 8－8 中,"source"控件参数"Arrival rate"为修复性维修装备到达率,为平均故障间隔里程的倒数,由表 8－6 和表 8－7 求得参数值 $N \cdot \bar{v}/224 = 0.89$,参数"Entities per arrival"为 1 表示每次到达的故障装备数为 1 台。"delay"控件参数"Delay time"为平均修复性维修保障时间(包括平均保障延误时间和平均修理时间),根据模型假设条件,平均保障时间服从参数为 t 的指数分布"exponential(t^{-1})",t = 平均保障延误时间 + 平均修理时间。

平均保障延误时间可作为衡量装备保障模式先进性的时效性指标,其分布参数 t 的取值可用于区分自主式保障模式与传统保障模式,其中自主式保障模式可区分为初级、高级两种模式,用不同的平均保障时间分布参数值表示:初级自主式保障模式仅在平均保障延误时间上较传统保障模式有所缩短;高级自主式保障模式在平均保障延误时间和平均修理时间上均有所缩短,如表 8 – 9 所列。

表 8 – 9　平均修复性维修保障时间分布参数取值

参数	平均保障延误时间/h	平均修理时间/h	参数值/h	对应保障模式
t_1	3	4.54	7.54	传统保障
t_2	1	4.54	5.54	初级自主式保障
t_3	1	3.54	4.54	高级自主式保障

将表 8 – 8 和表 8 – 9 中各控件参数值代入仿真模型运行,得到不同保障模式下,完成保障任务所需不同保障资源数对应的保障任务满足度、资源利用率,以及装备平均在修时间(包含待修装备等待时间与修理时间)等仿真结果,如表 8 – 10 所列。

表 8 – 10　装备修复性维修仿真运算结果

保障模式	平均保障时间/h	保障资源单元数	保障任务满足度/%	资源利用率/%	平均在修时间/h
传统保障	7.54	6	84.3	99.3	72.3
		7	99.5	97.3	39.4
		8	100	85.4	13.9
		9	100	76.9	11.1
初级自主式保障	5.54	5	98.2	97.4	37.3
		6	100	83.3	10.9
		7	100	70.5	8.5
		8	100	61.9	7.9
高级自主式保障	4.54	4	96.9	99.9	64.9
		5	100	81.2	9.2
		6	100	67.8	7.4
		7	100	58.1	6.8

3. 装备预防性维修仿真

根据装备保障数学模型假设条件和已知参数,设定预防性维修仿真模型各控件参数值,如表 8 – 11 所列。

表 8 – 11 装备预防性维修仿真模型控件主要参数设定

序号	控件名称	主要参数	量 值
1	source	Interarrival time	T
		Entities per arrival	10
2	networkenter	Entry node	rectangle
3	networkmove to	Node	rectangle2
4	networkrelease	Queue capacity	100
5	delay	Delay time	t
6	networkmove to 1	Destination node	rectangle1
7	network resource pool	capacity	n

表 8 – 11 中,"source"控件参数"Entities per arrival"为每次到达的预防性维修装备数量,由表 8 – 8 中"预计产生小修装备总数",参数值取 10,参数"Interarrival time"表示预防性维修装备到达间隔,参数值 $T = \lceil 10/n \rceil t$,$\lceil 10/n \rceil$ 表示 $10/n$ 向上取整后与平均预防性维修保障时间 t 的乘积。"delay"控件参数"Delay time"为平均预防性维修保障时间(包括平均保障延误时间和平均维修时间),参数值 t 的取值用以区分自主式保障模式与传统保障模式,如表 8 – 12 所列。

表 8 – 12 平均预防性维修保障时间参数取值

参数	平均保障延误时间/天	平均维修时间/天	参数值/天	对应保障模式
t_1	2	7	9	传统保障
t_2	1	7	8	初级自主式保障
t_3	1	6	7	高级自主式保障

将表 8 – 11 和表 8 – 12 中各控件参数值代入仿真模型进行运行,得到不同保障模式下,完成保障任务所需不同保障资源数对应的保障任务满足度、资源利用率,以及装备平均在修时间(包含待修装备等待时间与维修时间)等仿真结果,如表 8 – 13 所列。

表8-13　装备预防性维修仿真运算结果

保障模式	平均保障时间/天	保障资源单元数	保障任务满足度/%	资源利用率/%	参数 T 值/天	平均在修时间/天
传统保障	9	5	100	100	18	15.6
		6	100	83.3	18	14.7
		7	100	71.4	18	13.8
		8	100	62.5	18	12.9
初级自主式保障	8	5	100	100	16	14.1
		6	100	83.3	16	13.3
		7	100	71.4	16	12.5
		8	100	62.5	16	11.7
高级自主式保障	7	5	100	100	14	12.6
		6	100	83.3	14	11.9
		7	100	71.4	14	11.2
		8	100	62.5	14	10.5

8.4.4　仿真结果分析与评价

陆军主战装备保障的目标是在满足保障任务成功性和时效性要求的条件下,优化保障资源配置,最大限度地降低保障经济性指标要求,提高装备保障的效率和效益。因此,将保障任务成功性、时效性、经济性作为装备保障模式评价及保障资源优化配置的评价指标,通过专家打分法给出对应指标的权重系数,指标值测算方法如表8-14所列。

表8-14　装备保障模式评价指标及测算

评价指标	权重	对应仿真模型输出参数	指标值测算方法
任务成功性指标 q_1	$w_1 = 0.5$	保障任务满足度 s	$q_1 = s$
时效性指标 q_2	$w_2 = 0.3$	平均在修时间 $\bar{t}$	$q_2 = \bar{t}_{\min}/\bar{t}$
经济性指标 q_3	$w_3 = 0.2$	保障资源单元数 n	$q_3 = u/n$,归一化处理
		资源利用率 u	
综合评价指标 Q	$w = 1$		$Q = \sum_{i=1}^{3} q_i w_i$

在表8-14中,经济性指标值归一化处理是指各指标值均除以最大指标值,

归一化处理后则最大指标值为1;综合评价指标是定量评价装备保障模式的最终依据,它是任务成功性指标、时效性指标、经济性指标的加权综合。

根据表8-10和表8-13仿真运算结果,表8-14评价指标测算方法,分别对不同装备保障模式下的修复性维修和预防性维修进行定量评价,如表8-15和表8-16所列。

表8-15　不同保障模式下装备修复性维修评价

保障模式	平均保障时间/h	保障资源单元数	成功性指标/% 权重值0.5	时效性指标 权重值0.3	经济性指标 权重值0.2	综合评价指标值
传统保障	7.54	6	84.3	0.08	0.50	0.546
		7	99.5	0.15	0.42	0.627
		8	100	0.42	0.32	0.690
		9	100	0.52	0.26	0.708
初级自主式保障	5.54	5	98.2	0.16	0.59	0.657
		6	100	0.53	0.42	0.743
		7	100	0.68	0.30	0.764
		8	100	0.73	0.23	0.765
高级自主式保障	4.54	4	96.9	0.09	0.75	0.662
		5	100	0.63	0.49	0.787
		6	100	0.78	0.34	0.802
		7	100	0.85	0.25	0.805

表8-16　不同保障模式下装备预防性维修评价

保障模式	平均保障时间/天	保障资源单元数	成功性指标/% 权重值0.5	时效性指标 权重值0.3	经济性指标 权重值0.2	综合评价指标值
传统保障	9	5	100	0.596	1.000	0.879
		6	100	0.633	0.694	0.829
		7	100	0.674	0.510	0.804
		8	100	0.721	0.391	0.795
初级自主式保障	8	5	100	0.660	1.000	0.898
		6	100	0.699	0.694	0.849
		7	100	0.744	0.510	0.825
		8	100	0.795	0.391	0.817

（续）

保障模式	平均保障时间/天	保障资源单元数	成功性指标/% 权重值0.5	时效性指标 权重值0.3	经济性指标 权重值0.2	综合评价指标值
高级自主式保障	7	5	100	0.738	1.000	0.921
		6	100	0.782	0.694	0.873
		7	100	0.830	0.510	0.851
		8	100	0.886	0.391	0.844

在表8-15和表8-16中，阴影数据指标对应各保障模式下面向任务的最优保障效果，据此可进行各保障模式修复性维修与预防性维修最优保障效果的定量对比分析，并将各保障模式最优保障效果指标归一化，如表8-17、表8-18所列。

表8-17　面向任务的各保障模式修复性维修最优保障效果定量对比分析

保障模式	保障资源单元最优配置数	成功性指标对比系数/%	时效性指标对比系数/%	经济性指标对比系数/%	综合对比系数/%
传统保障	9	100	57.4	68.4	82.5
初级自主式保障	8	100	77.7	60.5	89.2
高级自主式保障	7	100	90.4	65.8	93.8

表8-18　面向任务的各保障模式预防性维修最优保障效果定量对比分析

保障模式	保障资源单元最优配置数	成功性指标对比系数/%	时效性指标对比系数/%	经济性指标对比系数/%	综合对比系数/%
传统保障	5	100	71.1	100	92.4
初级自主式保障	5	100	78.8	100	94.4
高级自主式保障	5	100	88.1	100	96.8

通过对表8-17和表8-18的数据分析可得如下结论：与传统保障模式相比较，在满足保障任务的情况下，高级自主式保障模式修复性维修在时效性方面提高了32.6%，预防性维修在时效性方面提高了17.0%；在综合对比方面也均有不同程度的提高。

参考文献

[1] 曹艳华. 装甲装备自主式保障关键技术研究[D]. 北京:装甲兵工程学院, 2012.

[2] 张会奇. 装甲装备主动式维修保障系统建模与评估研究[D]. 北京:装甲兵工程学院, 2013.

[3] 陈春良,张会奇. 基于建模管理的新型装甲装备主动式保障模式研究[R]. 北京:装甲兵工程学院,2014.

[4] 陈春良,齐欧. 非战争军事行动通用装备保障能力建设及风险评估研究[R]. 北京:装甲兵工程学院, 2015.

[5] 陈春良,陈伟龙. 新型装甲装备主动式保障系统及保障能力生成模式研究[R]. 北京:装甲兵工程学院,2015.

[6] 陈春良,陈伟龙. 陆军主战装备主动式保障系统及演示验证技术研究[R]. 北京:装甲兵工程学院,2016.